Himmelstürmer Verlag

Bisher erschienen von Robin Cruiser:
Und wer sagt, dass Schlampen leichter leben? Teil 1
Aller Anfang ist leicht
ISBN print 978-3-86361-954-1

Und wer sagt, dass Schlampen leichter leben? Teil 2
Abgerechnet wird zum Schluss
ISBN print 978-3-86361-984-8

Kein Tor ohne Yin und Yang
ISBN print 978-3-86361-969-5

Alle auch als Ebook

Himmelstürmer Verlag, 31619 Binnen
www.himmelstuermer.de

E-Mail: info@himmelstuermer.de
Originalausgabe, Juli 2022

Rechtschreibung nach Duden, 24. Auflage
Umschlaggestaltung:Olaf Welling, Grafik-Designer AGD,
Hamburg www.olafwelling.de

Covermotiv: adobeStock.com

ISBN print 978-3-98758-009-3
ISBN e-pub 978-3-98758-010-9
ISBN pdf 978-3-98758-911-6

Robin Cruiser

Der Sommer im Haus am See

Himmelstürmer Verlag

Inhalt

Kapitel 1 – September 2021

Für einen Tag Mitte September kam Daniel das zwischen den hohen, am Straßenrand stehenden Laubbäumen hervorblitzende Sonnenlicht besonders hell vor. Nach annähernd vier Stunden durchgehender Autofahrt merkte er, dass er zwischendurch eine Pause hätte machen sollen. Seine Augen brannten, und ein leichter Hauch von Kopfschmerz zog an seinen Schläfen entlang. Der Sommer hatte anscheinend beschlossen, dem Herbst noch ein paar besonders warme Tage abzuringen, denn das Thermometer im Cockpit seines pfeffergrauen VW Tiguan zeigte 24 Grad Außentemperatur an. Dafür hatte er eindeutig zu wenig getrunken. Daniel schüttelte den Kopf über sich selbst. Als hätte ihn eine kurze Toilettenpause umgebracht. Aber er hatte sich nicht getraut, hatte befürchtet, dass er umkehren würde, wenn er nicht die gesamte Strecke an einem Stück durchfuhr. So folgte er nun der Edertalstraße in Richtung Hemfurth-Edersee, was bedeutete, er war seinem Ziel bereits zum Greifen nah. Lediglich ein paar Kilometer trennten ihn noch vom „Haus am See", dem Hotel, das seine Tante Lotte bis vor einigen Jahren allein geführt hatte. Mittlerweile hatten sein Cousin Sascha und dessen Frau Julia den Betrieb übernommen. Tante Lotte feierte in den nächsten Tagen ihren 80. Geburtstag. Das war der Grund für diese Reise. Und das nur, weil die Gute ihm eine schriftliche Einladung geschickt hatte. Seit Jahren das erste Lebenszeichen außerhalb der jährlichen Weihnachtskarte mit verschneiten Motiven rund um den Edersee und den ewig gleichen, nichtssagenden Grüßen der Familie zum Fest der Liebe. Dabei hatte Daniel mit 18 Jahren einmal sechs Wochen am Stück im Sommer 1993 in Tante Lottes Hotel verbracht. Sie hatte als früh verwitwete Frau den Betrieb mit harter Hand geführt und war dabei doch ebenso liebevoll und mit einer allzu verständlichen Lust am Leben und seinen Genüssen gesegnet. Als Heranwachsender hatte ihn besonders beeindruckt, dass sie stets irgendwann am Nachmittag, wenn die Gäste oder die Hotelangestellten sie nicht forderten, an der Bar stand, eine Zigarette zwischen ihre rot geschminkten Lippen steckte und ein kleines Bier trank. Danach ging sie ebenso energisch ihrer Arbeit nach wie vor der kurzen Pause.

Daniels Eltern waren im November 2001 bei einem Flugzeugabsturz in New York ums Leben gekommen. Für den damals 26 Jahre jungen Mann war das eine Katastrophe. Er hatte zu dem Zeitpunkt soeben sein

Studium zum Diplom-Betriebswirt mit Schwerpunkt Personalwirtschaft abgeschlossen und einen ersten Job in der Verwaltung der Stadt Norden ergattert. Vom einen auf den anderen Tag musste er sich mit dem Verlust seiner engsten Vertrauenspersonen, der Organisation ihrer Beerdigungen und dem großen Haus fast direkt an der Nordseeküste auseinandersetzen. Damals war seine Tante Lotte, die Schwester seiner Mutter, allein mit dem Zug nach Norden gereist, um ihm beizustehen. Mit ihrer anpackenden Art hatte sie ihn getröstet, wenn er es brauchte, hatte ihn zwei Wochen lang jeden Tag aufs Neue zur Arbeit gescheucht, damit er zumindest über Tag mit dem Kopf aus den dunklen Wolken seines unfassbaren Verlustes herauskam.

Während er sich von 9.00 bis 17.00 Uhr mit aus seiner Sicht absolut unwichtigen Anliegen der Verwaltungsangestellten herumschlug, räumte Tante Lotte die Kleider seiner Eltern aus den Schränken und gab die besten Stücke an das Rote Kreuz. Einiges blieb für die Mülldeponie über, und den Transport zur Deponie in Georgsheil organisierte sie ebenfalls in Eigenregie. Daniel war ihr dankbar gewesen, denn er hätte die Kraft für die notwendigen Entscheidungen nicht aufgebracht und vermutlich noch Jahre in einem regelrechten Museum gelebt. So ließ Tante Lotte ihn in einem Haus zurück, in dem er gezwungen war, selbst Hand an die Einrichtung anzulegen und es zu seinem eigenen zu machen. Der Alltag hatte sie damals sogleich in ihrem eigenen Betrieb vereinnahmt, die Sorgen und Nöte ihrer Familie hatten ihre Aufmerksamkeit erfordert, und so war der Kontakt mit der Zeit mehr oder weniger eingeschlafen.

Daniel folgte den Anweisungen des Navigationsgerätes und nahm nur am Rande die vorüberziehenden Felder wahr, auf denen Mais oder Weizen angebaut wurde und fleißige Landwirte in ihren Traktoren und Mähdreschern bereits mit der Ernte beschäftigt waren. Am Trommeln seiner Finger auf dem Lenkrad leitete Daniel selbstkritisch ab, dass er verdammt aufgeregt war. Von der Einladung enthusiastisch geworden, hatte er sich gleich für zwei ganze Wochen in das Hotel eingebucht. Das Telefonat mit seinem Cousin Sascha war angenehm verlaufen. Der hatte zunächst darauf bestanden, dass Daniel kostenlos bei ihnen wohnte. Doch das wollte Daniel nicht annehmen. So groß war das Haus nicht, dass sie zwei Wochen lang ein Zimmer mit einem Besucher aus der Vergangenheit belegen konnten, ohne dafür Einnahmen zu verbuchen. Letztlich hatten sie sich auf einen Kompromiss geeinigt. Sascha hatte ihm vorgeschlagen, dass er in das Zimmer unter dem Dach zog, in dem er bereits im Sommer 1993 gewohnt hatte. Das wurde sonst für einen Spottpreis vermietet. Daniel konnte für die zwei Wochen 250,00 Euro bezahlen. Solange er an den Familienmahlzeiten teilnahm, musste er für die Verpflegung nicht extra aufkommen. Einzig die Getränke außerhalb der Mahlzeiten würde man ihm, wie allen anderen Hotelgästen, in Rechnung stellen. Auf den Deal ließ sich Daniel sofort ein und so besprachen sie letztlich die noch notwendigen Details für seine Anreise. Beide vermieden, am Telefon tiefgründiger auf den Sommer 1993 einzugehen.

Der Schotter knirschte beim Aussteigen unter den Sohlen seiner teuren, braunen Lederschuhe, die Daniel sonst ebenfalls im Büro trug. Einzig die beigen Chinos verliehen seinem Outfit mit dem hellblauen, langärmeligen Hemd einen legeren Touch. Verstohlen kontrollierte Daniel, ob er Schwitzflecken unter den Armen hatte, doch er konnte auf die Schnelle nichts erkennen. Die Sonne brannte auf sein blondes, kurz geschnittenes Haar. Er war eitel und froh, dass es nach wie vor fest und voll war. Augenscheinlich hatte sich am Äußeren des Hotels und seiner Umgebung ebenfalls kaum etwas verändert. Den Schotterparkplatz hatte er so noch in Erinnerung gehabt.

Die weiß gestrichene, hohe Fassade mit den dunklen Fachwerkbalken verlieh dem Haus einen rustikalen Charme, der durch die grob gezimmerte Balkonumrandung im ersten Obergeschoss noch unterstrichen wurde. Das rotgedeckte Ziegeldach im zweiten Obergeschoss wurde von einer langen Gaube mit mehreren Fenstern unterbrochen. Über dem rechts gelegenen Eingang thronte ein dritter Giebel, dessen Spitze bis ins zweite Obergeschoss ragte. Daniel spürte, wie ihn das Haus magisch anzog. Er ließ sein Gepäck vorerst im Auto, so als wäre das die Versicherung, dass er jederzeit die Flucht antreten konnte. Mit jedem Schritt, den er auf den Eingang zumachte, fühlte es sich jedoch nach einer Heimkehr an.

Er öffnete die altmodische Glastür an ihrem lang gezogenen Griff aus verblichenem, grauem Kunststoff und atmete sofort den tröstlichen Geruch nach Bier, Frittierfett sowie altem Holz und Stoff ein, den viele traditionelle Gaststätten innehatten. Das Hotel hatte keinen großen

Eingangsbereich, man stand direkt vor der enormen Theke, die sich in einem weiten Bogen nach links zog. Rechter Hand war ein Restaurantbereich, in dem die Tische in kleinen, hölzernen Nischen standen. Daniel hatte den Eindruck, dass sich im Inneren des Hauses ebenfalls wenig seit seinem Besuch vor 28 Jahren geändert hatte.

Hinter dem Tresen stand ein großgewachsener, schlanker Mann in Daniels Alter, mit kurzen dunklen Haaren und einem gepflegten Vollbart und notierte etwas auf einem Block. Er hob seinen Blick und sah Daniel freundlich aus stechendblauen Augen durch seine randlose Brille an.

„Guten Tag, was kann ich für Sie tun?"

Daniel grinste. An der tiefen Stimme hatte er seinen Cousin Sascha sofort erkannt.

„Erkennst du nicht mal deine eigene Familie?" Daniel lachte.

„Daniel! Da bist du ja schon! Ich hatte etwas später mit dir gerechnet. Montags ist doch immer viel Verkehr! Ach, komm her, du ...!" Sascha ging rechts durch eine Lücke in der Theke, streckte Daniel die rechte Hand hin und zog ihn beim Händeschütteln in eine herzliche Umarmung. Dabei klopfte er ihm mit der linken Hand kräftig auf den Rücken.

Daniel, der mit seinen 185 cm in etwa so groß wie Sascha war, fühlte sich wie von einem Bären umarmt. Neidvoll musste er eingestehen, dass er in seinem Bürojob zu wenig Gelegenheit zum Stählen seiner Muskeln hatte. Sascha dagegen hatte die naturburschige Aura, die Daniel bei Männern immer etwas wuschig machte. Nach einer gefühlten Ewigkeit ließ der Druck auf seinen Oberkörper nach, und Sascha hielt seinen Vetter auf Armeslänge von sich.

„Nun schau dich an! Nobel geht die Welt zugrunde, was?" Sascha feixte und deutete auf Daniels Outfit, während sich dessen Wangen rötlich färbten. Ohne auf eine Antwort zu warten, sprach Sascha weiter auf ihn ein.

„Aber gut schaust du aus. Wir haben uns eine Ewigkeit nicht mehr gesehen! Schön, dass du bei Mamas Geburtstag dabei sein wirst. Sie ist schon ganz aus dem Häuschen beim Gedanken daran, dass sich fast die gesamte Familie zu ihrem Ehrentag versammelt."

Sascha legte seinen rechten Arm um Daniels Schultern und schob ihn zu einem Tisch am Fenster mit Blick zur Straße.

„Ich freu mich riesig, dass ich hier sein kann. Es ist viel zu lang her. Du schaust aber ebenfalls gut aus. Die Haare auf dem Kopf sind zwar kürzer geworden, dafür im Gesicht mehr. Die Brille war früher nicht nötig, aber ansonsten hast du dich kaum verändert. Wie geht es euch?"

Daniel wurde von Sascha auf einen Platz heruntergedrückt, bevor der hinter die Theke eilte. Im Weggehen setzte er ihr Gespräch fort und wanderte hinter die Theke.

„Gut geht es uns. Julia, meine Frau, und ich sind jetzt 20 Jahre verheiratet. Unsere Tochter Lena ist 20 Jahre alt. Ja, lach nicht. Das war knapp, aber der Pfarrer hat es uns durchgehen lassen." Sascha zog eine Grimasse und sprach weiter.

„Lena macht eine Ausbildung zur Hotelfachfrau in einem bekannten Hotel in Hamburg. Zum Wochenende kommt sie aber. Omas 80. Geburtstag schlägt alles! Und dann ist da noch Ben. Er ist 17 Jahre alt und geht noch in die Schule. Hat eine Klasse übersprungen und macht nächstes Jahr Abi. Den hätten wir früher als Streber verhauen, aber er ist ein klasse Junge."

Sascha berichtete mit so viel Stolz von seiner Familie, dass Daniel ein wenig schwer ums Herz wurde. In der Regel störte ihn das Lebensglück anderer nicht, aber hier ging es um seine eigene Familie. Er hatte es über die Jahre nicht geschafft, zwischen seinem Job, flüchtigen Affären und einer festen Beziehung den Kontakt zu halten. Jetzt, wo er in dem wunderschönen Hotel am Edersee saß und den heimeligen Geruch alter Wirtschaften einatmete, kam ihm zum ersten Mal der Gedanke, dass der Job und das damit verbundene Prestige vielleicht nicht alles war. Er setzte sein breitestes Lächeln für Sascha auf und nahm das große Glas Bier, das der ihm hinhielt, entgegen.

„Hier! Stärk dich erst mal. Du siehst durstig aus. Das ist unser Renner. Hessisches Löwen-Bier! Prost!"

Daniel nahm einen vorsichtigen Schluck. Er war eigentlich kein Biertrinker. Doch dieses helle Bier schmeckte nicht zu herb, es war mild und süffig. Und stieg ihm direkt zu Kopf. Noch bevor er etwas sagen konnte, stellte Sascha ihm einen Teller mit einer Laugenbrezel, etwas Kartoffelsalat und süßen Senf hin.

Daniel staunte. Sein Cousin war der perfekte Gastwirt.

„Guten Appetit, mein Lieber. Um diese Uhrzeit haben wir die Küche geschlossen, aber heute Abend gibt es etwas Leckeres aus Julias Töpfen!"

Daniel schluckte eilig, um den Mund zum Sprechen frei zu haben.

„Deine Frau schmeißt die Küche?"

Sascha strahlte über beide Wangen und nickte eifrig.

„Oh ja, sie sorgt dafür, dass der anspruchsvollste Gourmet fingerleckend das Restaurant verlässt!"

„Wer verlässt hier das Restaurant?" Julia kam hinter der Theke hervor, wischte sich die Hände an einem Tuch, das an ihrer schwarzen Schürze hing, trocken und ging lächelnd auf Daniels Tisch zu, an den sich Sascha auch gesetzt hatte. Er sprang auf und legte seiner deutlich kleineren Frau mit den zusammengebundenen, braunen Haaren einen Arm um die Taille.

„Hier geht niemand! Du schon gar nicht!" Sascha küsste sie auf die Wange.

„Daniel, darf ich dir meine wunderschöne und talentierte Frau Julia vorstellen?"

Daniel stand ebenfalls auf, wusste allerdings nicht so recht, ob er die für ihn fremde Frau mit Handschlag oder einer Umarmung begrüßen sollte. Julia entschied, dass er gedrückt werden musste.

„Du bist also das schwarze Schaf der Familie!" Sie grinste Daniel schelmisch an.

„Das schwarze Schaf? Wohl eher das rosa Schaf."

Julia lachte laut über seinen spontanen Konter.

„Der ist gut! Schön, dass wir uns endlich mal kennenlernen. Ich habe viel zu wenig von dir gehört. Aber das holen wir in den nächsten Wochen auf jeden Fall nach. Wenn du mich mal in der Küche besuchst." Julia zwinkerte Daniel zu und knuffte ihren Mann in die Seite.

„Der Sklaventreiber hier lässt mich nämlich kaum aus der Küche heraus!"

Sascha zog seine Frau an sich und küsste sie. Daniel war das ein wenig unangenehm. Im Grunde waren sie Fremde, auch wenn sie ihn so herzlich aufnahmen. Sein Blick wanderte zur Seite und nahm eine Bewegung auf der Treppe war. Ihm kam es spontan so vor, als sei er ins Jahr 1993 teleportiert worden und sah seinen Cousin die Hoteltreppe herunterkommen. Ein schlanker Junge mit wuscheligen, dunklen Haaren, die längst einen ordentlichen Haarschnitt vertragen hätten, kam die Stufen hinter und auf sie zu. Er trug diese superengen Jeans, die Daniel nicht leiden konnte. Dazu allerdings ein luftiges rot-weiß-geringeltes T-Shirt, das an ihm herumschlabberte. Seine Bewegungen erinnerten Daniel an ein Fohlen, das in den ersten Tagen vorsichtig neben seiner Mutter herumstakst. Die blauen Augen sahen ihn neugierig an, während strahlendweiße Zähne auf der Unterlippe herumknabberten.

Sascha zog den jungen Mann an seine noch freie linke Seite und sah Daniel an.

„Das ist Ben. Unser Sohn." Er wandte sich an seinen Nachkommen.

„Ben, das ist dein Großvetter Daniel."

Über Bens Gesicht zog eine Miene des Erinnerns.

„Das schwarze Schaf! Du bist das! Hallo!"

Daniel musste ob der schonungslosen Offenheit lachen.

„Wie ich schon deiner Mutter erklärt habe, bevorzuge ich die Bezeichnung Rosa Schaf. Das trifft es eher."

Sascha und Julia lachten erneut. Über Bens Wangen zog eher ein Hauch von Röte, was ihm gut zu Gesicht stand. Daniel bemerkte sofort, dass Ben schwul sein musste. Sein Schwulen-Radar ließ ihn oft genug im Stich, doch jetzt schlug es gewaltig aus.

Bevor eine möglicherweise unangenehme Gesprächspause entstehen konnte, übernahm Sascha das Kommando.

„Setz dich doch wieder, Daniel. Iss erst mal in Ruhe auf. Trink noch etwas. Ben kümmert sich um dein Gepäck, wenn du magst. Und ich helfe Julia bei den Vorbereitungen für den Kaffee heute Nachmittag. Im Moment sind die meisten Gäste noch unterwegs, aber sie kennen Julias Backkünste. Also ist hier spätestens um 15.30 Uhr die Hölle los."

Daniel sah sich verstohlen um. Er konnte sich bei der derzeitigen Stille gar nicht vorstellen, dass es hier vor Gästen wimmeln sollte. Aber er ließ sich gern vom Gegenteil überzeugen. Er zog seinen Autoschlüssel aus der Hosentasche und reichte ihn dem lächelnden Ben. Insgeheim hatte er ein wenig Angst, ob der Junge pfleglich mit seinen teuren Ledertaschen umging, gab ihm den Schlüssel jedoch mit einem freundlichen Zwinkern.

Julia zog Sascha mit sich, winkte Daniel noch mal zu und verschwand zügig aus seinem Blick. Selig mampfend saß Daniel so kurz allein an seinem Tisch und sah durch das Fenster zu, wie Ben absolut professionell mit seinem Gepäck umging und es durch den Sonnenschein ins Hotel trug. Er steuerte auf Daniels Tisch zu.

„Hier ist einmal der Autoschlüssel zurück. Bitte schön. Papa hatte erzählt, dass du in dem billigen Zimmer unter dem Dach unterkommst. Ich stelle die Taschen dort hinein, okay?"

„Das ist nett von dir. Vielen Dank, Ben. Wie komme ich an den Schlüssel zu dem Zimmer?"

Ben grinste.

„Ich bringe ihn dir gleich runter."

„Das ist gut. Ich bin nach dem Bier und der langen Autofahrt etwas groggy." Daniel sah auf seine Armbanduhr. „Es ist jetzt 14.00 Uhr durch. Ich möchte mich kurz aufs Ohr hauen. Aber zu 16.00 Uhr wäre ich wieder unten. Falls es dann noch Kuchen gibt?"

„Auf jeden Fall. Oma will um 16.00 Uhr da sein. Die flippt aus, wenn sie dich sieht."

Ben verschwand kurz hinter dem Tresen und hielt einen altmodischen Zimmerschlüssel mit einem großen Anhänger wie eine Trophäe in die Höhe, als er mit den Taschen beladen die Treppe nach oben stapfte. Daniel schüttelte lächelnd den Kopf. Die ungestüme Unbeschwertheit der Jugend beeindruckte ihn. Er kam nicht umhin, an seine Zeit vor mittlerweile 28 Jahren hier zu denken. Damals war er die Treppe in einer Tour hinauf und hinabgelaufen, ohne aus der Puste zu sein.

Viel Zeit blieb ihm nicht, da stand Ben schon wieder vor dem Tisch und überreichte Daniel den Schlüssel mit einer übertrieben ausladenden Geste.

„Hier der Schlüssel für die Rosa-Schaf-Suite. Bitte schön, der Herr."

Daniel nahm den Schlüssel entgegen und zog eine Augenbraue hoch.

„Frechdachs! Aber vielen Dank. Sagst du deinen Eltern Bescheid, dass ich mich mal kurz zurückziehe?"

„Klar, kein Thema." Daniel stand auf, und noch bevor er sich versah, räumte Ben seinen Teller und das Glas ab und verschwand damit hinter der Theke. Arbeiten kann er, dachte Daniel und sah Ben kurz nach.

Gemächlich stieg er die Stufen zum zweiten Obergeschoss hoch, folgte dem roten Läufer, der über grauer Auslegeware die Laufwege markierte, bis zu seinem Zimmer und schloss die Tür aus dunklem Holz mit dem altmodischen Schlüssel auf.

Ein Schauer lief Daniel über den Rücken. Erinnerungen prasselten auf ihn ein, denn die Anordnung der Möbel in dem Raum war nicht verändert worden. Auf den zweiten Blick erkannte er, dass das Bett auf der linken Seite sowie der Kiefernschrank und der Sessel mit dem abgewetzten Leinenbezug auf der rechten Seite erneuert wurden. Sie waren ebenfalls nicht mehr modern und gaben dem Zimmer einen Charme, dem Daniel bereits 1993 erlegen war. Es lag möglicherweise an dem großen Bild, das über dem längs an der Wand stehenden Einzelbett hing. Das war nicht ausgetauscht worden und zeigte noch immer einen röhrenden Hirsch in einer Waldszenerie mit Seeblick. Mit vier Schritten durchquerte Daniel den Raum, öffnete das gegenüber der Tür liegende Fenster in der Dachgaube weit und ließ frische Luft herein. Sein Blick fiel auf die Tür zwischen Schrank und Sessel. Sie war neu und fachte seine Neugier an. Gespannt drückte Daniel die Klinke herunter und öffnete die Tür. Dahinter lag ein winziges, weiß gekacheltes Badezimmer mit Dusche, Toilette und einem kleinen Waschbecken. Er betätigte den Lichtschalter rechts neben der Tür und mit dem Licht erklang sofort ein ratternder Entlüfter. Ohne solch eine Einrichtung war ein innen liegendes Bad undenkbar, Daniel mochte das Geräusch dennoch nicht. Wehmütig dachte er daran, dass er vor 28 Jahren das Familienbad den Flur hinunter mitbenutzt hatte. Da war noch neben seinem Zimmer das Schlafzimmer von Sascha gewesen. Heute legten die Gäste sicherlich deutlich mehr Wert auf Privatsphäre und eine eigene Toilette, wodurch diese Umbaumaßnahme vermutlich unumgänglich gewesen war. Er betätigte den Lichtschalter erneut, das nervende Geräusch verstummte und Daniel schloss die Tür. Er würde seine Badutensilien in dem feinen Kulturbeutel später auf die bescheidene Ablage über dem Waschbecken und auf den Spülkasten des in die Jahre gekommenen WCs verteilen.

Mit der frischen Luft strömte die Wärme des Nachmittags durch das geöffnete Fenster. Daniel kippte das Fenster, sodass er die blau-weiß-karierten Vorhänge, die bis zum Fensterbrett reichten, zuziehen konnte. Er streifte seine Schuhe von den Füßen, zog sein Hemd und seine Hose aus und legte beides sorgfältig auf den Sessel. Aus der hinteren Hosentasche zog er sein Smartphone und stellte vorsichtshalber den Wecker auf 15.45 Uhr. Die Schuhe stellte er neben den Schrank, verschloss seine Zimmertür mit dem innen am Schloss angebrachten Knauf und legte sich nur mit enganliegenden Boxershorts, einem weißen, figurbetonten T-Shirt und seinen schwarzen Socken bekleidet auf das Bett.

Mit geschlossenen Augen lauschte er den Geräuschen vor dem Fenster. Eine Hummel, Biene oder ein sonstiges Insekt brummte vor der geöffneten Scheibe und stieß immer wieder dagegen. Eingelullt von dem trägen und unrhythmischen Pochen und Summen döste Daniel ein.

Kapitel 2 – Juli 1993

Nach knapp sechs Stunden Fahrt fühlte Daniel sich von dem ewigen Sitzen im Zug völlig erschlagen. Andererseits vibrierte er vor Energie und Aufregung! Sechs Wochen in Tante Lottes Hotel „Haus am See" lagen vor ihm. Er war gerade 18 Jahre alt geworden, also viel zu erwachsen, um noch mit seinen Eltern in den Urlaub zu fahren. Vor allem nicht für eine vierwöchige Rundreise durch Italien. Also hatte er seinen Eltern vorgeschlagen, dass er doch vielleicht zur Schwester seiner Mutter fahren konnte, um sich in den Sommerferien etwas Geld für ein eigenes Auto zu verdienen. Den Führerschein hatten ihm seine Eltern bezahlt. Daniel ging noch zur Schule. Nach den Sommerferien stand das Abschlussjahr für das Abi an. Und solange er noch zur Schule ging, fanden seine Eltern, brauchte er noch kein eigenes Auto. So blieb ihm noch diese Gelegenheit, etwas anzusparen, damit er später einen anständigen Wagen, also einen gebrauchten Golf 2 oder so, kaufen konnte.

Es war 16.50 Uhr. Wie Daniel festgestellt hatte, war das wohl die Feierabend-Rushhour, denn die Regionalbahn von Kassel bis nach Bad Wildungen war so voll gewesen, dass er mit seinem monströsen Koffer und dem ausladenden Rucksack kaum einen Platz gefunden hatte. Er schleppte sein Gepäck auf den einzigen Bahnsteig des Kopfbahnhofes und sah sich suchend um. Auch wenn der Bereich überdacht war, war es selbst in T-Shirt und kurzer Hose in der Hitze kaum auszuhalten. Seine blonden Haare, die so lang waren, dass er sie sich eben hinter die Ohren klemmen konnte, hingen ihm widerspenstig am Kopf herum, sodass er sich in einer fahrigen Geste die Haare aus dem Gesicht kämmte. Menschenmassen strömten aus der Bahn und versperrten ihm den Blick den Bahnsteig entlang. Tante

Lotte hatte ihm am Telefon gesagt, dass ihn sein Cousin Sascha abholen würde. Er sollte auf dem Bahnsteig auf ihn warten. Sie hatte ihm Saschas aktuelles Aussehen beschrieben. So häufig sah sich die Familie nicht, da war das eine unumgängliche Notwendigkeit. Er hatte seiner Tante eine möglichst genaue Beschreibung seines Äußeren gegeben. Nun hoffte Daniel, dass er seinen Cousin erkennen würde.

Langsam lichtete sich das Gewusel, während Daniel seine Schultern und den Nacken mit kreisenden Bewegungen lockerte. Dabei ließ er sein Gepäck nicht aus den Augen. In seinem Rucksack lag gut verstaut sein Walkman, einer seiner kostbaren Besitze. Ohne ihn hätte er die langweilige Bahnfahrt sicherlich nicht lebend überstanden! Zudem hatten ihm seine Eltern ein großzügiges Taschengeld für die Sommerferien mitgegeben. 200 Mark! Die brannten ihm regelrecht ein Loch in den Rucksack.

„Hi, bist du Daniel?"

Daniel zuckte zusammen und drehte sich zu der tiefen, männlichen Stimme um, die ihn angesprochen hatte. Keinen halben Meter von ihm entfernt, sah er in ein freundlich lächelndes Gesicht mit blauen Augen, hervortretenden Wangenknochen und einem ausgeprägten Kiefer. Kurze dunkle Haare standen strubbelig vom Kopf seines Gegenübers ab. Gepaart mit dem dunklen T-Shirt über einer schwarzen Jeans und schwarzen Converse Chucks sah Sascha erstaunlich erwachsen aus. Die deutlich trainierten Oberarme fielen Daniel sofort auf, und innerlich verfluchte er sich für sein schlaksiges Wesen. Er konnte trainieren und essen, wie und was er wollte, es blieben weder Muskeln noch Fett an ihm hängen. Seine Mutter tröstete ihn immer wieder, dass sich das noch geben würde, doch beim Anblick von gleichaltrigen Jungs bekam er dennoch Komplexe. In der Schule war er beliebt, daher wurde er wenigstens nicht als Bohnenstange gehänselt. Trotzdem spürte er bei Saschas Anblick einen Stich der Eifersucht. Daniel bemerkte, dass er viel zu lange schweigend gestarrt hatte, und seine Wangen verfärbten sich rot, als er stotternd antwortete.

„Ja, das bin ich. Du bist Sascha!"

Zu Daniels Überraschung machte Sascha nickend einen kleinen Schritt auf ihn zu und drückte seinen Vetter kurz an sich. Aus der Umarmung entlassen, wurde das Rot auf seinen Wangen noch dunkler. Seit zwei Jahren war Daniel klar, dass er schwul war. Einen Freund hatte er noch nicht gehabt, und seinen Eltern hatte er bislang nichts von seiner sexuellen

Orientierung erzählt. Lediglich sein guter Freund Thorsten, den er bereits seit der Grundschule kannte, wusste Bescheid, hielt aber gemäß des Beste-Freunde-für-immer-Ehrenkodex absolut dicht. Da Thorsten schon seit jeher ein absoluter Mädchenmagnet und in seiner Rolle als Heten-Stecher unerschütterlich gefestigt war, hatte sich zwischen ihnen nach dem Outing keine komische Stimmung ergeben. Thorsten hatte sich für Daniels Vertrauen bedankt. Dann folgte doch noch die unvermeidliche Frage, ob er sein Beuteschema war. Doch das konnte Daniel aus tiefstem Herzen verneinen. Thorsten hatte rote Haare und schneeweiße Haut. Das turnte Daniel an Männern überhaupt nicht an! Großgewachsene, trainierte Männer mit dunklen Haaren und tiefer Stimme indes, ließen Daniel dahinschmelzen. Da war es kein Wunder, dass ihm das Blut nicht nur in die Wangen schoss. Es wurde unangenehm eng in seinem Slip. Sascha roch so gut! Eine irritierende Mischung aus kaltem Zigarettenrauch und AXE Alaska Bodyspray, die Daniel ganz wuschig machte. Glücklicherweise überbrückte Sascha die Stille mit weiteren Fragen.

„Wie war die Fahrt? Die Regionalbahn ist aus allen Nähten geplatzt! Musstest du stehen?"

Daniel schüttelte den Kopf.

„Nee, ich hatte einen Sitzplatz. Aber 6 Stunden bei dem Wetter im Zug. Kein Spaß! In den Regionalzügen gibt es keine Klimaanlage. Und im ICE war sie wohl ausgefallen."

„Das ist natürlich Mist!" Sascha hob Daniels Koffer an, als würde er nichts wiegen. Bei dem Muskelspiel an Saschas Oberarm musste sich Daniel konzentrieren, schnell woanders hinzusehen! Nicht, dass ihm noch der Sabber aus dem Mund lief. Er ermahnte sich, dass es sein Cousin war, den er so attraktiv fand! Familie war tabu! Sofort erwiderte ein zartes Stimmchen, dass Gucken wohl nicht verboten war! Zu sehen gab es noch Saschas knackigen Hintern in der engen, schwarzen Jeans, als er vor Daniel durch das Bahnhofsgebäude manövrierte. Sie verließen die angenehme Kühle des alten Gebäudes und Daniel folgte seinem Cousin in Richtung eines alten, grau lackierten VW-Busses. In schwarzer Schrift war auf die Seiten *Haus am See – Hemfurth-Edersee* aufgebracht worden. Sascha verstaute Daniels Gepäck auf der Rückbank und steckte sich danach eine Zigarette an. Als er Daniels Blick auf sich spürte, hielt er ihm die Schachtel hin. Obwohl er bislang nur sehr selten geraucht hatte, nahm Daniel eine Zigarette aus der

Packung heraus und ließ sich von Sascha Feuer geben. Froh darüber, dass er nach dem ersten Zug nicht husten musste, lehnte sich Daniel an den Lieferwagen und zerbrach sich den Kopf, worüber er mit Sascha reden sollte. Sein Hirn fühlte sich wie Matsche an, das war ihm so noch nie passiert. Sonst konnte er wie ein Wasserfall quatschen, doch jetzt kam ihm alles, was ihm durch den Kopf ging, unpassend oder trivial vor. Sascha hatte da keine Hemmungen.

„Ist schon lange her, dass wir uns gesehen haben."

Dankbar für den Gesprächsimpuls nickte Daniel eifrig.

„Ja, bestimmt schon ein paar Jahre." Er nahm einen tiefen Zug von der Zigarette. Ihm dämmerte, wann sie sich zuletzt gesehen hatten. Das war auf der Beerdigung von Saschas Vater gewesen! Und das war mindestens fünf Jahre her! Von Ostfriesland bis zum Edersee, das war keine Weltreise, aber so nah standen sich die Schwestern nicht, dass sie sich häufig besuchten. Mit dem Hotel war Tante Lotte eh immer beschäftigt. Daniels Mutter und sie telefonierten immerhin regelmäßig. Gerade weil ihre Eltern langsam in ein Alter kamen, wo sie gelegentlich Unterstützung brauchten. Sie wohnten in Bochum, was für jede Schwester mindestens eine Fahrt von zwei Stunden bedeutete. Da besprachen sie immer häufiger, wer in welchem Fall am besten die Reise auf sich nehmen konnte. Oft blieb es an Daniels Mutter hängen, da sie als Hausfrau flexibler war. Daniels Vater und er waren nicht böse, wenn die Frau mal aus dem Haus war. Dann konnten sie Tiefkühlpizza essen und spielten stundenlang an Daniels Spielekonsole, die für diese Zeit sogar an den Fernseher im Wohnzimmer angeschlossen wurde. Daniel wurde bewusst, welches Glück er im Gegensatz zu Sascha hatte. Der räusperte sich.

„Auf der Beerdigung meines Vaters. Da seid ihr bei uns gewesen."

„Stimmt." Daniel hatte keine Ahnung, was er sonst noch sagen sollte. Doch Sascha löste die unangenehme Situation auf. Er klopfte Daniel kumpelhaft auf den Oberarm.

„Na komm, fahren wir. Sonst steigt mir meine Ma noch aufs Dach, dass ich dich erst so spät nach Hause bringe." Sascha lief um den Wagen herum und stieg ein.

Daniel nahm auf dem Beifahrersitz Platz, kurbelte die Scheibe des Seitenfensters ein Stück herunter und verfolgte aus dem Augenwinkel, wie Sascha das Auto startete und wie selbstverständlich durch den

Feierabendverkehr des kleinen Städtchens lenkte. Daniel war vom Selbstbewusstsein und der Ausstrahlung seines Cousins fasziniert. Er konnte nicht viel älter sein, wirkte allerdings deutlich erwachsener. Sascha bemerkte, dass er von der Seite angesehen wurde und grinste.

„Was ist los? Hab ich was an der Nase?"

Daniel grinste zurück.

„Nein! Ich habe mich nur gefragt, wie alt du bist. Und wie lange du schon den Führerschein hast. Du fährst dieses Riesengefährt so selbstverständlich!"

„Ach so! Ich bin im Frühjahr 19 Jahre alt geworden. Den Führerschein habe ich jetzt anderthalb Jahre. Also noch ein halbes Jahr Probezeit. Und du?"

„Ich bin seit Januar 18. Den Führerschein habe ich seit April. Also noch fast zwei Jahre Probezeit. Und immer schön artig fahren!" Sie grinsten sich wissend an. Bloß nicht zu schnell blitzen lassen war die Devise! Zum Idiotentest wollte niemand!

Daniel sah aus dem Beifahrerfenster und genoss den Fahrtwind in seinen Haaren. Zunächst führte die Straße durch dicht besiedeltes Gebiet, doch als sie die Ortsgrenze hinter sich ließen, kamen immer mehr Felder und Wiesen in Sicht. Die hügelige Gegend gefiel Daniel gut, auch wenn er die Nordseeküste liebte. Nach einigen Minuten, in der sie sich über dieses und jenes unterhielten, erreichten sie den Edersee. Immer wieder blitzte er zwischen Häusern und Bäumen, die den direkten Blick verstellten, hervor. Während sich Sascha auf den Straßenverkehr konzentrierte, reckte Daniel den Hals, um möglichst viel von der Aussicht zu genießen. Dabei kam er einmal Sascha so nah, dass er erneut seinen unwiderstehlichen Duft einatmete. Der bemerkte, dass sein Vetter wie vom Blitz getroffen zurückzuckte und fragte sich, was mit dem merkwürdigen Kerlchen wohl nicht stimmte. Mit seinen verhältnismäßig langen Haaren und der schmalen Gestalt wirkte er auf den ersten Blick weichlich und schwach. Und sein Verhalten war seit ihrem Treffen am Bahnhof merkwürdig. Erst hatte er kaum gesprochen und ihn nur angestarrt. Zwischendurch schien er dann lockerer zu werden, doch nun hatte er ihn schon wieder von der Seite angestarrt und war plötzlich zurückgezuckt. Sascha hoffte, dass Daniel sich schnell eingewöhnte, sonst konnten die sechs Wochen lang werden. Und seine Mutter erwartete, dass er seinen Vetter zügig in die täglichen Aufgaben, die er übernehmen sollte, einwies. Immerhin wurde Daniel für etwas bezahlt, was er selbst für sein Taschengeld neben der Schule erledigte. Nachdem sein Vater vor ein paar Jahren gestorben war, hatte ihm seine Mutter erklärt, dass er irgendwann das Hotel übernehmen solle. Sonst konnten sie es gleich verkaufen! Für einen 14-jährigen Jungen war das eigentlich eine viel zu verantwortungsvolle Entscheidung gewesen. Aber Sascha hatte sich damals nicht vorstellen können, woanders als im Haus am See zu wohnen. Also hatte er seiner Mutter versprochen, dass er nach der Realschule eine Ausbildung im eigenen Betrieb machen würde, damit er alles von der Pike auf lernen konnte. So könnte er eines Tages den familieneigenen Betrieb übernehmen. Fünf Jahre später war es so gekommen. Und als der Sohn ihrer Schwester angefragt hatte, ob er nicht als Unterstützung in der Hauptsaison kommen durfte, hatte Lotte begeistert zugesagt. Sie konnten eine günstige Hilfe gut für die Hauptferienzeit gebrauchen!

Sascha kam mit seinen Gedanken wieder in der Gegenwart an und lenkte den Kleinbus auf den Schotterparkplatz gegenüber vom Hotel, stellte den Motor aus und sah seinen Beifahrer an.

„Da sind wir!“

Daniel sah plötzlich ängstlich aus. Sascha fragte sich, ob er wohl Angst vor der eigenen Courage hatte. Aber dafür war es jetzt zu spät. Daniel kurbelte umständlich das Fenster hoch, öffnete die Tür und stieg zögerlich aus. Er nahm seinen Rucksack von der Rückbank, während Sascha erneut den schweren Koffer hob, als würde er nichts wiegen. Er folgte seinem Cousin über die Straße zum Eingang des Hotels.

Daniel blieb jedoch vor der Tür stehen, sah an der Fassade hoch und bewunderte das imposante Gebäude mit den dunklen Fachwerkbalken, die sich von dem weiß gestrichenen Putz abhoben. Auf der Terrasse vor dem Hotel saßen einige Gäste und ließen sich ein Bierchen oder andere Kaltgetränke schmecken. Sascha hatte bemerkt, dass er seinen Vetter auf der kurzen Strecke verloren hatte, und kam aus dem Hotelinneren zurück, um ihn abzuholen.

„Nun komm schon. Es ist gleich Essenszeit, da rotiert hier alles hinter den Kulissen. Davor müssen wir dich noch meiner Ma präsentieren!“

Sascha schob Daniel vor sich her. Er konnte nicht ahnen, welche Qualen er damit auslöste, denn die Stellen, an denen er Daniel berührte, brannten auf dessen Haut.

Kapitel 3 – Juli 1993

Daniel lag auf seinem Bett und konnte trotz des anstrengenden Tages, der ihm in den Knochen steckte, nicht in den Schlaf finden. Zu viele Bilder und Eindrücke zogen an seinem geistigen Auge vorbei.

Zuerst Tante Lotte, die ihn mitten im Gastraum herzlich begrüßt und dabei fest an ihre Brust gedrückt hatte. Sie hatte stark nach ihrem Lieblingsparfüm „Shalimar" von Guerlain gerochen und einen knallroten Lippenstift getragen. Während sie ihm freundlich, aber unmissverständlich die Regeln für seinen Aufenthalt erklärt hatte, war Daniel von ihrem Äußeren fasziniert gewesen. Ihre dunklen Haare hatte sie zu einem strengen Knoten nach hinten gebunden und hatte einen schwarzen, knielangen Rock zu einer grauen, changierenden Bluse und einer weißen Kittelschürze kombiniert, in deren Taschen sie stets alles Notwendige zu haben schien. Anschließend hatte sie ihn erinnert, dass er seine Eltern über seine Ankunft informieren musste. Seine Mutter hatte sich am Telefon fast überschlagen, sie war schon nach dem ersten Klingeln am Apparat gewesen und hatte ihn kaum zu Wort kommen lassen. Er hatte eine prima Ausrede für lediglich ein kurzes Gespräch gehabt, denn er hatte direkt in der Küche helfen müssen, da an diesem Freitagabend neben den Hotelgästen im Restaurant eine Menge externe Besucher aufgetaucht waren. Tante Lotte hatte Daniel einen Sparschäler und ein Messer in die Hand gedrückt, ihm einmal gezeigt, wie er die großen Kartoffeln aus dem riesigen Sack zu schälen und zu schneiden hatte und war dann vor zur Theke gelaufen. Sascha hatte ihm noch ein Haarnetz gegeben, viel Glück gewünscht und war verschwunden, um sich für seinen Job als Kellner umzuziehen. So war Daniel allein mit dem Koch und einer weiteren Küchenhilfe zurückgeblieben.

Die Zeit war wie im Flug vergangen und als die Küche mit dem Abendessen abgeschlossen hatte, war Daniel noch dazu verdonnert worden, mit aufzuräumen und schon einige Vorbereitungen für das Frühstück am nächsten Tag zu erledigen.

Irgendwann hatte Sascha in der Küche vorbeigeschaut und ihn erlöst.

„Komm, jetzt ist Feierabend. Den Rest schafft die Stammbesetzung allein. Du hattest einen langen Tag." An den Küchenchef gewandt, hatte er gefragt:

„Wie hat sich Daniel gemacht?"

Zu Daniels Überraschung war die Bewertung wortkarg, aber durchaus positiv ausgefallen.

„Fleißig. Sauber gearbeitet. Gut!"

Sascha hatte sich sichtlich über Daniels erste Erfolge gefreut.

„Das ist ja super! Dann hast du dir die Feierabendzigarette mit mir redlich verdient!" Sascha hatte Daniel am T-Shirt aus der Tür, die von der Küche direkt in den hinteren Garten führte, gezogen und aus seiner Weste, die er im Service getragen hatte, die leicht verbeulte Packung mit seinen Zigaretten gekramt. Daniel hatte die paar Minuten mit Sascha zum Abschluss des Tages besonders genossen.

Nun wusste er nicht in den Schlaf zu kommen und sah auf dem altmodischen Radiowecker, dass es bereits 01.40 Uhr war. Um 6.00 Uhr sollte er aufstehen! Durch das geöffnete Fenster strömte zwar frische Luft, doch brachte sie keine Abkühlung. Es war zur Nacht hin nicht viel abgekühlt. Daniel hatte die Bettdecke bereits ans Fußende geschoben und trug neben einem weiten T-Shirt nur eine kurze Hose, doch der Stoff des Shirts klebte bereits unangenehm am Rücken. Die Erinnerung an Saschas Duft bei der kurzen Umarmung am Bahnhof suchte ihn heim, und wie automatisch fuhr seine rechte Hand unter dem Hosenbund hindurch an seinen mittlerweile steil aufragenden Steifen. Mit trägen, langsamen Bewegungen strich Daniel an der Spitze vor und zurück. Er zog an den samtenen Kugeln unter der Wurzel, nur um sich dann erneut auf den pulsierenden Schaft zu konzentrieren. Seine Bewegungen wurden schneller, sein Atem ging unregelmäßig und seine Gedanken kreisten um Saschas muskulösen Oberarme, seinen knackigen Hintern in der Jeans und wie es wohl sein mochte, von ihm gehalten und berührt zu werden. Seine linke Hand klemmte die Schlafhose nun unter seinen Sack, sodass die rechte schneller und ungestörter agieren konnte. Daniel steigerte den Rhythmus, mit dem seine Faust an der Latte auf und abfuhr, und er merkte schnell, wie sich das geile Gefühl in seinem Unterbauch aufbaute und ein Ziehen in seinen Eiern den

Orgasmus ankündigte. Sein ganzer Körper stand unter Anspannung, sämtliche Muskeln und Sehnen von den Füßen bis zu seinen Schultern traten hervor. Schub um Schub spritzte der heiße Saft aus seiner zuckenden Spitze und verteilte sich auf dem T-Shirt. Ein Schwall der salzigen Soße traf Daniel sogar am Kinn. Einen so intensiven Abgang hatte er schon lange nicht mehr gehabt. Dabei war das letzte Mal, dass er sich selbst befriedigt hatte, gerade einen Tag her. Er war immer wieder überrascht, wie schnell das Gefühl nach dem Höhepunkt umschlug. Jetzt fand er sein Sperma auf dem Shirt ekelig, zog es vorsichtig aus, wischte damit den Tropfen vom Kinn und legte es auf dem Boden aus, damit es bis zum Morgen trocknen konnte. In dieser Nacht war ein T-Shirt zum Schlafen auf keinen Fall nötig.

Die eintretende Entspannung übermannte Daniel und bescherte ihm einen tiefen, traumlosen Schlaf.

Das nervige Geräusch des Radioweckers, dessen Sendereinstellung etwas neben dem Ideal lag, weckte Daniel um 6.00 Uhr auf. Draußen war es hell, und die Vögel zwitscherten in den Bäumen. Er setzte sich auf und sah sich von der Bettkante aus in seinem Zimmer um. Sein Blick fiel auf das ausgebreitete T-Shirt und ein Gefühl der Scham überkam ihn. Er hatte sich auf seinen Cousin einen heruntergeholt! Und dann noch die Sauerei auf dem T-Shirt. Gott sei Dank war es weiß, da fiel das nicht so auf! Er musste auf jeden Fall noch klären, wie und wo er seine Klamotten waschen konnte.

Daniel stand auf, ging ans Fenster und schaute kurz in das idyllische Grün des Hotelgartens. Er schmunzelte. Als er zum ersten Mal vom Haus am See gehört hatte, hatte er angenommen, es läge direkt am See. Dass man noch gut 850 Meter bis zum See zurücklegen musste, hatte er dann beim ersten Besuch bei seiner Tante erlebt. Ihn störte das nicht. Er mochte die Aussicht in die Bäume und den leichten Abhang, der sich dahinter entlang zog.

Es klopfte an seine Tür. Saschas Stimme war gedämpft zu hören.

„Daniel? Du kannst ins Bad. Dort habe ich dir Klamotten hingelegt, die dir passen sollten. Melde dich dann bei mir. Ich bin beim Frühstück …“

Daniel hatte den Raum durchquert und riss die Tür auf. Erst als er Saschas irritierten Blick auf sich spürte, fiel ihm ein, dass er kein Shirt anhatte. Das Blut schoss ihm in die Wangen.

„Äh, guten Morgen. Ich weiß Bescheid und melde mich gleich bei dir.“

„Guten Morgen." Sascha sah ihn unter zusammengezogenen Augenbrauen an. Er hatte bereits gestern gedacht, dass sein Vetter ein Schwächling war. Jetzt hatte er den Beweis, dass der nicht mal Haare auf der Brust hatte. Die flachen Brustwarzen mit ihren kleinen Höfen lagen völlig schutzlos auf der schmalen Brust, deren Farbton Sascha an frischen Pfannkuchenteig erinnerte.

„Dir ist wohl richtig warm, was?"

Daniel grinste verlegen und zuckte mit den Schultern.

„Tja, hier ist es tatsächlich wärmer als bei uns an der Nordseeküste. Hier geht weniger Wind."

„So, so. Na, dann setz mal die Segel in Richtung Bad." Damit ließ er Daniel im Türrahmen stehen und lief eiligen Schrittes die Treppe hinunter.

In dem kleinen, altmodisch hellblau gekachelten und zweckmäßig eingerichteten Bad, das sich Daniel offensichtlich mit Sascha und Tante Lotte teilte, sah er sich beim Zähneputzen im Spiegel tief in die Augen. Er hatte geduscht, sich flink die Haare geföhnt und mit etwas Gel zu einem Mittelscheitel frisiert. Die vordersten Strähnen hatte er sich hinter die Ohren gestrichen. Nun versuchte er, sich im Spiegel zu erkennen. Er hatte nicht widerstehen können und ein wenig in Saschas Badutensilien gestöbert, um zu sehen, welche Pflege- oder Stylingprodukte er benutzte. Das unvermeidliche AXE-Deo stand gleich vorne auf dem Regal, in dem ein Fach für Daniel freigeräumt worden war. Er nahm die Spraydose in die Hand und schnupperte am Zerstäuber. Daniel nickte. Das war unverkennbar Saschas Duft. Schnell stellte er das Deo weg, in seinem Slip wurde es schon wieder eng. Neidisch hatte er festgestellt, dass sich Sascha bereits rasierte. Und er tat es wohl mit einem altmodischen Rasierhobel und Rasierseife, die in einer kleinen Schale mit einem Pinsel aufgeschlagen wurde. Daniel selbst brauchte sich noch nicht rasieren. Es wuchsen vereinzelt ein paar Härchen, die er alle zwei Wochen entfernte. Vielleicht sollte er sich hier dennoch täglich rasieren, wo er doch eventuell im Service aushelfen sollte? Das verschob er jedoch auf morgen. Nach dem Zähneputzen zog er die von Sascha zugeteilten Klamotten an. Das Outfit bestand aus einer schwarzen Stoffhose, die ihm etwas zu weit war, was er jedoch mit seinem Gürtel korrigieren konnte, einem weißen Hemd sowie einem engen, weißen Feinrippunterhemd.

Daniel hoffte, es war von Sascha, als er noch seine Statur gehabt hatte und zog es an. Tante Lotte hatte ihn bereits vor seiner Anreise instruiert, dass er ein paar schwarze Lederschuhe brauchte, falls er mal im Service aushelfen sollte, daher räumte er flink das Bad auf und ging direkt in sein Zimmer zurück. Dort schlüpfte er in die schwarzen Slipper, die ihm seine Mutter aufgeschwatzt hatte. Mit Bedauern hatte Daniel schon am Vorabend bemerkt, dass Sascha schwarze DocMartens-Schuhe trug. Das sah viel cooler aus!

Im Erdgeschoss angekommen, lief ihm Tante Lotte über den Weg, wünschte ihm einen guten Morgen und nickte anerkennend.

„Guten Morgen, Daniel. Gut siehst du aus. Wenn du das morgen in der Hälfte der Zeit hinbekommst, kannst du bei den Vorbereitungen für das Frühstück prima unterstützen." Peng! Die Ansage hatte gesessen.

Daniel lächelte entschuldigend.

„Guten Morgen, Tante Lotte. Entschuldigung, dass es etwas länger gedauert hat. Aber in einer neuen Umgebung sitzen die Handgriffe noch nicht so beim Fertigmachen."

Sie nickte anerkennend. Scheinbar verstand sie seine Argumentation.

„Falls ich dir einen Tipp geben darf. Lass dir Dienstag die langen Zotteln abschneiden, dann dauert das Föhnen nicht 10 Minuten. So, und jetzt rüber ins Restaurant mit dir. Sascha kann deine Hilfe beim Tischdecken gebrauchen. Danach kannst du hinten frühstücken!"

Es hätte nicht viel gefehlt, und Daniel hätte vor ihr salutiert. Doch er besann sich im letzten Augenblick, und machte sich ohne weitere Worte auf den Weg zu Sascha. Von ihm wurde er ähnlich freudig begrüßt.

„Da bist du ja endlich. Hast du dir erst eine Gesichtsmaske aufgelegt?" Sascha erwartete jedoch keine Antwort und fuhr direkt fort.

„Nun komm, wir haben nicht mehr viel Zeit. Schau dir diesen Tisch genau an. So sollen die vier Tische da drüben ebenfalls aussehen. Du hast 10 Minuten. Geschirr, Besteck und Gläser findest du in dieser Anrichte da drüben." Sascha zeigte auf einen alten Bauernschrank, der dekorativ im Restaurant platziert war.

Daniel hatte zwar nicht das Gefühl, dass er sich besonders viel Zeit beim Zurechtmachen gelassen hatte, dennoch wollte er diesen Schnitzer wieder gutmachen. Also ging er mit Feuereifer an die Aufgabe heran, und deckte die vier Tische exakt wie den Mustertisch, den Sascha ihm gezeigt hatte. Dabei achtete er sogar auf Feinheiten, wie den Abstand des Tellers zur Tischkante, die Ausrichtung der Kaffeelöffel auf der Untertasse und der Präsentation der Zucker- und Milchspender. Daniel suchte Sascha, um ihm zu sagen, dass er die Aufgabe erledigt hatte und fand ihn in der Küche, wo er mit einer Schürze ausgestattet Eier kochte.

„Ich bin mit den Tischen fertig. Was kann ich nun machen?"

Sascha hob anerkennend die Augenbrauen.

„Prima. Das ging ja fix! Du kannst jetzt Kaffee in die Thermoskannen füllen und eine Kanne auf jeden Tisch stellen."

„Werden alle Kannen gleich befüllt?"

Sascha sah Daniel erstaunt an.

„Warum sollten sie nicht?"

„Na ja, es gibt einige Tische, die lediglich für zwei Personen gedacht sind. Es hätte sein können, dass an diese Tische kleinere oder halb befüllte Kannen kommen."

Die Küchenhilfe Berta, die gerade damit beschäftigt war, Käse und Wurst auf Teller zu drapieren, hob interessiert den Kopf.

„Das ist eine gute Idee. Dann schütten wir nicht mehr so viel Kaffee weg!"

Sascha dachte weiter darüber nach.

„Ja, allerdings kühlt der Kaffee in großen, nur halb befüllten Kannen schneller aus. Dann sollten wir über kleinere Kannen nachdenken. Zunächst einmal fülle alle Kannen randvoll. Aber gute Idee, Daniel!" Er hieb seinem Vetter anerkennend auf die Schulter.

„Danke!" Daniels Wangen brannten. Sascha war ihm so nah gekommen, dass er dessen Duft eingeatmet hatte. Wie auf Wolken ging er zu der großen Industrie-Maschine und füllte den Kaffee in die bereitgestellten Thermoskannen, die er anschließend auf einen kleinen Servierwagen stellte.

Tante Lotte ging zufrieden durch das Restaurant. Alle Hotelgäste waren auf der Frühstücksliste abgehakt, einige Tische waren bereits abgeräumt und leer, an den anderen saßen noch Gäste und sorgten mit ihren Gesprächen für eine friedliche Geräuschkulisse, die sie zu schätzen gelernt hatte. So klangen zufriedene Gäste! An dem einen oder anderen Tisch blieb sie kurz stehen, erkundigte sich, ob noch etwas fehlte und ging dann weiter.

Da tatsächlich keine Wünsche offen waren, betrat sie schnell den Saalbereich, wo der Tisch für das Frühstück der Bediensteten stand. Berta, Sascha und Daniel saßen einträchtig beieinander und ließen sich Brötchen mit Wurst, Käse oder selbstgemachter Marmelade schmecken. Ihnen gegenüber saßen die zwei Zimmermädchen, die sie samstags für den Bettenwechsel in Teilzeit engagiert hatte. Auch wenn manche Gäste keine volle Woche blieben, war der Samstag noch der traditionelle An- und Abreisetag. Das schafften Sascha und sie nicht allein. Lotte war froh, dass Daniel diesen Sommer zur Unterstützung da war. Sobald er einigermaßen eingearbeitet war, konnte Sascha so mal nur einen halben Tag arbeiten. Der Junge, der sie mit seiner Disziplin und seinem Arbeitseifer so stolz machte, hatte sich mal einen entspannten Sommer verdient. Falls er sich mit Daniel gut verstand, konnte er ihm die Gegend zeigen. Sie konnten an den See zum Schwimmen fahren. Oder sie wanderten auf den Peterskopf. Das war für die Touristen doch immer das Größte. Zurück fuhr man dann mit der Bahn, die die meisten Besucher eher hinauftransportierte.

Als sie an den Tisch herantrat, schauten sie alle erwartungsvoll an. Sie hob beruhigend die Hand.

„Bleibt sitzen. Alle Gäste sind versorgt, ich habe mich selbst erkundigt. Jetzt esst erst mal in Ruhe auf, dann geht es an die Zimmer. Berta, reich mir doch bitte mal ein Brötchen. Danke."

Während sie sich ein Marmeladenbrötchen schmierte, schlug Lotte sanfte Töne in Daniels Richtung an.

„Jetzt haben wir dich schon zum zweiten Mal ins kalte Wasser geschmissen, und du hast dich wacker geschlagen. Falls ich vorhin etwas schroff war, dann sieh mir das bitte nach. Samstage sind immer besonders anstrengend mit der Koordination von An- und Abreisen. Irgendwelche Gäste kommen immer zu früh und erwarten dann, ihr Zimmer fertig hergerichtet vorzufinden. Und auf der anderen Seite trödeln immer ein paar Gäste herum und sind nicht pünktlich um 10.00 Uhr aus den Zimmern heraus." Beherzt biss sie in die Brötchenhälfte und sah ihren Neffen aus ihren großen, dunklen Augen an.

„Schon okay, Tante Lotte. Morgen beeile ich mich im Bad!" Daniel grinste und nahm noch einen Schluck Kaffee.

Sascha lachte und sah von Daniel zu seiner Mutter.

„Dann dürfen seine Haare dranbleiben?"

Lotte verschluckte sich fast und hustete. Sie griff zu ihrer Kaffeetasse, nahm einen Schluck und schüttelte dann ihren Kopf.

„Sofern der Dienst stets pünktlich angetreten wird, dürfen die Haare dranbleiben!"

Am Tisch ertönte allgemein erleichtertes Gelächter. Daniels Wangen färbten sich erneut rötlich, doch das lag eher an der Tatsache, dass Sascha ihm mit der rechten Hand den linken Oberschenkel drückte.

„So, mein Freund. Jetzt kümmern wir uns zuerst um die Tische im Restaurant. Danach helfen wir Lisa und Marie bei den Zimmern." Die zwei Mädchen, die im Ort wohnten und zur Schule gingen, nickten eifrig. Dabei strahlten sie Sascha unverhohlen an. Daniel konnte sich vorstellen, dass Sascha als gute Partie im Ort gesehen wurde. Er selbst fühlte sich zu ihm hingezogen. Wie musste es erst der weiblichen Bevölkerung unter 20 Jahren rund um den Edersee gehen?

Daniel gewöhnte sich schnell an den für ihn ungewohnten Tagesablauf im Hotel. Er folgte Sascha von Aufgabe zu Aufgabe, ob es das Badputzen in den Gästeräumen war oder erneutes Kartoffelschälen in der Küche. Was ihm aufgetragen wurde, erledigte Daniel nach bestem Wissen und Gewissen. Dabei war alles noch so aufregend, dass er selbst nicht merkte, wie verschoben die Mahlzeiten für die Angestellten stattfanden. Um 14.00 Uhr schloss die Mittagsküche, da gab es wieder am Tisch im Saal einen Mittagsimbiss für das anwesende Personal, bevor ab 15.00 Uhr Kaffee und Kuchen als Buffet angeboten wurden. Zeitgleich öffnete Tante Lotte die Hotelbar, die aus der riesigen Theke und den daran stehenden Barhockern sowie mehreren Tischen an der vorderen Fensterfront bestand. Am Nachmittag wurde sie zum Dreh- und Angelpunkt des Geschehens im Hotel, da jeder hier durchlaufen musste. Ob es zur Treppe in die Obergeschosse oder das Restaurant ging, jeder lief an dem breiten Tresen vorbei. Das gefiel Daniel besonders gut. Er mochte den Geruch, der sich hartnäckig in dem Gastraum hielt. Diese Mischung aus frittierten Kroketten, schalem Bier und alter Einrichtung. Dieser besondere Duft war ihm schon vor ein paar Jahren aufgefallen. Und war ihm seither auch in anderen, älteren Gasthäusern begegnet. Auf jeden Fall hatte man hinter dem Tresen alles im Blick. Er verstand, warum das Tante Lottes Stammplatz als Chefin war.

Kapitel 4 – Juli 1993

Sascha stand rauchend an seinem Zimmerfenster im zweiten Obergeschoss und sah hinunter in den Garten. Die Sonne brannte an diesem Dienstagnachmittag besonders unnachgiebig. Daher hatte sich Daniel ein schattiges Plätzchen zwischen den hohen Laubbäumen gesucht, saß an einen Stamm gelehnt und hörte mit geschlossenen Augen Musik mit seinem Walkman. Er trug ein grünes T-Shirt zu einer über den Knien abgeschnittenen hellen Bluejeans. Seine nackten, hellen Beine waren übereinandergeschlagen und der obere Fuß wippte im Takt der Musik. Es musste gerade eine schnelle Nummer laufen, denn der Rhythmus, in denen sich Daniels Zehen bewegten, war zackig.

Ein Lächeln stahl sich auf Saschas Gesicht, und er konnte nicht mal sagen, warum. Sein Vetter, der auf den ersten Blick wie ein tollpatschiger Streber wirkte, hatte sich zwischenzeitlich als durchaus witziges Kerlchen entpuppt. Zwar benahm er sich so manches Mal in seiner Gegenwart merkwürdig, aber die Arbeit im Hotel ging er stets fleißig und zuverlässig an. Das mochte an dem enormen Respekt liegen, den Daniel Saschas Mutter entgegenbrachte. Doch er ließ sich auch von ihm Ratschläge erteilen und war innerhalb von vier Tagen zu einem geschätzten Gesprächspartner für ihn geworden. Er kam sich mitunter wie ein großer Bruder vor, aber das gefiel ihm. Was Daniel nicht ahnte, seine Mutter hatte ihn für die Sommerferien eingestellt, damit er Sascha etwas mehr Freizeit ermöglichte. Wenn zwei Leute die Zimmer reinigten, ging das doppelt so schnell, als wenn das nur eine Person erledigte. Klar hatte seine Mutter ihn gebeten, mit Daniel hin und wieder etwas zu unternehmen, damit der vor die Tür kam. Doch das schien ihm nach dem Eindruck der ersten Tage keine Last. Sie rauchten und lachten gemeinsam, als wären sie bereits seit Jahren gute Kumpel. Das tat Sascha besonders gut, da aufgrund des Jobs im Hotel kaum Zeit für Freunde, geschweige denn eine feste Freundin blieb. Er war seiner Mutter dankbar, dass er einmal in der Woche am Mittwochabend auf Tour gehen konnte. Da fuhr er in die Disco auf der anderen Seeseite und traf dort ein paar ehemalige Schulkameraden, die ihre Ausbildung ebenfalls rund um den See absolvierten. Als wahre Freunde würde er sie allerdings nicht bezeichnen. Hin und wieder lernte er dort Mädchen kennen, die mit ihren Eltern an den Edersee gereist waren und sich auf ein

Abenteuer mit einem Einheimischen freuten. Mit seinem getunten Golf 2 hatte er da gute Karten und konnte die Mädels auf dem Parkplatz beeindrucken. Auf der Rückbank seines Autos war bereits so manche Jungfrau seinem Charme erlegen. In den letzten Wochen hatte er jedoch eine Pechsträhne gehabt, sodass er am Ende des Abends immer häufiger selbst Hand anlegen musste, um sich zu entspannen.

Das hatte er nun ebenfalls auf die Schnelle in seiner kurzen Pause erledigt, bevor er sich unten um Kaffee und Kuchen kümmern musste. Seine Hormone sprudelten nur so und bescherten ihm immer häufiger einen Steifen. Jetzt genoss er die Zigarette danach und konnte nicht verhindern, seinen Vetter dabei ein wenig zu beobachten. Er strahlte so eine natürliche Unbedarftheit und Fröhlichkeit aus, die ihn für jeden sympathisch machte. Morgen wollte er ihn daher nach dem Abendessen auf jeden Fall mit ins „Las Wegas" nehmen.

Ein Insekt flog Daniel ins Gesicht und störte ihn beim Musik hören und dösen. Erschrocken öffnete er die Augen und wischte sich mit einer unkontrollierten Geste durchs Gesicht. Er war dankbar, dass man es im Schatten der Bäume bei den Temperaturen gut aushielt. Und da er keine vollen Schichten arbeiten musste, konnte er so etwas Schlaf aus den Nächten nachholen, wo er es in der Kammer unter dem Dach kaum aushielt. Sein Blick wanderte automatisch zu der Gaube, in der sein Dachfenster lag und sah, wie Sascha an dem Fenster daneben stand und rauchte. Einem spontanen Impuls folgend, winkte Daniel ihm kurz zu. Sascha wirkte ein wenig ertappt, hob kurz die Hand mit der Zigarette, drückte sie am Dachziegel aus und schloss das Fenster. Hatte er ihn beobachtet? Daniel schmunzelte über seinen Wunschtraum, schloss die Augen und lauschte dem Mixtape aus den neuesten Dance-Tracks. Sascha hatte ihm erzählt, dass er für gewöhnlich mittwochs, nachdem er im Service zum Abendessen geholfen hatte, in die Disco nach Bad Wildungen fuhr, um Mädels abzuchecken. Auf die Sache mit den Tussis konnte Daniel verzichten, aber tanzen machte ihm Spaß. Noch hatte er sich nicht getraut, Sascha zu fragen, ob er mitfahren durfte. Sein Cousin war so ein Arbeitstier, da wollte er ihm nicht an seinem einzigen freien Abend auf den Wecker gehen. Daniel überlegte, was für ein Outfit er in die Disco anziehen konnte. Besonders viele Klamotten hatte er für solch eine Gelegenheit nicht mitgenommen. Blieb eigentlich nur eine lange Bluejeans und sein schwarzes, enganliegendes Shirt mit dem V-Ausschnitt. Das war sein übliches Outfit zum Ausgehen zu Hause und sollte auch am Edersee funktionieren.

Am Abend half Daniel in der Küche und durfte sogar Beilagensalate anrichten. Küchenchef Markus, der Lotte unterstützte, seit sie nach dem Tod ihres Mannes allein das Hotel führte, lobte Daniels schnelle Auffassungsgabe und sein Geschick mit dem Messer. Sascha, der die Salate zum Servieren abholte, lächelte Daniel anerkennend zu.

„Wenn du so weitermachst, lassen wir dich nicht mehr gehen!"

Daniel strahlte bei so viel Lob und freundlichen Worten. Da war das Haarnetz, das er in der Küche tragen musste, direkt erträglich. Prompt schnitt er sich in den Finger und jaulte auf. Sascha war sofort an seiner Seite, hielt die Wunde flink unter kaltes Wasser und besah sich den Schnitt genauer.

„Puh, nicht allzu tief. Das muss nicht genäht werden. Schwein gehabt!"

Markus kramte im Verbandskasten und reichte Sascha ein für die Wunde passendes Pflaster, das der vorsichtig aufbrachte. Daniel saß der Schock in den Knochen, und der Schmerz kam erst nach und nach in seinem Gehirn an. Dort musste er sich allerdings an den anderen Wahrnehmungen vorbei arbeiten, denn Saschas zupackende Hände an seiner verletzten Hand zu spüren, zog ihm beinahe den Boden unter den Füßen weg. Nicht nur, dass er ihn besonnen versorgte, Sascha kam Daniel nah. Richtig nah! Und so atmete Daniel Saschas betörenden Duft ein. Ihre Gesichter waren sich so nah, dass Daniel Saschas Atem riechen konnte. Er roch nach Minze, was ihm verriet, dass Sascha nach der letzten Zigarette ein Kaugummi gekaut hatte. Er starrte seinem Cousin auf die eher schmalen Lippen und hatte eine spontane Fantasie davon, wie sie sich auf seinen fühlen würden, falls er eine Mund-zu-Mund-Beatmung brauchte.

Tante Lotte betrat die Küche. Sie wunderte sich, dass Sascha noch nicht den Salat zu den Menüs serviert hatte.

„Was ist denn hier los?"

Wie aufgescheuchte Hühner stoben Sascha und Daniel auseinander. Dabei fiel Daniel auf, dass Sascha möglicherweise seine Hand etwas länger als nötig gehalten hatte. Warum sonst stand er nun mit schuldbewusster

Miene neben ihm? Markus, der zwischenzeitlich mit diversen Töpfen und Pfannen hantierte, erklärte Lotte sachlich die Situation.

„Unserem Daniel ist mein Lob scheinbar nicht bekommen. Er hat sich in den Finger geschnitten. Sascha war so gut und hat ihn schnell versorgt. Die Salate gehen sofort raus." Er lächelte den beiden Jungen aufmunternd zu. Tante Lotte sah sie prüfend an.

„Na, dann mal los, Sascha."

Er sprintete regelrecht los und nahm ein Tablett mit mehreren befüllten Schälchen hinaus aus der Küche. Lotte wandte sich an Daniel.

„Und du, mein Lieber, pass bitte besser auf. Ich möchte deiner Mutter nicht erklären, dass du in meiner Küche einen Finger verloren hast." Sie sah sich suchend um, fand einen Karton mit Einmalhandschuhen und reichte einen davon an Daniel.

„Geht es denn? Dann zieh den hier bitte an. Hygiene ist das wichtigste Gebot in der Küche."

Daniel nickte eifrig.

„Ja, Tante Lotte, alles prima. Der Schnitt ging nicht tief." Er zog den weißen Handschuh über die linke Hand, entsorgte die mit seinem Blut verschmutzten Gurkenscheiben in den Müll, nahm sich ein neues Brett und Messer und legte demonstrativ los. Sie nickte, warf Markus einen undefinierbaren Blick zu und verließ ohne ein weiteres Wort die Küche. Daniel schnippelte konzentriert ein Gemüse nach dem anderen und richtete anschließend weitere Salatschälchen an. Er war damit gerade fertig, als Sascha erneut die Küche betrat und stumm das fertige Tablett gegen das im Gastraum geleerte austauschte.

Als sich das Restaurant geleert hatte und Lotte die Bar um 23.00 Uhr geschlossen hatte, gingen Daniel und Sascha gemeinsam die Treppe hinauf. Lotte wollte noch den Haupteingang abschließen und das Bier, das sie sich zum Feierabend gönnte, in ihrem Büro beim Durchgehen der Metzgerbestellung für den Folgetag austrinken.

Vor Daniels Zimmertür blieben sie stehen und Sascha sah ihn fragend an.

„Wie geht es deinem Finger? Tut er noch weh?"

Daniel schüttelte den Kopf und genoss, dass seine Haare nicht mehr unter dem Haarnetz festhingen.

„Nein, geht schon wieder. Bin ja selbst schuld, dass ich mich nicht konzentriert habe."

„Ach, das passiert jedem Mal. Wie sagt meine Mutter immer so schön? Bis du verheiratet bist, ist das wieder weg."

Sie kicherten leise, immerhin waren Gästezimmer auf diesem Flur vermietet.

„Sag mal, Daniel, hast du Lust morgen Abend mit mir nach Bad Wildungen in die Disco zu fahren? Ich weiß nicht, ob du tanzen magst, aber in der Saison sind viele Mädels da, während die Eltern selig in ihren Hotelbetten knacken."

Daniels Herz machte einen Sprung, doch er gab sich Mühe, seine Emotionen zu zügeln. Er konnte nicht ahnen, wie kribbelig Sascha zu Mute war.

„Klar. Wird dann zwar eine kurze Nacht, wenn wir am nächsten Morgen wieder zum Frühstück antreten müssen, aber das kriege ich schon hin."

Erleichtert nickte Sascha und wandte sich zum Gehen.

„Cool. Dann sehen wir uns morgen früh. Gute Nacht."

„Gute Nacht, Sascha." Daniel wartete, bis Sascha in seinem Zimmer verschwunden war, ging hinüber zum Bad, um sich die Zähne zu putzen und grinste dabei breit in den Spiegel.

Sascha rauchte noch eine Zigarette am geöffneten Fenster und blies den Rauch in die tiefschwarze Nacht. Der Mond war kaum auszumachen, dafür schienen die Sterne intensiv auf ihn herab. Es war erneut eine tropische Nacht, die Temperaturen kühlten nicht ab. Für das Hotel war das perfekt, denn bei diesen Temperaturen wurde mehr bei den Mahlzeiten getrunken. Und wenn die Gäste auf der Terrasse vor dem Hotel saßen und sich beim Beobachten des Sonnenuntergangs unterhielten oder Karten spielten, achteten sie weniger auf ihr Portemonnaie als auf ihren Durst und Appetit. Als Hotelbetreiber waren das jedoch anstrengende Tage, denn letztlich mussten sie an sieben Tagen in der Woche bis abends spät ausharren und morgens früh wieder präsent sein. Manchmal fragte er sich, wie seine Mutter das seit Jahren aushielt. Doch ihm fiel ein, dass er es ja ebenso seit Jahren mittrug. Er drückte die Zigarette aus und ließ den Filter in den kleinen Aschenbecher, der zwischen zwei Dachziegeln eingeklemmt war, fallen. Das Fenster ließ er offenstehen, auch wenn es keinen Unterschied machte. Irgendwann in der Nacht mochte ein leichter Windhauch ins Zimmer ziehen. Darauf hoffend ging Sascha ins Bad, putzte sich die Zähne und zog sich Schlafshorts sowie ein passendes Muskelshirt an. Sein Kopf lag noch nicht auf dem Kissen, da hatte ihn der Schlaf bereits übermannt.

Kapitel 5 – Juli 1993

Vor der Disco konnte man bereits die wummernden Bässe aus dem Innern hören. Der DJ spielte „Mr. Vain“ von Culture Beat, und Daniel konnte es nicht erwarten, auf die Tanzfläche zu stürmen. Das war im Moment sein absoluter Lieblingssong! Er trieb Sascha, der in aller Ruhe seinen Golf abschloss, zur Eile an.

„Mensch, Sascha! Nun mach schon. Zu dem Song möchte ich unbedingt noch tanzen!“

Doch Sascha ließ sich nicht hetzen.

„Pah, der DJ spielt das Lied bestimmt noch dreimal heute Abend! Also bleib locker!“

Darauf konnte Daniel nichts erwidern, er war noch nie in diesem Club gewesen. Wobei Club etwas zu hochgegriffen war. Das „Las Wegas“ war eine traditionelle Dorf-Disco. Allerdings schien sie bei Jung und Alt beliebt zu sein, denn der Parkplatz war voll und sogar am Straßenrand standen viele Autos.

Sie hatten ihren Eintritt bezahlt und waren an der Tanzfläche angekommen, als der DJ den nächsten Ohrwurm spielte. Es war „It's my life“ von Dr. Alban, was die auf der Tanzfläche befindlichen Personen mit lautem Johlen begleiteten. Die Stimmung schien für Daniel schon auf dem Höhepunkt angekommen, dabei war es gerade mal 23.15 Uhr.

Tante Lotte hatte sie um 22.00 Uhr geradezu gedrängt, sich doch für die Disco umzuziehen und loszufahren. Seiner Verantwortung bewusst, hatte Sascha jedoch noch erst dafür gesorgt, dass das Restaurant absolut sauber und ordentlich war. In der Zeit hatte Daniel die Gelegenheit gehabt, den Küchengeruch von sich abzuduschen und seine Haare frisch zu stylen. Letztlich hatte er sich für das schwarze T-Shirt zu seiner Lieblingsjeans und weißen Turnschuhen entschieden, die er sogar noch einmal geputzt hatte, damit sie im Schwarzlicht schön strahlten.

Sascha war nur kurz im Bad verschwunden, hatte sich flink geduscht, die kurzen, dunklen Haare mit Gel zu seinem typischen Strubbellook gestylt, die Zähne geputzt, sein vertrautes Deo versprüht und war nach 15 Minuten fertig in Daniels Zimmer marschiert. Für ihn ungewöhnlich trug Sascha ein weißes, kurzärmeliges Rippshirt mit einer kurzen Knopfleiste vorne am Rundhalsausschnitt. Den obersten Knopf hatte er geöffnet, was ihm ein lässiges Aussehen verlieh. Er trug ebenfalls eine Bluejeans, dazu hatte er allerdings seine schwarzen DocMartens angezogen. Mit seiner gebräunten Haut und den dunklen Haaren sah Sascha wie der Hetenstecher aus, der er in der Tat war. Daniel gefiel, dass er daraus allerdings kein übersteigertes Selbstbewusstsein und damit einhergehend eine unausstehliche Arroganz ableitete, sondern dabei ein bodenständiger, netter Kerl war!

Nun beugte sich Sascha zu Daniel hinüber und schrie in sein Ohr.

„Willst du tanzen? Ich gehe an die Bar. Soll ich dir etwas mitbestellen?"

„Ja, tanzen wäre super. Du nicht? Okay! Bestellst du mir eine Cola? Danke!"

Sascha nickte und ging zur nächstgelegenen Theke. Daniel gesellte sich zu den Tänzern vor dem DJ-Pult und gab sich dem Rhythmus der Beats hin. Die Bässe dröhnten in seinem Bauch und er genoss die Lightshow, die der DJ ebenfalls von seinem Pult aus steuerte. Er stampfte den Rhythmus mit, so gut er konnte, und als es an den Refrain ging, grölte er, so wie alle anderen mit. Sascha beobachtete ihn von der Theke aus und musste grinsen. Er selber war nicht so der Tanzbär und konzentrierte sich eher aufs Zusehen und Ansprechen der anwesenden Single-Mädels. Ihm entging jedoch nicht, dass Daniel wusste, seinen dünnen Körper zu bewegen. Das hatte er ihm gar nicht zugetraut. Sascha stellte fest, dass Daniel dem einen oder anderen Mädchen ins Auge fiel. Da hatte er sich also Konkurrenz eingeschleppt. Schön blöd!

Nach einer halben Stunde brauchte Daniel eine Pause und suchte die Bar nach Sascha ab. Er sah ihn im Gespräch mit einer jungen Frau, die zu seinem Cousin aufsah und lächelte. Daniel verließ die Tanzfläche und steuerte auf die beiden zu, nahm sich sein Glas Cola und prostete ihnen zu. Sascha stellte ihn daraufhin vor.

„Das ist mein Vetter Daniel von der Nordseeküste. Er arbeitet diesen Sommer im Hotel meiner Mutter mit." Sascha wandte sich Daniel zu.

„Das ist Natascha. Sie kommt aus der Nähe von Kiel und ist mit ihren Eltern diese und nächste Woche im Urlaub hier am Edersee."

Natascha und Daniel nickten sich lächelnd zu. Er wollte nicht weiter stören und verabschiedete sich, um wieder zur Tanzfläche zurückzukehren.

Zufällig sah Daniel die zwei nach einigen Minuten die Disco verlassen und verdrehte innerlich die Augen. Schleppte Sascha die Ärmste tatsächlich so schnell ab? Auf der Fahrt in dem getunten Golf 2 hatte er ein paar Geschichten erzählt, wo er die Mädels in seinem Auto flachgelegt hatte. Einerseits hatte das Daniel imponiert, auf der anderen Seite hatte Sascha das in seinen Augen nicht nötig. Aber im Grunde ging ihn das alles nichts an. Für den Sommer konnte er sich damit gut arrangieren, dass sein Cousin ein Frauenheld war. Er konnte ihn ohne Weiteres aus der Ferne anhimmeln und sich heimlich einen auf ihn herunterholen! Mit diesem Gedanken betrat Daniel die Tanzfläche und bewegte sich für die nächsten anderthalb Stunden in einem fort zum Rhythmus der unterschiedlichsten Musikrichtungen. So lange, bis Sascha in seinem Blickfeld auftauchte und ihm mit einem Winken zu verstehen gab, dass es Zeit war aufzubrechen. Daniel nickte bedauernd, folgte Sascha aber umgehend zum Ausgang. Es war kurz nach 01.00 Uhr. Bis sie im Hotel waren und schliefen, war es vermutlich 01.30 Uhr. Da blieben nur viereinhalb Stunden Schlaf übrig!

Auf der Rückfahrt berichtete Sascha von dem kurzen Abenteuer mit Natascha in seinem Auto. Daniel zog die Augenbrauen hoch und fragte sich, ob Sascha wenigstens an Verhütung gedacht hatte. Als konnte der seine Gedanken lesen, griff er ans Handschuhfach und klappte es auf. Im Schein der kleinen Lampe konnte Daniel eine geöffnete Großpackung Kondome sehen.

„Was glaubst du? Dass ich ohne Schutz rummache? Ich bin doch nicht verrückt. Nachher schleppt mir so eine Tussi noch ein Kind an. Meine Mutter würde mich erschlagen!"

Daniel kicherte. Oh ja, das würde Tante Lotte in der Tat machen.

„Ich habe mich zumindest gefragt, ob du an Schutz denkst. Ja!" Daniel sprach laut, er hatte das Gefühl über das Piepen in seinem Ohr hinwegschreien zu müssen. Er war dankbar, dass Sascha ruhig und besonnen fuhr. In kurzer Zeit waren sie am Hotel angekommen, wo Sascha ihnen Zutritt am Nebeneingang verschaffte und Daniel zu absoluter Ruhe anhielt! Vor dessen Zimmertür standen beide, noch aufgedreht von den Ereignissen des Abends, für einen Moment unschlüssig voreinander, bevor sie gleichzeitig im Arm des anderen landeten und sich umarmten. Sascha flüsterte.

„Gute Nacht, Daniel. Schlaf gut. Und steh ja um 06.00 Uhr auf. Sonst killt meine Ma dich." Seine Stimme kitzelte an Daniels Ohr, was dem eine Gänsehaut am ganzen Körper bescherte.

„Schlaf du auch gut. Ich gebe mir Mühe. Danke für den tollen Abend!"

Als sie sich voneinander lösten, raste Daniels Puls. Für den Bruchteil einer Sekunde nahm er an, dass sie sich noch einen Kuss geben würden, doch Sascha zog sich zurück und ging auf die Badezimmertür zu. Der Moment ging vorüber und Daniel schloss erst mal sein Zimmer auf, schloss die Tür hinter sich und öffnete dafür das Fenster. Er starrte in die absolute Dunkelheit hinaus und fragte sich, wie er gleich einschlafen sollte, wo sein heißer Vetter im Nebenzimmer lag und vermutlich stolz daran dachte, dass er eine unschuldige Urlauberin in seinem Auto geknallt hatte. Allein bei der Vorstellung von Sascha, wie er diese junge Frau auf der Rückbank bumste und sein knackiger Hintern sich auf und ab bewegte, bis er sich in das über seinen Schwanz gezogene Gummi ergoss, bescherte Daniel ein megahartes Rohr! Er hörte, wie Saschas Zimmertür geöffnet und geschlossen wurde und machte sich auf ins Bad. Dort betätigte er den Lichtschalter und prompt fiel ihm Saschas verschwitztes Oberteil, das er zum Ausgehen getragen hatte, ins Auge. Sascha hatte wohl vergessen, es mit in sein Zimmer zu nehmen. Wie von unsichtbaren Fäden gezogen, bewegte sich Daniel darauf zu, nahm es ehrfürchtig in die Hände und führte es an seine Nase. Es roch so intensiv nach Sascha, dass ihm schwindelig wurde. Sein Verstand setzte ein, sodass er sich flink die Zähne putzte und zur Toilette ging. Nach dem Händewaschen stach ihm das Oberteil erneut ins Auge, und sein Verstand verabschiedete sich. Wie in Trance griff er nach dem Shirt und nahm es mit in sein Zimmer, wo er sich auszog und lediglich die Schlafshorts anzog. Mit dem Shirt im Arm schlief Daniel ein.

Am Donnerstagmorgen hätte Daniel am liebsten auf den Radiowecker eingedroschen. Dabei tat der lediglich seinen geforderten Zweck und spielte das Radioprogramm zur eingestellten Uhrzeit ab. Als er die Augen öffnete, sah er Saschas Shirt neben sich auf dem Kopfkissen liegen und schnupperte automatisch daran. Der Duft beflügelte erneut seine Fantasie und Daniel musste sich Erleichterung verschaffen. In einem höllischen Tempo rieb er sich die Morgenlatte, bis er mit einem gewaltigen Höhepunkt kam und sich die ganze Soße auf den haarlosen Bauch spritzte. In der obersten Schublade des Nachtschränkchens lag eine Packung Taschentücher, sodass er sich damit flink sauberwischen konnte. Die Tücher wollte er beim Fertigmachen in der Toilette hinunterspülen.

Wie an den anderen Tagen zuvor hatte Sascha ihm an diesem Tag ein weißes Hemd herausgelegt. Dazu eine frische schwarze Hose und ein Unterhemd. Im Eiltempo duschte er, föhnte sich die Haare, während er mit der anderen Hand die Zähne putzte und zog sich anschließend an. Er war um 06.30 Uhr unten an der Treppe und traf dort auf Sascha, der ihn angrinste.

„Na, bist du noch mal eingeschlafen? Komm schnell her und deck die Tische. Meine Ma hat noch nicht gemerkt, dass du getrödelt hast."

Wie von der Tarantel gestochen deckte Daniel die noch freien Tische, wie er es die vorherigen Tage morgens getan hatte und eilte anschließend in die Küche, um Kaffee auf die Thermoskannen zu verteilen.

„Guten Morgen, Berta."

„Guten Morgen, Daniel. Na, wie war der Disco-Besuch? War eine kurze Nacht, was?"

Die Küchenhilfe lachte schallend, sodass ihre üppige Oberweite unter der weißen Schürze wogte. Daniel grinste sie verlegen an.

„Die Nacht war wirklich kurz. Ich könnte eine ganze Kanne Kaffee gebrauchen, um die Augen offen zu halten. Aber der Disco-Besuch war spitze. Ich habe bestimmt zwei Stunden getanzt."

Berta sah überrascht aus.

„Nur getanzt? Oder auch ein nettes Mädel kennengelernt?"

Daniel wechselte die zu füllende Kanne und antwortete zögerlich.

„Nee, nur getanzt. Die Mädels habe ich Sascha überlassen." Er schlug eine Hand vor den Mund. Woher sollte er wissen, inwiefern Berta über Saschas Abenteuer Bescheid wusste? Doch sie schnaubte vor ihrer Antwort.

„Keine Sorge. Das ist kein Geheimnis, was der Herr Juniorchef da im „Las Wegas" macht. Oder im Auto davor ..."

Wie auf ein Stichwort kam Sascha in die Küche gerauscht, um befüllte Kaffeekannen zum Verteilen zu holen. Er nahm vier Stück auf einmal am Henkel, verharrte dann jedoch neben Daniel und sah ihn von der Seite an.

„Sag mal, hast du mein Shirt von heute Nacht gesehen. Heute früh lag es nicht im Bad. Und in meinem Zimmer war es ebenfalls nicht."

Daniel wurde rot und konnte Sascha nicht in die Augen sehen.

„Ach so, ja, das Shirt. Das ... äh ... habe ich. Also ... aus Versehen ... wohl mit in mein Zimmer genommen. Ich meine ... gegriffen, als ich mein Oberteil greifen wollte. Nachher gebe ich es dir wieder ..."

Sascha zuckte mit den Schultern.

„Ach, na dann ist ja gut. Ich dachte schon, es hätte Füße bekommen und sich aus dem Staub gemacht. Du kannst es zu den anderen Sachen in die Schmutzwäsche legen. Heute ist auf jeden Fall weiße Wäsche dran." Damit lief Sascha eilig aus der Küche, während Daniel lautstark ausatmete. Er drehte sich, damit er die nächsten leeren Kannen füllen konnte und sah sich Bertas prüfendem Blick ausgesetzt. Ihre linke Augenbraue war skeptisch hochgezogen, und sie musterte ihn eindringlich. Daniel lächelte verlegen und sah sie fragend an, worauf sich Bertas Gesichtszüge entspannten und sie weiter Käse und Wurst auf Teller verteilte und mit Tomaten und Gurkenscheiben garnierte.

Am Freitag der ersten Woche von Daniels Aufenthalt, überraschte Lotte „ihre beiden Jungs", wie sie sie mittlerweile oft nannte, mit der Aussicht auf einen freien Tag.

„Heute ist so schönes Wetter, und Berta hat sich bereit erklärt, heute Vormittag die Zimmer mit mir zu reinigen. Da könnt ihr doch vielleicht auf den Peterskopf wandern. An einem solchen Tag ist die Aussicht hervorragend. Wäre doch schade, wenn es nachher nur noch trübe Suppe gibt und man nicht mal bis zum See schauen kann."

Sascha fand seine Sprache als erster wieder.

„Und was ist mit dem Mittagessen und dem Kaffee?"

Doch Lotte hatte auch dafür entsprechende Pläne.

„Markus kommt eher, ich übernehme den Service allein und ... Was erkläre ich mich hier eigentlich? Das passt schon. Viel Spaß!" Damit stand sie vom Frühstückstisch auf und klatschte in die Hände. Ein unmissverständliches Zeichen dafür, dass sie keine weiteren Einwände duldete. Sascha drehte sich zu Daniel.

„Siehste, dann bekommst du heute schon das große Wanderprogramm geboten. Es gibt eine schöne Wanderroute am Peterskopf. Ich frage Berta, ob sie uns schnell etwas für die Pausen einpackt."

„Ist das für dich in Ordnung? Das kommt alles ein wenig überraschend."

Da war er wieder. Der merkwürdig zurückhaltende Vetter, den Sascha in den letzten Tagen nicht vermisst hatte. Er stand auf und sah stirnrunzelnd auf Daniel hinab.

„Warum sollte das nicht in Ordnung für mich sein? Ein freier Tag ist ein freier Tag, und du hast hoffentlich in der letzten Woche gemerkt, dass ich dich gut leiden kann. Und ich gehe gern mal wandern. Also alles prima." Damit ging Sascha in die Küche und ließ einen aufgeregten Daniel am Tisch zurück. Sascha konnte ihn gut leiden!

Zwei Stunden später fragte sich Daniel, ob Sascha ihn wohl tatsächlich mochte oder es nur vorgespielt hatte. Unnachgiebig trieb er ihn die Wanderroute entlang. Sie waren zunächst zu Fuß ungefähr zwei Kilometer bis zu einem Parkplatz gelaufen und von dort auf eine Rundtour gestartet. Die Strecke war ein ewiges Auf und Ab, sodass Daniels Waden schnell signalisierten, was sie von der Wanderung hielten. Sie liefen dabei durch herrlich naturbelassenen Wald, teils auf schmalen Trampelpfaden und teils auf ordentlichen Waldwegen. Sie passierten die imposanten Wasserfallrohre, die zum Kraftwerk im Tal führten. Sascha hatte ihm erklärt, dass in Zeiten geringen Strombedarfs das Wasser in das Hochbecken auf dem Berg gepumpt wurde. Und bei hohem Strombedarf ließ man das Wasser durch diese Fallrohre nach unten stürzen, sodass Turbinen im Kraftwerk angetrieben wurden. Daniel hatte Saschas Erläuterungen kaum folgen können, so weh taten ihm seine Beine. Dazu brannte ihnen die Sonne auf den freien Streckenabschnitten erbarmungslos auf den Kopf. Sie hatten beide nicht an eine Kappe gedacht. Daniel mochte trotz gewaltigen Schweißausbrüchen nicht jammern, denn Sascha trug noch ihren Proviant in seinem Rucksack! Wie er bei ihrer einzigen Pause nach zwei Stunden feststellen durfte, hatte Berta, die gute Seele, ihnen zwei Flaschen Wein zum Brot, der Salami und den Käsewürfeln eingepackt. Noch nie hatte ihm ein Wein so gut geschmeckt, doch der Nachteil war, dass er bereits nach wenigen Schlucken arg angesäuselt war. Sascha blieb ebenfalls nicht von der Wirkung des

Alkohols verschont, jedoch besann der sich auf die Notwendigkeit, dass sie weiterliefen, denn seine Mutter würde sie nicht vom Berg retten! Also ignorierte er das Jammern und Stöhnen hinter ihm und beschwor Daniel durchzuhalten. Auf dem Wanderparkplatz, von dem die Rundtour startete, machten sie auf dem Rückweg noch mal Halt, und Sascha öffnete die zweite Flasche Wein. Die Wanderung bei diesen Temperaturen hatte gereicht, um ihn wieder völlig nüchtern zu machen. Der Wein war zwar nicht mehr besonders kühl, floss dennoch wohlschmeckend durch seine Kehle. Er hielt Daniel die Flasche hin und beobachtete, wie dieser gierig daraus trank. Sascha war sich nicht sicher, wie nüchtern sein Vetter mittlerweile war, denn seine Augen hatten einen verräterischen Glanz. Also hielt er ihm Brot und Salami hin. Hier griff Daniel beherzt zu und verschlang es geradezu.

„So, mein Freund, jetzt noch zwei Kilometer bis nach Hause!" Sascha stand auf und zog Daniel ebenso auf die Füße. Der wollte etwas erwidern, doch Sascha kam ihm zuvor.

„Keine Sorge, dort gönnen wir uns erst mal eine schöne Abkühlung unter dem Gartenschlauch. Und nach einem kleinen Schläfchen sind wir zu 17.30 Uhr wieder präsentabel, und vor allem nüchtern, beim Dienst."

Daniel nahm bei dieser Aussicht noch einen ordentlichen Schluck aus der Weinflasche, hielt sie Sascha hin, der sie leer trank und im Rucksack verstaute.

„Dann wollen wir mal, Herr General!" Daniel kicherte über den schlechten Reim. Sascha amüsierte sich prächtig über seinen angeschickerten Vetter.

„Na, wenn ich dich mal heile ins Hotel zurückbekomme!"

Zu seinem größten Erstaunen kamen sie sogar zügig im Hotel an. Dort gingen sie nacheinander ins Bad und zogen sich anschließend Badehosen an. Sascha rollte flink den Gartenschlauch im hinteren Garten aus und war dankbar, dass zu dieser Zeit am frühen Nachmittag dort keine Gäste verweilten. Der Alkohol in seinem Blut machte ihn allerdings noch mutiger als sonst, und er hätte es trotzdem getan. Neben die rückwärtige Eingangstür hatte er zwei Badetücher gelegt, damit Daniel und er sich zumindest einigermaßen abtrocknen konnten, bevor sie gleich nach oben laufen würden. Die Tür öffnete sich und Daniel, der eine rote, knappsitzende

Badehose trug, kam heraus. Sascha, der eine blaue, ebenso knappsitzende Badehose trug, musste lachen.

„Als hätten wir uns abgesprochen! Das rote gegen das blaue Team!"

„Ach was, wir brauchen keine Teams. Na los, Wasser marsch!"

Sascha war erstaunt, was Alkohol mit den Leuten machen konnte. So fordernd hatte er Daniel noch nie erlebt! Aber er konnte haben, was er wollte. Er prüfte noch mal den korrekten Sitz des Pistolenaufsatzes am Schlauch, drehte den Wasserhahn auf und zielte auf Daniel, der sich in die sengende Sonne gestellt hatte. Sascha stellte fest, dass Daniel in den letzten Tagen ordentlich Farbe bekommen hatte. Insbesondere an den Armen und unterhalb seiner Knie konnte man es deutlich sehen. Sein Gesicht war ebenfalls einige Schattierungen dunkler geworden.

„Feigling! Traust du dich nicht?"

Sascha lachte, und er drückte den Mechanismus an der Spritzpistole voll durch. Das darauffolgende Quieken ließ ihn noch lauter lachen. Der Aufsatz war auf Sprühregen eingestellt, der Daniel mit voller Wucht erwischte. Das kalte Wasser aus dem Schlauch verursachte eine Gänsehaut, die sich über Daniels ganzen Körper zog. Sascha sprühte so lange weiter, bis Daniel ernsthaft versuchte, dem Wasser zu entkommen.

„Stop! Nun bin ich dran. Ich erfriere sonst!" Bibbernd stand Daniel da und hielt die Hand nach dem Pistolenaufsatz ausgestreckt. Sascha neckte ihn noch ein wenig, indem er ihm doch noch einen Sprühstoß ins Gesicht verpasste, gerade als Daniel dachte, er konnte die Pistole übernehmen.

Nun war Sascha an der Reihe und Daniel schonte ihn in keiner Weise. Er revanchierte sich nach Leibeskräften und jubelte dabei vor Vergnügen. Sascha genoss das Gefühl der Kälte auf seiner Haut, die stundenlang der Sonne ausgesetzt war und leicht brannte. Barfuß sprang er über den Rasen hin und her, ließ sich immer wieder von Daniels Wasserspiel erwischen und prustete, als er einen Schwall kaltes Wasser so ins Gesicht bekam, dass er etwas davon schluckte. Daniel stellte die Brause ab und lief zu Sascha hinüber.

„Alles in Ordnung bei dir? Ich wollte dich nicht im Gesicht erwischen. Tut mir leid!"

Doch Sascha lachte ausgelassen.

„Mir geht es gut. War nicht deine Schuld. Ich habe mich so dusselig gedreht, dass ich alles in die Fresse bekommen habe."

Vor Erleichterung knuffte Daniel mit seiner Faust auf Saschas Oberarm. Mehr vor Erstaunen als vor Schmerz fasste er sich an die getroffene Stelle. Und stürzte sich anschließend auf seinen ahnungslosen Vetter, der sich innerhalb weniger Sekunden im Schwitzkasten und im siebten Himmel befand. Sascha drückte ihn in das nasse, kurzgemähte Gras und lag halb auf ihm.

„Ha, erwischt!"

Daniel keuchte, er wusste selbst nicht, ob vor Überraschung, Erregung oder weil er tatsächlich keine Luft mehr bekam. Zu seinem Entsetzen bekam er einen Ständer, der in der knappen Badehose auf jeden Fall zu sehen sein musste. Also mobilisierte er all seine Kräfte, schubste Sascha von sich herunter und lief zum Gartenschlauch zurück, um sich und seinen Cousin erneut mit kaltem Wasser abzukühlen.

Sie tollten noch eine Weile herum, doch es kam der Punkt, dass ihnen selbst in der Sonne das kalte Wasser zu frisch wurde. Schwer atmend verstaute Sascha den Gartenschlauch. Kein Grund, sich den Unmut seiner Mutter zuzuziehen, wenn sie ihn zufällig hier unordentlich vorfand. Daniel hatte sich bereits ein Duschtuch um den schmalen Oberkörper geschlungen, sodass er barfuß und mit noch leicht tropfenden Haaren an der Tür auf Sascha wartete. Der schnappte sich das zweite Tuch und trocknete sich grob ab. Er konnte nicht widerstehen und rubbelte mit seinem Duschtuch einmal über Daniels Haare, was den zu einem erschrockenen Aufschrei provozierte.

„Nun hab dich nicht so wie ein Mädchen, du tropfst nur das Treppenhaus voll und wir bekommen einen Anschiss!" Sascha schob ihn kichernd vor sich die Treppe hinauf. Für den kurzen Moment hatten sie ihre Zimmer nicht abgeschlossen, so riss Daniel seine Tür auf, um vor Saschas immer wieder auf ihn einprasselnden Handtuchattacken zu entkommen. Er quiekte wie ein erschrockenes Ferkel, was Sascha nur noch mehr animierte, ihn zu triezen und zu quälen. Mit der Hacke drückte Sascha die Zimmertür hinter sich zu, und stürzte sich erneut auf Daniel.

„So, jetzt zeige ich dir, wie ein Schwitzkasten richtig geht. Draußen durfte ich dir nichts tun, das hätten Gäste sehen können." Sascha lachte irre, zog den überraschten Daniel an sich und legte ihm den Arm um den Hals. Der verlor den Halt und fiel seitlich auf sein Bett. Mit dem Gesicht in seiner Bettwäsche begraben, spürte er Saschas Körper auf seinem. Er fühlte, wie Sascha mit seinen Armen, Beinen und Füßen versuchte, ihn unter sich festzuhalten. Von dieser extremen Nähe überwältigt, reagierte alles an Daniel im Bruchteil einer Sekunde. Saschas Duft, der auch vom Wasser draußen nicht abgewaschen war, erfüllte den Raum um sie herum. Daniels Schwanz war hart wie Stahl in der engen Badehose. Zu seinem Glück wurde der Ständer in die Bettwäsche gepresst. Saschas Hände suchten immer wieder eine bessere Position, um ihn zu fixieren. Am liebsten hätte Daniel gesagt, er werde sich nicht wehren, doch das ging bei diesem Spiel natürlich nicht. Also versuchte er sich zumindest ein wenig zu wehren und hob und senkte dabei sein Becken, soweit das möglich war. Sascha lockerte den Arm um Daniels Hals und rutschte weiter nach unten, um ihn dort mit seinem Becken zu fixieren. Daniel, der sich weiter unter Sascha bewegte, lag plötzlich komplett auf dem Bauch und war an seinen Armen und Beinen durch Saschas Hände und Füße festgesetzt. Ihm blieb nur noch, sich mit den Hüften nach unten und oben zu bewegen. Doch als er das zum wiederholten Mal versuchte, rieben seine Pobacken über etwas Hartes über ihm. Saschas Atem ging stoßweise neben seinem linken Ohr, bevor der sich ruckartig aufsetzte, komplett von Daniel abließ und vor dem Bett stehen blieb. Daniel setzte sich auf und drehte sich zu Sascha. Er blickte direkt auf das riesige Zelt, das in der knappen blauen Badehose vor ihm stand.

Daniel schluckte und sah zu Sascha auf. Der schaute aus seinen strahlendblauen Augen auf Daniel herab, während sich sein trainierter, leicht behaarter Brustkorb schnell hob und senkte. Sascha fand seine Stimme als Erster wieder und krächzte beinahe.

„Du hast einen Ständer."

Daniels Blick blieb fest auf den vor ihm stehenden Prügel gerichtet.

„Du auch. Und einen großen noch dazu!"

„Deiner sieht nicht viel kleiner aus."

„Wir könnten sie vergleichen."

Sascha gab keine Antwort auf Daniels Vorschlag, er machte zwei Schritte bis zur Zimmertür und verschloss sie von innen. Mit einer anmutigen Bewegung zog er seine Badehose aus und warf sie auf den Boden. Daniel tat es ihm nach, blieb allerdings auf dem Bett sitzen. Er rückte ein Stück zur Seite, und klopfte auf das Bettzeug neben sich. Sascha verstand und kniete sich neben Daniel auf das Bett. Daniel setzte sich ebenfalls auf seine Knie und langte mutig mit seiner rechten Hand an die vor ihm aufragende

Spitze. Sascha sog die Luft scharf ein, als die warme Hand ihn an seiner empfindlichen Kuppe berührte. Daniel umfasste seine Männlichkeit fordernd und zärtlich zugleich. Kurz musste er an seine nächtlichen Abenteuer im Auto denken, und dass die Tussis mit ihren spitzen Nägeln immer entweder vorsichtig und zaghaft oder grob und zu fest zupackten. Daniels Griff war perfekt, und die Bewegungen, die er machte, lösten eine Erregung aus, die er nicht für möglich gehalten hatte. Sicherlich lag das daran, dass Daniel ebenfalls über so ein Spielzeug verfügte. Klar, dass er wusste, wie man damit umgehen musste. Zwischenzeitlich hatte Daniel seine linke Hand um Saschas Eier gelegt und massierte sie fordernd und zärtlich zugleich. Er spürte schon am Ziehen darin, dass er mit enormem Tempo auf einen Höhepunkt zusteuerte. Allerdings wollte er sich auf jeden Fall revanchieren, also griff Sascha an den vor ihm aufragenden Schwanz. Der war lediglich ein oder zwei Zentimeter kürzer als sein eigener. Doch er war knallhart und pulsierte vielversprechend unter seinem Griff. Vorsichtig strich er über die samtige Kuppe, aus der ein Lusttropfen trat und für ein natürliches Schmiermittel sorgte. Saschas Hand formte sich zu einer Faust, die an Daniels Stab auf und ab fuhr. Am stoßweisen Atem seines Gegenübers merkte Sascha, wie sehr diese Behandlung seinen Vetter erregte. Seine eigene Erregung ließ keine langen Spiele mehr zu, so packte er mit seiner linken Hand ebenfalls an Daniels Sack, um die darin liegenden Kugeln vorsichtig zu massieren. Ein Keuchen belohnte ihn für diesen Schritt. Sascha sah in Daniels Gesicht und bemerkte, dass er seine Augen geschlossen hatte. Seine Wangen waren rot, und sein Brustkorb hob und senkte sich immer hektischer, während er die Berührungen genoss und selbst mit seinen Händen Erregung schenkte. Sein Blick wanderte an Daniels Oberkörper hinunter zu ihren Schwänzen, die jeweils in der Hand ihres Gegenübers gerieben wurden. Zu sehen, wie Daniels Eichel in seiner Faust verschwand und wieder herausstieß, machte ihn wahnsinnig an. Sascha steigerte den Rhythmus und wichste Daniels Schwanz noch ein wenig schneller. Das war zu viel für ihn und er stöhnte laut auf, als er seinen warmen Saft unkontrolliert zwischen sie spritzte. Erstaunt sah Sascha, wie Daniels Sperma sogar bis zu seinem eigenen Kinn hochschoss und ihn an der Brust traf. Daniel indes erhöhte die Frequenz seiner Bewegungen und trieb Sascha damit erbarmungslos über den Point of no Return. Alles in ihm zog sich zusammen und er konnte ebenfalls nur wortlos stöhnen, als er innerlich explodierte und seine salzige Sahne aus der Spitze seiner zuckenden Latte spritzte. Er kleisterte Daniels Bauch mit seinem weißen Schleim zu und hatte das Gefühl zu fliegen.

Sie hielten sich eine Zeit lang gegenseitig an den Schultern aufrecht, dazu nutzten sie die Hand, die nicht voller klebriger Flüssigkeit war. Erst als sich ihr Atem wieder beruhigt hatte, kamen sie zurück in die Gegenwart. Daniels Gesicht glühte.

„Das war geil."

Saschas Stirn glänzte voller Schweiß.

„Ja, das war geil. Hast du schon mal ..."

Daniel schüttelte schnell den Kopf.

„Du?"

Sascha schüttelte ebenfalls verneinend den Kopf.

„Dafür lief es aber gut, hm?"

Sie lachten unsicher. Sascha dachte praktisch.

„Wir müssen diese Sauerei beseitigen! Und dann sollten wir uns tatsächlich noch aufs Ohr hauen. Wenn wir heute Abend nicht voll in der Bahn sind, wird meine Ma dafür sorgen, dass sich das nicht wiederholen kann!" Er lachte dreckig über seinen Witz.

In Daniels Ohr klang jedoch ein Wort wie ein Echo nach: Wiederholen!

Kapitel 6 – September 2021

Das Geräusch seines Handyweckers holte Daniel schlagartig aus seinem Traum und beendete das Nickerchen unsanft. Wehmütig hing er für einen Moment der Handlung nach, die er nicht nur im Traum erlebt hatte. Doch nach einigen Augenblicken schüttelte Daniel den Kopf, wie um die verräterischen Gedanken fortzuwischen. Er stellte den nervtötenden Wecker aus, setzte sich an der Bettkante auf und atmete einige Male tief ein und aus. Als er aufstand, streckte sich Daniel ausgiebig und ignorierte den Ständer, der sich in der engen Shorts gegen seinen Bauch drückte. Er betrat das kleine Bad, um seine Frisur im Spiegel auf Druckstellen vom Schlaf zu untersuchen. Nichts wäre peinlicher, als Tante Lotte mit derangierter Frisur unter die Augen zu treten. Das kannte Daniel noch von vor 28 Jahren. Und von vor 20 Jahren, als sie ihn so fabelhaft, aber mit altbekannter harter Hand unterstützt hatte. Mit seinen Haaren war er zufrieden, kramte seine elektrische Zahnbürste und die Zahnpasta hervor und begann, sich die Zähne zu putzen. Das Surren des Gerätes hallte in dem kleinen Bad von den Wänden wider und vermischte sich mit dem Rattern des Lüfters. Daniel verdrehte die Augen und war sich sicher, in dieser Nasszelle keine langwierigen Wellness-Anwendungen durchzuführen.

Wieder in seinem Zimmer und für den Nachmittag frischgemacht, zog er sich nach kurzem Überlegen ein dunkles, enganliegendes T-Shirt an und verzichtete auf ein Hemd. Das konnte er am Abend tragen. Während er seine teure Armbanduhr anlegte, gestand Daniel sich ein, dass er aufgeregt war. Tante Lotte nach all den Jahren zu treffen, war durchaus aufregend! Er überlegte, wie sie sich wohl verändert hatte. Sollte sie ihm noch immer mit ihren schwarzen, zu einem strengen Knoten nach hinten geschlungenen Haaren begegnen, was würde mit ihm geschehen? Oder wie sollte er reagieren, wenn sie nur noch eine weißgraue, dünne und praktische Kurzhaarfrisur trug? Er hatte keine Ahnung. Also straffte Daniel seine Schultern, nahm seinen Zimmerschlüssel und schloss seine Tür von außen ab, um nach unten in den Gastraum zu gehen, wo er nach 20 Jahren seine Tante Lotte wiedersehen sollte.

„Mama, schau mal, wer da ist!"
Sascha hatte Daniel als Erstes die Treppe hinunterkommen sehen und stupste seine Mutter, die bei Kaffee und Kuchen an dem Tisch saß, an dem Daniel mittags gesessen hatte, an. Lotte hob ihren Kopf und schaute in die Richtung, in die Sascha mit seinem Zeigefinger zeigte. Eigentlich war ihr klar, dass er nur seinen Vetter Daniel meinen konnte. Sie hatte bereits erfahren, dass er angekommen war. Ihm gehörte der draußen parkende, dunkelgraue SUV. Den hatte sie bei ihrer Ankunft schon gesehen. Für sie sprach es Bände, dass ein Mann mit Mitte 40 erst mal ein Nickerchen brauchte, nach ein paar Stunden Autofahrt. Aber sie hatte Sascha versprochen, friedlich zu sein. Immerhin hatte Daniel nach 20 Jahren ohne großen Kontakt die Reise für sie angetreten. Das sollte sie honorieren.

Nun sah sie über ihren Enkel, der ihr gegenübersaß, hinweg einen schlanken, gutaussehenden Mann mit kurzen, hellblonden Haaren auf sich zukommen. Er lächelte und entblößte eine Reihe perfekt weißer Zähne. Sie hoben sich von seinem gebräunten Gesicht deutlich ab, worauf sie kurz überlegte, ob sie noch echt waren oder ein hervorragender Zahnarzt beste Arbeit abgeliefert hatte.

Daniel ging mit gemäßigten Schritten auf den schon gut besetzten Tisch zu, an dem er seine Tante Lotte sofort erkannte. Sie hatte tatsächlich graue Haare, allerdings weder kurz noch altersbedingt dünn. Es war eine Frisur, die ausstrahlte, dass sie noch immer Wert auf ihr Äußeres legte, ohne jeder Mode zu folgen. Das gefiel Daniel sehr. Ebenso ihre weiße Bluse mit Rüschen am hochgeschlossenen Ausschnitt. Er hatte ihre Stimme von früher im Ohr: Dieses Fleisch will doch niemand mehr in der Auslage sehen!

Ihr Gesicht war lediglich mit dem von früher noch so vertrauten Lippenstift geschminkt. Es passte alles zu ihr, und er war beruhigt, dass sie noch immer Kraft und Stärke ausstrahlte. Daniel sah, wie Sascha auf ihn zeigte und setzte ein strahlendes Lächeln auf. Er machte einen weiteren Schritt auf die um den Tisch versammelte Familie zu und sah, wie sich Tante Lotte von ihrem Stuhl erhob und auf ihn zukam.

Sie war ein paar Zentimeter kleiner geworden. Da sie keine Pumps, sondern flache Schuhe trug, konnte es aber auch daran liegen.

„Mein lieber Daniel!“ Sie öffnete die Arme und ging auf ihn zu.

„Tante Lotte! Schön dich wiederzusehen!“ Daniel beugte sich etwas hinunter und legte seine Arme vorsichtig um Tante Lottes schmale Schultern. Er hatte Angst, sie zu zerbrechen. Wie sie so auf ihn zugekommen war, hatte sie doch recht fragil gewirkt. Die Umarmung, die nun folgte, war jedoch kraftvoll und herzlich. Und ihr Humor war auch der Alte geblieben.

„Noch mal darfst du mich aber nicht 20 Jahre warten lassen. Wer weiß, ob der Schuppen hier dann noch für Feiern zur Verfügung steht!“ Sie lachte ein kehliges, und für knapp 80 Jahre alte Frauen eher ungewöhnliches, Lachen. Es war typisch für sie, dass sie eher in Zweifel zog, ob es das Hotel noch in 20 Jahren gab als sie selbst. Daniel merkte, wie die Zuneigung für diese Frau in ihm aufwallte. Spontan neigte er sich noch mal vor und drückte ihr einen zarten Kuss auf die Wange.

Überrascht hob Lotte die Hand an die Wange, sah Daniel an und bemerkte, wie glasig seine Augen aussahen. Er weinte doch nicht gleich? Sie bemerkte, dass ihr ebenfalls die Tränen in die Augen stiegen, und ärgerte sich ein wenig darüber. Wer wollte denn alte Weiber rührselig heulen sehen? Also bewegte sie ihre Pupillen hoch an den Rand ihrer Augen und schaute einige Sekunden so nach oben. Sie hatte mal gelernt, dass man so unmöglich weinen konnte. Und es funktionierte. Bei Daniel schien der emotionale Moment vorübergegangen zu sein, denn er machte ihr mit fester Stimme ein Kompliment.

„Gut schaust du aus. Man könnte meinen, du ziehst dir gleich die weiße Kittelschürze an und stellst dich hinter die Theke!"

Zustimmendes Gelächter erklang am Tisch, und Lotte fühlte die Blicke ihrer Familie auf sich.

„Das hättet ihr wohl gern! Ich habe lange genug die Spätschicht übernommen. Nun sind andere dran." Sie steuerte auf ihren Sitzplatz am Tisch zu und winkte Daniel auf den leeren Platz ihr gegenüber.

„Setz dich mir gegenüber. Dann können wir plaudern. Und du, Ben, hol für Daniel ein schönes Stück von der Schwarzwälder Kirsch-Torte. Die hat dein Großvetter in seinem Sommer bei uns geliebt."

Noch immer hatte Lottes Wort Befehlscharakter und Ben sprang sofort auf, um für Daniel die Torte zu besorgen. Sascha schenkte ihm grinsend Kaffee ein.

„Dann viel Spaß beim Verhör. Ich helfe Julia in der Küche. Wenn ihr etwas braucht, sagt Bescheid."

Lotte sah ihren Sohn streng an.

„Verhör? Willst du mich veralbern? Ich darf mich doch wohl in Ruhe mit meinem Neffen unterhalten!"

Sascha lachte und verzog sich eilig mit seiner Frau. Ben erschien mit einem verlockend aussehenden Stück Torte und stellte es vor Daniel ab. Er machte sich unauffällig aus dem Staub, sodass am Schluss nur noch Daniel und seine Tante am Tisch übrigblieben.

Zwei Stunden später fühlte sich Daniel tatsächlich wie nach einem Verhör. Tante Lotte hatte allerhand Informationen aus seinem Leben in den letzten 20 Jahren aus ihm herausgekitzelt. Manche kommentierte sie mit einem zustimmenden Lächeln, andere führten eher zu einem kritischen Lippenkräuseln. Insgesamt schien sie stolz auf ihren Neffen zu sein. Und vor allem erfreut, dass er zu ihrem 80. Geburtstag zu Besuch in ihr ehemaliges Hotel kam.

Daniel dagegen hatte erfahren, dass noch weitere Familienangehörige zu Besuch kam. Allerdings eher von der Seite ihres so früh verstorbenen Mannes. Er hatte zwei Schwestern und einen Bruder gehabt, zu denen sie Sascha zuliebe Kontakt gehalten hatte. Nun hatten sie sich alle mitsamt ihren Kindern angesagt. Allein konnten sie die Fahrt nicht mehr bewältigen. Sie waren alle in ihren Achtzigern und konnten oder wollten nicht mehr so weite Strecken mit dem Auto fahren. Also hatte sich Tante Lotte genötigt gefühlt, die Kinder ebenfalls einzuladen. Was sie dankbar angenommen hatten. Während ihres Gespräches hatte sie es in ihrer direkten Art auf den Punkt gebracht.

„Die lassen sich doch die Gelegenheit nicht entgehen, kostenlos am Edersee Urlaub zu machen. Kein Wunder, dass sie schon am Mittwoch und Donnerstag anreisen wollten! Aber ich habe ihnen gesagt, dass sie erst am Freitag kommen können." Sie hatte daraufhin Daniels Gesicht bemerkt, der nicht wusste, ob sie wohl wusste, dass er für sein Zimmer bezahlte.

„Keine Sorge, ich weiß, dass du so anständig bist, sogar für die Dachkammer zu bezahlen. Sascha hat mir erzählt, dass er dich nicht zu einem kostenlosen Aufenthalt überreden konnte." Sie hatte seine Hand getätschelt und gelächelt.

Auf jeden Fall sollte sich das Haus mit der Familie füllen. Tante Lotte hatte eingeräumt, dass sie wegen der Feier am Samstag doch etwas aufgeregt war. Daniel nahm jedoch wahr, wie sehr sie sich auch darauf freute! Und darauf kam es an.

Am Dienstag und Mittwoch stellte sich für Daniel schnell so etwas wie eine lieb gewonnene Routine ein. Da Sascha und Julia das Hotel für die gesamte Woche ausschließlich für die Familie reserviert hatten, konnten sie ausnahmsweise mal zu normalen Zeiten aufstehen, essen und Dinge tun, für die sonst kaum Zeit blieb. So gab es das Frühstück für alle um 9.00 Uhr. Mittags wurde zu 13.00 Uhr ein Snack gereicht. Kaffee und Kuchen fielen aus, und das Abendessen gab es um 18.30 Uhr – Lotte zuliebe, die nicht mehr viel später essen mochte, da es sie sonst kaum schlafen ließ.

Wenn er nicht aß, saß er häufig auf der Terrasse vor dem Hotel und beobachtete die Touristen, die auf dem Weg zur Talsperre waren. Häufig leistete ihm Ben Gesellschaft, der ihn offensichtlich anhimmelte, wie ein

Groupie seinen Lieblingsstar. Mitunter gesellte sich Sascha zu ihnen, was dazu führte, dass Ben sich früher oder später trollte. Am späten Nachmittag trudelte Tante Lotte ein und rauchte ein oder zwei Zigaretten mit Daniel, bevor sie sich zum Abendessen an den Familientisch an der Fensterfront der Bar begaben.

Mittwochabend servierte Julia ein köstliches Schmorgericht mit selbst gemachten Kartoffelklößen. Die Soße schmeckte Daniel so gut, dass er sie loben musste.

„Julia, das Essen ist köstlich! Die Soße ist ein Gedicht!"

Julia strahlte Daniel über den Tisch hinweg an.

„Vielen Dank. Es freut mich, wenn es dir schmeckt. Das ist ein uraltes Rezept aus der Küche hier."

Daniel hatte plötzlich einen Flashback. Er sah zu Tante Lotte und Sascha hinüber.

„Richtig! Das hat doch Markus schon damals gekocht, als ich den Sommer über hier war!"

Lotte und Sascha nickten synchron mit den Köpfen. Ben nutzte die eingetretene Gesprächspause für investigative Zwischenfragen.

„Und du, Daniel, du warst vor fast dreißig Jahren einen ganzen Sommer hier? Da war mein Vater noch total jung!"

Alle am Tisch lachten über die trockene Feststellung des Jüngsten in ihrer Runde. Daniel, der einen Schluck Bier genommen hatte, nickte bevor er antwortete.

„Ja, 1993 war ich sechs Wochen hier. Und das war der beste Sommer meines Lebens."

„Wie kann das? Hier ist es doch total öde!" Ben hielt mit seiner Meinung nicht hinterm Berg. Das hatte er wohl von seiner Großmutter geerbt.

„Das kommt auf die Sichtweise an. Wenn man an der Nordseeküste aufwächst, dann ist Wandern in den Bergen schon eine spannende Sache. Und außerdem war ich ja zum Arbeiten da. In der verbliebenen Freizeit war dein Vater so nett, mich mal mit in die Disco zu nehmen, im See zu schwimmen oder eben auf einen Berg zu kraxeln."

Für einen Moment sah Sascha voller Zuneigung zu seinem Vetter hinüber. Sie hatten einen wunderschönen Sommer gehabt. An die Wanderung auf den Peterskopf erinnerte er sich noch besonders gut.

„Kraxeln ist gut. Ich musste dich immer wieder antreiben weiterzulaufen!"

Daniel lachte bei der Erinnerung an den Tag.

„Ja, weil ich von dem Wein, den die Küchenhilfe uns eingepackt hatte, angetrunken war! Wie hieß sie noch gleich?"

Tante Lotte machte große Augen.

„Meinst du Berta? Sie hat euch Wein mit zur Wanderung eingepackt?"

Sascha und Daniel sahen schuldbewusst drein.

„Wir waren doch schon über 18, Mama."

„Das macht man trotzdem nicht. Was da alles hätte passieren können!"

„Ist es aber nicht, Tante Lotte. Sascha hat gut auf mich aufgepasst! Was ist denn aus Berta geworden?"

Sascha zuckte mit den Schultern und sah seine Mutter fragend an. Tante Lotte schüttelte unwillig den Kopf und machte eine wedelnde Bewegung mit der linken Hand, so als wolle sie ein lästiges Insekt verscheuchen.

„Sie hat jahrelang bei uns in der Küche geholfen. Und dann sind sie und ihr Mann von einem Tag auf den anderen weggezogen. Im Dorf erzählte man sich damals, dass sie im Lotto gewonnen hätten." Lotte sah streng zu Sascha hinüber.

„Du warst zu der Zeit unheimlich mit Lisa beschäftigt, sonst könntest du dich vielleicht erinnern. Zum Glück war das andere Zimmermädchen, Marie, ohne jegliche Karriereambitionen. Auch nach der Schule blieb sie im Ort, so konnte ich ihr Bertas Job anbieten, den sie sofort übernommen hatte."

Daniel musste grinsen. Sein Cousin war also nach dem Sommer ein Frauenheld geblieben. Und hatte scheinbar doch im eigenen Teich gefischt. Das konnte Tante Lotte nicht gefallen haben. Doch er wollte das Thema lieber nicht vertiefen. Ben wandte sich erneut an Daniel, sah dabei jedoch zwischenzeitlich zu seinem Vater.

„Könnten wir die Wanderung nicht auch machen? Zu dritt?"

Sascha sah seinen Sohn überrascht an. Woher kam plötzlich das Interesse an einer gemeinsamen Unternehmung? Daniel erinnerte sich an die Schmerzen, die er in den Beinen gehabt hatte und schüttelte mit einer aufgesetzten, übertriebenen Leidensmiene den Kopf.

„Auf diesen Berg kriegen mich keine zehn Pferde! Das war die Hölle!" Daniel fing Saschas Blick auf und verstummte. Hatte sein Cousin etwa Lust auf eine Wiederholung? Ben sah ihn flehend an.

„Oh, ihr seid trainiert, was? Wie oft im Jahr latscht ihr die Wege da entlang?" Daniel fuhr mit dem ausgestreckten Zeigefinger seiner rechten Hand die Runde ab. Nach und nach grinsten sie alle und wackelten vielsagend mit ihren Köpfen. Tante Lotte löste auf.

„Lass dich nicht verkohlen, Daniel. Wandern ist hier das Familienhobby! Zumindest bis Lena noch da war und Ben etwas zugänglicher."

Ihr Enkel wollte etwas sagen, doch der Blick seiner Großmutter ließ ihn stumm bleiben.

„Ich finde aber dennoch, ihr solltet eine Männertour auf den Peterskopf machen. Vielleicht packt Julia euch ja Wein in den Rucksack?" Lotte hob vielsagend die Augenbrauen und sah ihre Schwiegertochter an. Die nickte zustimmend und lächelte.

„Am besten ihr geht gleich morgen Vormittag los. Am Freitag kommt der Rest der Familie. Dann ist die Hütte voll und ihr werdet das nicht mehr hinbekommen."

Nun sahen sie alle fragend zu Daniel. Er zögerte, wiegte seinen Kopf von rechts nach links und rollte mit den Augen.

„Das ist gemein! Wie soll ich da noch Nein sagen?! Also gut. Wie früh müssen wir los?"

Ben stieß einen Jubelschrei aus und Sascha zwinkerte seinem Vetter dankbar zu. Der Blick traf Daniel tief im Innern und entschädigte ihn schon jetzt für die anstehenden Torturen der Wanderung.

Kapitel 7 – September 2021

Daniel taten die Waden schon weh, als sie erst auf dem Wanderparkplatz angekommen waren. Der schlimmste Teil wartete dabei noch auf sie! Ben sprang indes herum wie eine Bergziege, die vor Übermut nicht wusste, wohin sie sollte. Sascha hatte selbstlos den Rucksack mit ihrem Proviant geschultert und strahlte zuversichtliche Ruhe aus. Das trieb Daniel fast zur Weißglut. Er wollte allerdings nicht als Spielverderber gelten, also hielt er sich zumindest mit Wortbeiträgen zurück. Sascha nahm wahr, dass Daniel recht wortkarg war und fühlte sich an ihre erste gemeinsame Wanderung erinnert. Damals hatte Daniel stets zwischen wortreichen Schimpftiraden und auffälligem Schweigen gewechselt. Er sah den 18 Jahre alten Daniel vor seinem geistigen Auge und musste schmunzeln. Sein Vetter hatte sich optisch gut gehalten. Das Verhalten hatte er ebenso konserviert. Daniel sah, dass Sascha schmunzelte und fiel vom Schweigen ins Schimpfen.

„Lachst du über mich? Oder was gibt es da zu grinsen?!"

Sascha ließ sich nicht provozieren und lächelte weiter. Sie kamen an ein Wegstück, wo sie nicht nebeneinander laufen konnten. Ben und Sascha nahmen Daniel in die Mitte. Ben, der vorauslief, drehte sich kurz um.

„Von hier an kein ‚Huch' und kein ‚Upps'! Verstanden? Mit den Turnschuhen kann es rutschig werden."

Daniel zuckte bei Bens bestimmenden Ton zusammen, nickte aber sofort zustimmend.

„Okay, ich gebe mir Mühe!"

Die drei folgten dem ausgetretenen Pfad, der sich zwischen den Bäumen am Hang entlang wandte, und dabei immer wieder bergauf oder bergab verlief. Daniel spürte wie er sich gedanklich immer mehr darauf konzentrierte, nicht vom Weg abzukommen und abzustürzen. Das machte den Kopf herrlich frei und er begann, das Abenteuer Wanderung zu genießen. Zunächst hatte er angenommen, dass er sich an die Strecke erinnern konnte, aber das war so nicht eingetreten. Es kam ihm alles neu vor.

Die Szenerie änderte sich ein wenig und es war möglich, zumindest zu zweit nebeneinander zu laufen. Ben nutzte das, um seinem Großvetter Fragen über dessen Leben zu stellen.

„Wann hast du denn gemerkt, dass du… äh… schwul bist?"

Daniel wäre bei der Frage beinahe vom Weg abgekommen und fing sich erst in letzter Sekunde. Er fragte sich, ob Sascha ihre Unterhaltung hören konnte. In den letzten Tagen war es nie Thema gewesen, dass Ben möglicherweise auf Jungs stand. Dabei schien es Daniel seit ihrem ersten Treffen unmöglich, dass es anders sein könnte. Und nun diese Frage! Er wählte seine Worte sorgfältig.

„Na ja, ich kann mich erinnern, dass ich in der 8. Klasse zum ersten Mal merkte, wie ich für einen Mitschüler schwärmte. Er war der Schwarm vieler Mädchen, da war es für mich verstörend, dass ich ihn ebenso gern küssen wollte. So richtig klar war es für mich, als ich 16 Jahre alt war. Da wollte ich die Jungs, für die ich schwärmte, nicht mehr nur küssen. Wenn du verstehst, was ich meine?“

Bens Wangen verfärbten sich blitzschnell tiefrot. Er nickte verstohlen und sah sich zu seinem Vater um, der mit mehreren Metern Abstand außerhalb der Gefahrenzone ging.

„Hattest du denn nie Freundinnen?“

„Doch schon, allerdings lief da nie mehr als Küssen. Ich muss aber zugeben, dass ich insgesamt ein Spätzünder war.“ Daniel machte eine kurze Pause, um Ben die Möglichkeit zu geben, sich darüber lustig zu machen. Der schaute jedoch konzentriert auf seine Schritte und schwieg, also fuhr Daniel fort. Auch er vergewisserte sich, dass Sascha in gebührendem Abstand hinter ihnen lief.

„Wie sieht es im Moment bei dir aus? Gibt es jemand besonderen?“

Ben nickte und zuckte mit einem schiefen Lächeln im Gesicht mit den Schultern.

„Zumindest für mich ist es etwas Besonderes. Ich weiß nicht, wie ... äh ... er es sieht.“

Daniel schaute sich noch mal verstohlen nach hinten um. Sascha war so in die Natur vertieft, dass er nichts mitbekam.

„Jemand aus der Schule?“

„Ja, jemand aus meinem Abi-Jahrgang. Paul. Wir sind schon lange gute Freunde. Aber ...“

Da rief Sascha von hinten.

„Wollt ihr gleich mal eine Pause machen? Ich will mich nicht beschweren, aber ich bin nicht böse drum, wenn der Proviant weniger wird!“

Ben verdrehte die Augen und schüttelte seinen Kopf, bevor er Daniel einen verschwörerischen Blick zu warf.

„Sein Timing ist perfekt ...“

Daniel kicherte.

„Sei nicht so streng mit deinem Vater. Du hättest es wesentlich schlechter treffen können!“ Daniel blieb stehen und antwortete Sascha.

„Du bist doch der Ranger hier. Wo können wir denn gut eine Pause machen? Zu einem ordentlichen Schluck Wein sag ich nicht nein.“ Er kicherte über den Reim, doch Sascha war am Ranger hängen geblieben.

„Ich gebe dir gleich den Ranger! Was ist mit den Baumstämmen da vorne? Da können wir uns draufsetzen und uns stärken.“

Ben und Daniel ließen Sascha nun vorlaufen und unterhielten sich leise weiter. Ben griff den Faden vor der Störung auf.

„Paul und ich waren jahrelang gute Kumpel. Und wir hatten beide schon mal Freundinnen. Aber da ist zumindest bei mir nichts Festes draus geworden. Und letzten Sommer sind wir nach dem Schwimmen noch zu ihm gegangen. Seine Eltern waren mit der Schwester verreist, also sollte ich bei ihm übernachten. Und da ist es passiert. Vom Schwimmen waren wir noch ganz aufgedreht und haben in seinem Zimmer herumgealbert. Bis wir merkten, dass wir beide einen Steifen hatten." Ben machte eine Pause, und Daniel fühlte sich dermaßen an sein erstes Erlebnis mit Bens Vater erinnert, dass es ihm einen Schauer über den Rücken jagte. Er sah Ben von der Seite an, zwinkerte ihm zu und lächelte aufmunternd.

„Auf jeden Fall treffen wir uns jetzt regelmäßig und… machen allerlei Dinge."

Daniel freute sich für Ben, dass er schon eher als er selbst die Freuden erlebte, die ein fremder Körper bedeuten konnte. Andererseits erinnerte er sich daran, welche Auswirkungen solche Erlebnisse auf das Gemütsleben eines Teenagers haben konnten. Und er war zwei Jahre älter gewesen! Sie blieben in einigem Abstand vom Baumstamm stehen, den Sascha mit einem Tuch und allerlei Leckereien ansprechend deckte.

„Solange es für euch beide schön ist, spricht da ja nichts dagegen. Ich freue mich für dich, Ben. Lass uns später weiterquatschen. Sonst fällt dein Vater noch vom Fleisch. Okay?" Daniel klopfte ihm sacht auf die Schulter und erntete ein strahlendes Lächeln für sein Angebot, später weiter zu reden.

„Danke, Daniel. Du bist echt cool!"

Daniel winkte ab.

„Schön, wenn du es so siehst. Sag das mal den Männern, mit denen ich mal ausgehen möchte." Er zog eine Grimasse, um die traurige Tatsache zu überspielen, dass er keinen festen Partner hatte. Sascha wurde ungeduldig und winkte ihnen zu.

„Wenn ihr noch länger trödelt, tragen die Ameisen die Käsewürfel weg!"

Ben und Daniel legten die letzten Meter zu Saschas Baumstamm lachend zurück und wirkten auf ihn wie eine verschworene Gemeinschaft. Prüfend sah er Daniel an. Der würde sich doch nicht an seinen Sohn ranmachen? Innerlich verdrehte er die Augen über seine unverschämten Gedanken. Daniel war so ein feiner Kerl, das würde er nicht mal im Traum in Erwägung ziehen!

Ben steckte sich Bluetooth-Kopfhörer in die Ohren und strich auf seinem Smartphone herum, bis er Daniel, Sascha und ihre nach der ersten Flasche Wein ausufernde Unterhaltung ausblenden konnte. Er war so dankbar, dass der Großvetter von der Nordseeküste da war! In den letzten Jahren war über ihn kaum gesprochen worden. Was seinen Eltern passiert war, steckte allen, die damals gelebt hatten, schwer in den Knochen. So ein Schicksalsschlag für einen jungen Mann. Doch keine zehn Sekunden später folgte in der Regel der Hinweis darauf, dass er es doch eher mit Männern hatte. Aus diesem Grund hatte Ben es kaum erwarten können, ihm endlich leibhaftig zu begegnen. Und bei seiner Ankunft hatte Daniel ihn tatsächlich an einen anderen Daniel erinnert. Mit den kurzen, blonden Haaren und dem legeren, aber schicken Outfit erinnerte er ihn an den heißen James-Bond-Schauspieler. Das Alter passte nicht ganz, ihr Familien-Daniel war definitiv jünger, und abgesehen davon war er Personalreferent und kein Geheimagent. Für ihn war allerdings wichtig, dass Daniel jemand war, dem er vertrauen konnte. Noch nie hatte er jemandem von seiner merkwürdigen Beziehung zu Paul erzählt. Geschweige denn angedeutet, dass sie schon mal gefickt hatten. Daniel war bei der Info aber cool geblieben und hatte keinen Aufstand gemacht. Später würden sie noch ausführlicher sprechen, darauf freute sich Ben! Da konnte er Daniel und seinem Vater ebenfalls die Gelegenheit lassen, ein wenig zu plaudern. Worüber sich alte Menschen eben miteinander unterhalten konnten.

Sie vereinbarten miteinander, später noch eine Pause kurz vor Ende der Tour zu machen. So packte Sascha die Flasche und die Dosen mit den Leckereien wieder in seinen Rucksack und verschloss ihn gewissenhaft. Er sah sich um und schaute Daniel an.

„Ich muss mal eben hinter einem Baum verschwinden. Bitte wartet hier auf mich."

Daniel zuckte mit den Schultern. Der Wein hatte definitiv eine entspannende Wirkung auf ihn.

„Klar, was sonst."

Sascha verschwand zwischen den Bäumen, und Daniel beobachtete, wie Ben sich an seinem Smartphone zu schaffen machte. Mit den Knöpfen in den Ohren erinnerte er ihn, an sein jüngeres Ich. Er hatte damals stets seinen Walkman dabeigehabt. Er hatte es herrlich gefunden, sich innerhalb weniger Momente aus der Welt der Erwachsenen entfernen zu können. Mit nur einem Klick einer Taste lief die Musik, die er zuvor mühsam auf seiner Stereoanlage von CD auf Kassette überspielt hatte. Heutzutage nutzte er Streamingdienste, um im Bad über eine Bluetooth-Box Musik abzuspielen, oder am Strand in Norddeich zu liegen und über Kopfhörer Deephouse zu hören. Damit ließen sich die nervigen Touristen ohne Schwierigkeit ausblenden. Nur, dass er jetzt ausgeblendet wurde. Daniel ahnte, dass es eher um Bens Vater als ihn ging, doch er war kein Gleichaltriger für Ben, daher war er ebenso davon betroffen. Bevor er sich deprimiert fühlen konnte, tauchte Sascha zwischen den Bäumen auf und wischte sich die Hände mit einem Feuchttuch sauber. Daniel grinste. Das war das Unmännlichste, was er sich vorstellen konnte. Dass ein Mann nach dem Pinkeln zu einer Packung Feuchttücher griff und sich die Hände säuberte. Dabei war es vorbildlich hygienisch. Sascha hielt ihm die Packung hin.

„Möchtest du dir die Hände abwischen? Fettige Hände nach Salami und Käse müssen nicht sein."

Daniel prustete kopfschüttelnd los, und Sascha steckte die Packung beleidigt in seine Jackentasche.

„Dann eben nicht. So, lasst uns weiterlaufen."

Daniel tat sein Ausbruch leid, doch er wusste nicht, was er dazu sagen sollte. Ausgerechnet der Frauenheld von damals wischte sich die Hände an Feuchttüchern ab. Das Leben konnte schreiend komisch sein!

Nach und nach wusste Daniel wieder, warum die Wanderung ätzend war. Die Strecke ging in einer Tour rauf und runter, und mit jedem Meter ließ die Wirkung des Weins nach. Sie hatten zum zweiten Mal die imposanten Rohre passiert, die vom Auffangbecken oben am Berg nach unten ins Tal zum Kraftwerk führten. Er erinnerte sich, dass sie damit auf jeden Fall auf der zweiten Hälfte des Rundwegs angekommen waren. Lange konnte es nun nicht mehr bis zum Wanderparkplatz dauern.

„Sascha, wollen wir gleich die zweite Pause machen?"

„Ja, das ist eine gute Idee. Wir kommen bald an eine Sitzbank, da machen wir noch mal Rast."

Tatsächlich waren es keine 100 Meter mehr, als sie auf die Bank trafen und sich langsam setzten. Ben hatte keinen Hunger oder Durst und wollte lieber ein paar Fotos mit dem Smartphone machen. Also ging er ein Stück zurück und ließ die beiden Männer auf der Bank zurück.

Sascha kaute genüsslich auf einem Stück Salami herum und sah seinen Vetter lächelnd an. Der hatte eindeutig zu viel Wein erwischt, denn er redete langsam Blödsinn.

„Weißt du, Sascha, diese Wanderung ist die beste, die wir jemals gemacht haben. Ganz anders als damals. Da waren es mindestens 300 Grad, und wir haben geschwitzt wie die Schweine. Und dann der Wein!" Daniel kicherte.

„Die beste Wanderung aus zweien? Mensch, da habe ich ja Glück gehabt, was? Vielleicht nimmst du noch etwas Brot? Das saugt den Alkohol auf."

Daniel setzte sich auf und straffte seine Schultern.

„Moment mal, wir waren häufiger unterwegs!" Eine Erinnerung kämpfte sich an die Oberfläche seines Bewusstseins, und Daniel sah plötzlich aus, als hätte er auf eine Zitrone gebissen. Und dann riss er die Augen plötzlich so weit aus, als hätte er eine Vision. Da er ein paar Augenblicke in sich gekehrt dasaß, beugte sich Sascha mit fragender Miene vor.

„Was ist los, Daniel? Alles in Ordnung?"

Daniel sah sich um, Ben war nicht in der Nähe. Er drehte sich zu Sascha und sah ihn streng an.

„Sag mal, Lieblingsvetter, wie seid ihr eigentlich damals nach seiner Geburt auf Bens Namen gekommen?"

An den Reaktionen, die Daniel auf Saschas Gesicht ablesen konnte, wusste er, dass er hundertprozentig ins Schwarze getroffen hatte.

„Weiß Julia von Benjamin – und mir?"

„Bist du bescheuert? Natürlich nicht! Sonst wärst du bestimmt nicht hier, das kann ich dir schwören. Wenn meine Mutter nur eine Ahnung gehabt hätte..."

„Aber du nennst deinen Sohn nach ihm? Das ist krass!" Der sonst so geduldige und ausgeglichene Sascha sprang von der Bank auf und lief vor Daniel hin und her.

„Das musst du gerade sagen! Weißt du wie beschissen es war, nach deiner Abreise hier im Alltagstrott bestehen zu müssen, und jeden einzelnen, verdammten Tag auf ein Lebenszeichen von dir zu warten?“

Daniel schaute erschrocken zu Sascha auf. Er wusste nicht, was er zu diesem Ausbruch sagen sollte. Sascha blieb vor ihm stehen und hatte Tränen in den Augen.

„Du hattest es versprochen ...“

Kapitel 8 – Juli 1993

Daniel konzentrierte sich während seines Küchendienstes an diesem Freitagabend auf jeden einzelnen Arbeitsschritt, als führte er ihn zum ersten Mal aus. Markus triezte ihn, er solle etwas schneller schneiden, doch Daniel konnte das Tempo nicht erhöhen, ohne weitere Verletzungen zu riskieren. Immer wieder ging ihm durch den Kopf, was er und Sascha an diesem Nachmittag getrieben hatten. Das Ganze hatte ihn sogar so aufgegeilt, dass er vorhin unter der Dusche noch mal selbst Hand an sich gelegt hatte. Doch nun plagte ihn die Sorge, Sascha konnte das mit der Wiederholung nur so dahingesagt haben. Er war jederzeit für eine Wiederholung zu haben. Allerdings wollte er seinem Cousin nicht auf den Wecker gehen und seine Chancen auf eine Wiederholung damit schmälern.

Sascha lief eilig zwischen Küche und Gastraum hin und her, tauschte ein volles Tablett mit Beilagensalaten gegen ein leeres und versuchte dabei, sein dümmliches Grinsen gegen ein freundliches Lächeln zu tauschen. Doch es gelang ihm nicht, die Gedanken an den Nachmittag abzustellen. Daniels Hände hatten ihm den Abgang seines Lebens beschert. Es war kein Vergleich zu den Tussis, die er bislang in seinem Auto gehabt hatte. Das zwischen Daniel und ihm hatte eine andere Ebene. Jetzt war allerdings nicht die Zeit und Gelegenheit, darüber in Ruhe nachzudenken. Die Gäste gingen vor! Es war schon schwer genug, Daniel in seiner Küchenkluft beim fröhlichen Schnippeln der Salatzutaten zu sehen und nicht in seine blonden Haare zu greifen. Sascha lief an der Theke vorbei und fing den Blick seiner Mutter auf. Sie deutete auf ein Tablett mit Getränken.

„Tisch drei und sieben!“

Er bremste ab, nahm das Tablett und verteilte die Getränke an die durstigen Gäste. Für einige war das der Abend vor der Abreise, da ließen sie es oft noch einmal krachen.

Daniel bewies in den folgenden Tagen, dass er nicht nur schnell lernte, sondern wie gut er das Gelernte eigenständig anwenden konnte. Nicht nur, dass er am Samstagmorgen, dem Tag, an dem man Tante Lotte besser nicht in die Quere kam, besonders früh aufstand, um sogar noch vor Sascha im Bad gewesen zu sein. Er bewies sein Talent im Zubereiten der Frühstücksteller mit Wurst und Käse, nachdem sich Berta spontan krankgemeldet hatte. Er hatte das noch nie eigenständig gemacht, aber er hatte ihr zugesehen. Also fasste er sich ein Herz und übernahm diese Aufgabe zusätzlich zu denen, die er bereits aus der vergangenen Woche kannte.

Lotte war beim Frühstück begeistert, mit wie viel Energie der Junge an seine Aufgaben heranging! Das war ihr Glück, denn Berta hatte sich eine hartnäckige Grippe eingefangen und war für die gesamte Woche vom Arzt krankgeschrieben worden. Daniel fühlte sich ein wenig schlecht, dass er bei der Übernahme von Bertas Aufgaben so einen Spaß hatte. Aber es bedeutete, dass er ein unverzichtbarer Teil des Hotelbetriebs wurde. Sollte Tante Lotte dahinterkommen, was ihr Sohn und ihr Neffe allabendlich vor dem Schlafengehen taten, konnte sie ihn schwerlich einfach so auf die Straße setzen.

In einem ruhigen Moment bat Lotte ihren Neffen zu sich ins Büro. Sie schmunzelte über sein Aussehen mit dem Haarnetz, doch freute sie sich über sein professionelles Verhalten. Ohne einen Laut des Jammerns oder Beklagens hatte er nicht nur Bertas Aufgaben beim Frühstück übernommen. Nachdem er mit Sascha die Reinigung der Zimmer am Vormittag erledigt hatte, war er wieder in die Küche marschiert, um die Vorbereitungen für das Abendessen, die Berta am Vormittag erledigte, abzuschließen. Markus hatte das ausdrücklich lobend erwähnt. Sie wusste genau, ein glücklicher Küchenchef war ein guter Koch. Und ein guter Koch war unverzichtbar für ihr Hotel. Sie konnte ihre Dankbarkeit gegenüber Daniel kaum zum Ausdruck bringen.

„Nun schau mich doch bitte nicht so ängstlich an. Ich möchte mich bei dir bedanken! Du warst uns in der letzten Woche eine große Hilfe. Nein.

Du hast dafür gesorgt, dass der Betrieb nicht untergegangen ist oder ich mich hätte zerteilen müssen. Danke, Daniel. Von ganzem Herzen!"

Daniel konnte mit den Worten seiner Tante nicht gut umgehen. Er hatte ihr gegenüber ein schlechtes Gewissen. Aber er freute sich dennoch über ihr Lob!

„Danke, Tante Lotte. Ich helfe doch gern!"

„Das freut mich. Aber ich möchte es dennoch irgendwie gutmachen! Immerhin hast du jetzt eine Woche in Vollzeit gearbeitet, wo ein Halbtagsjob besprochen war. Daher werde ich dein Gehalt aufstocken ..."

Daniel unterbrach seine Tante. Er hatte eine viel bessere Idee.

„Das ist toll, aber wenn ich einen Vorschlag machen darf, zahl mir für diese Woche nicht mehr. Aber falls es möglich ist, lass doch Sascha und mir etwas mehr Freizeit."

Daniel spürte ihren durchdringenden, prüfenden Blick auf sich und fuhr stotternd fort.

„Na ja, äh ... also du hattest doch ... die Idee ... mit Saschas Entlastung ... und er ... und ich ... wir waren noch nicht mal auf dem See rudern ... oder so." Mit hochroten Wangen beendete Daniel seine flammende Rede für mehr Freizeit. Lotte überlegte, fand keinen Grund ihm diesen Wunsch abzuschlagen und lächelte.

„Das ist natürlich ebenfalls in Ordnung. Ihr habt euch angefreundet. Das ist prima! Viele Freunde hat Sascha nicht, seit er hier schon während der Schule am Nachmittag mitgeholfen hat. Ich weiß, dass ihr am Mittwoch nicht mal nach Bad Wildungen in die Disco gefahren seid. Sollte sich nächste Woche wieder der Normalbetrieb einstellen, habt ihr jeden Nachmittag von 13.00 bis 17.30 Uhr frei. In Ordnung?"

Daniel nickte begeistert. Die Gute konnte nicht ahnen, dass er am Mittwochabend zum ersten Mal Saschas Schwanz gelutscht hatte, damit der nicht auf die Idee kam, ins „Las Wegas" zu fahren, um dort eine Tussi abzuschleppen. Sascha war nach wenigen Minuten derartig heftig in seinem Mund gekommen, dass Daniel überrascht von all dem salzigen Schleim auf seiner Zunge die ganze Soße geschluckt hatte. Saschas Finger hatten sich in Daniels Haaren verkrallt, während der immer weiter an der knallharten Stange herumgelutscht hatte. So war er mit Saschas Prügel im Mund zum erlösenden Höhepunkt gekommen, ein explosiver Abgang, der ihn regelrecht durchgeschüttelt hatte.

Lotte hielt ihr Versprechen. Direkt am Montag schickte sie Sascha und Daniel um 13.00 Uhr in den freien Nachmittag. Das Wetter war so heiß wie in der Woche zuvor, sodass sie beschlossen, an den See zum Baden zu fahren. Mit Saschas Golf waren sie schon nach wenigen Minuten an einer Stelle angekommen, die er Daniel als Geheimtipp präsentierte. Er behielt recht, denn sie waren trotz Hauptsaison und heißem Wetter die einzigen Besucher an diesem Badepunkt.

Flink zogen sie sich bis auf ihre Badehosen aus. Daniel wagte einen verstohlenen Seitenblick und schluckte, als er die vielversprechende Beule sah, die Saschas blaue Badehose beeindruckend dehnte. Aufreizend fuhr Sascha mit seiner rechten Hand unter den leicht schimmernden Stoff und rückte alles zurecht. Dabei grinste er Daniel an.

„Kannst du nachher alles haben!"

Obwohl die Mittagssonne gnadenlos auf sie herab schien, lief ein Schauer über Daniels Rücken und ein Kribbeln machte sich in seinem Bauch bemerkbar. Er konnte kaum glauben, dass Sascha bereits mehrfach mit ihm herumgemacht hatte und sich sogar von ihm blasen ließ. Daniel beobachtete, wie Sascha die letzten Meter zum Wasser zurücklegte und dabei seinen schlanken, muskulösen Körper bewegte. Seine behaarten Beine, deren Verhältnis von Oberschenkel zu Wade perfekt schien. Seine kraftvollen, sehnigen Füße, die jetzt vom seichten Wasser der Uferlinie umspült wurden. Der knackige Arsch in der knappen Badehose und das Muskelspiel seines V-förmigen Rückens mit der ausgeprägten Muskelpartie – all das machte Daniel so spitz, dass es in seiner Badehose äußerst eng wurde. Bevor Sascha erkennen konnte, wie sein Vetter auf ihn reagierte, stürzte sich Daniel neben ihm in das kühle Nass. An dieser Stelle konnte man gut den Boden sehen und verfolgen, wie schnell es doch enorm tief wurde. Sie blieben jedoch in Ufernähe und tauchten sich dort gegenseitig immer wieder mit dem Kopf unter Wasser, schaufelten sich mit ausladenden Bewegungen Wasser ins Gesicht oder versuchten den anderen ein wenig an den empfindlichen Stellen zu berühren, ohne dass es Außenstehenden auffiel. Zu ihrer Freude blieben sie allein. Nach 30 Minuten musste Daniel eine Pause einlegen und trocknete sich mit einem Handtuch ab, kramte aus seinem Rucksack ein Badetuch hervor und legte es auf das Gras, bevor er sich daraufsetzte. Er nahm einen Schluck Wasser aus der mitgebrachten Glasflasche, schraubte den Verschluss sorgfältig zu und steckte sie wieder zurück in den Rucksack, um die kühle Temperatur so lange wie möglich zu bewahren. Dafür nahm er seinen Walkman aus der Seitentasche und setzte sich die kleinen Knöpfe in die Ohren. Er hatte nicht gewusst, wozu er das Tape aufgenommen hatte, doch heute war er froh, die Kassette mitgenommen zu haben. Das Band enthielt lauter langsame Musik zum Kuscheln und Schmusen. Sein bester Freund Thorsten nannte das Weibermusik und spielte das nur, wenn er ein Mädchen flachlegen wollte. Daniel musste schmunzeln. Mit einem Kerl konnte das ebenso funktionieren. Er spielte die Kassette ab, legte den Walkman neben sich und stützte sich mit den Ellbogen ab, sodass er Sascha beim Schwimmen beobachten konnte. Der hatte allein schnell genug vom ruhigen Schwimmen und stieg aus dem Wasser.

Er ging auf die Stelle zu, wo es sich Daniel im Gras gemütlich gemacht hatte und zu ihm aufsah. Aus seiner Tasche holte er sich ein Badetuch, legte es links neben Daniels aus und setzte sich darauf. Ihm fiel auf, dass Daniels schlanke, annähernd haarlose Schenkel immer mehr Farbe bekamen. Das stand ihm gut. Der schmale Brustkorb hob und senkte sich regelmäßig und sah verletzlich im Sonnenschein aus. Sascha griff mit der rechten Hand erneut in seine Tasche und wühlte herum, bis er mit den Fingern an den gesuchten Gegenstand stieß. Er hatte extra noch eine Flasche mit Sonnencreme eingepackt. Er zog sie heraus, drehte den Verschluss ab und gab sich etwas von der weißen Flüssigkeit in die Hand. Die Flasche lehnte Sascha an die Tasche und drehte sich zu Daniel um. Der hatte die Augen geschlossen und hörte Musik. Sascha wärmte die Sonnenmilch zwischen seinen Handflächen an und beugte sich dann zu Daniel herüber. Leicht strich er mit der feuchten Handfläche über dessen Knie bis hinab zum rechten Fuß und wieder zurück. Erschrocken öffnete Daniel die Augen.

„Hey, was machst du da?“ Er sah sich um, konnte jedoch immer noch keine weiteren Badegäste sehen. Das beruhigte ihn zumindest ein wenig. Dennoch sah er Sascha aus zu Schlitzen zusammengezogenen Augen an. Der sah ihn unschuldig aus seinen großen, blauen Augen an und lächelte.

„Ich wollte nur verhindern, dass du dir einen Sonnenbrand holst.“ Er fuhr mit der Hand über das Knie hinaus nach oben und beendete die Bewegung erst, als er mit den Fingerspitzen an Daniels Sack in der roten Badehose stieß. Er zog sie jedoch nicht zurück, sondern massierte entlang des Beinausschnitts in Richtung Hüfte. Sascha setzte sich auf, gab erneut etwas von der nach Sommer duftenden Flüssigkeit in seine Hand, verrieb sie vorsichtig, und strich damit an Daniels linkem Bein entlang. Von ganz unten bis nach oben zur Hüfte cremte er das Bein ein und ließ sich erneut erst wieder vom Stoff der Badehose stoppen.

Daniel wurde bei der Behandlung heiß, und er musste hilflos ansehen, wie sich das Blut in seinem Glied sammelte. Die rote Beule wurde immer größer und härter, was Sascha nicht im Geringsten zu interessieren schien. Erneut gab er sich Sonnencreme in die kräftigen Hände und legte die große Handfläche nun auf Daniels zuckenden Bauch. Es kitzelte, wie Sascha ihn dort berührte, von links nach rechts strich und sich stetig nach oben arbeitete, bis er seine empfindlichen Brustwarzen erreichte und Daniel bei der Berührung fast gekommen wäre. Er zuckte derartig zusammen, dass er sich die Ohrhörer herausriss und mit seinen Knien Sascha am Oberarm erwischte.

„Hey, was machst du denn? Das tat weh!"

„Oh, entschuldige, Sascha. Aber ich …" Daniel hielt inne. Sollte er das zugeben? Er entschied sich spontan dagegen und drehte sich flink auf den Rücken.

„Ich dachte, dass du mich besser auch auf dem Rücken eincremst. Das mache ich danach ebenfalls bei dir."

Sascha zuckte mit den Schultern, griff sich nochmals die Flasche mit der Sonnencreme und setzte sich dann so über Daniel, dass seine Vorderseite an dessen Po rieb. Mit großflächigen Bewegungen verteilte Sascha die kühlende Creme auf Daniels Rücken und massierte die Flüssigkeit sorgfältig ein. Dabei strich er vom Nacken immer wieder bis hinab zum Rand der Badehose. Der Anblick von Daniels kleinen, festen Arschbacken in der Badehose bescherte Sascha einen fetten Ständer, der sich wie ein Fisch im Netz in der Badehose gegen die Enge wehrte. Dass diese Beule exakt in der Mitte zwischen den aufragenden Halbkugeln entlangrieb, machte die Sache nicht besser. Sascha konnte sehen, wie sich etwas Vorsaft durch den Stoff seiner Badehose drückte. Daniel gab ein leises Stöhnen von sich und bewegte sein Becken sachte von links nach rechts und zurück. Aus seiner aufragenden Position heraus hatte Sascha die Umgebung der Badestelle gut im Blick. Er konnte niemanden sehen. Sollte jemand mit dem Auto ankommen, würden sie das hören und konnten sich rechtzeitig in eine unverfängliche Position bringen. Die Sträucher hinter ihnen gaben erst mal

Sichtschutz. Er drehte sich zum See. Keine Schiffe oder kleinere Boote in ihrer Nähe. Flink rutschte er ein Stück nach hinten und zog in einer fließenden Bewegung Daniels Badehose nach unten. Bevor der sich wehren konnte, hatte sich Sascha bereits auf ihn gelegt und seinen von unnötigem Stoff befreiten Ständer zwischen die kleinen Arschbacken gepresst. Er drückte sich mit seinem vollen Gewicht auf den unter ihm liegenden Körper und ahmte stoßweise Fickbewegungen nach, ohne nur einen Gedanken an eine Penetration zu verschwenden. Sascha war so spitz, dass er eh gekommen wäre, bevor er richtig drin war. Also rieb er sich zwischen Daniels Pobacken, biss ihm von hinten in den Nacken und atmete den Geruch seines in der Sonne getrockneten Schweißes ein. Ein geiler Geruch, der Sascha nur noch mehr antrieb. Er raunte in Daniels linkes Ohr.

„Na, gefällt dir das? Ich komme gleich auf deinem Arsch."

Daniel bewegte sein Becken in dem von Sascha vorgegebenen Rhythmus und fühlte, wie die Reibung des Badetuchs an seinem Schwanz dafür sorgte, dass er gleich einen irren Höhepunkt haben würde. Er biss sich vor Lust auf die eigene Faust und keuchte dabei atemlos. Sascha rieb seine Füße an denen von Daniel, drückte sich mit seinem Oberkörper mit seinen Armen hoch und steigerte das Tempo, mit dem er seinen harten Prügel durch die Ritze zog. Es kam absolut unvermittelt, denn der Ausblick war zu viel für Sascha, doch sein Unterbauch zog sich in einer Millisekunde zusammen, seine Eier pressten sich eng an den Körper, der sich völlig verkrampfte und dann in einer erlösenden Abfolge von pumpenden Bewegungen mehrere Fontänen heißen Spermas auf Daniels Rücken verteilte. Erneut war Sascha fassungslos, welche Wirkung ein männlicher Körper auf seine Erregung haben konnte. Wie durch einen Schleier erlebte er mit, wie Daniels rechte Hand unter ihm verschwand und die noch notwendigen Bewegungen für einen Orgasmus vornahm. Stöhnend zuckte sein Körper zwischen Saschas Oberschenkeln, bis sein Keuchen in ein leises Wimmern überging.

Sein Verstand setzte langsam ein, sodass Sascha flink von Daniel stieg und seine Badehose anzog. Er sah sich in alle Richtungen um, doch ihre kleine Session schien unbeobachtet geblieben zu sein. Daniel versuchte mit seinem Handtuch die bereits trocknenden Spermaspritzer zu entfernen, stellte sich allerdings so ungeschickt dabei an, dass Sascha ihm dabei half. Er rubbelte die Stellen trocken, damit sich Daniel ebenfalls schnell anziehen konnte.

Mit glühenden Wangen saßen sie nebeneinander auf ihren Badetüchern und kicherten, als sie sich ansahen. Sascha grinste verlegen.

„Entschuldige, es hat mich einfach so überkommen."

Daniel rieb sich das Kinn, mit dem Sascha ihn auf den harten Boden, nur mit dem Badetuch dazwischen, gedrückt hatte.

„Das habe ich gemerkt. Vielleicht kann es dich das nächste Mal in meinem oder deinem Bett überkommen?"

Ein Schatten zog über Saschas Gesicht. Sie hatten nun bereits ein paar Mal miteinander gewichst, und Daniel hatte ihm ebenfalls einen geblasen, jetzt sprach er von einem nächsten Mal. Dabei war er doch nicht schwul! Aber machten heterosexuelle Männer so etwas miteinander? Sicherlich nicht. Ob Daniel ihn für schwul hielt?

Sascha wollte die Situation entschärfen und hielt Daniel seine Hand auffordernd hin.

„Los, wir gehen jetzt noch mal schwimmen. Mir ist tierisch heiß!"

Kapitel 9 – Juli 1993

Im Verlauf der Woche konnte Daniel erneut verhindern, dass sie am Mittwoch in die Disco nach Bad Wildungen fuhren. Er hatte Sascha überredet, mit ihm einen schönen Spaziergang in der Dämmerung zu machen. Beinahe direkt gegenüber vom Hotel gab es einen Weg, der zwischen Feldern hinweg den Berg hinaufführte. Von dort oben hatte man eine besonders schöne Aussicht. Das hatte ihm zumindest Berta erzählt. Sascha war nicht völlig begeistert, machte den Spaziergang allerdings Daniel zuliebe mit. Noch am Hotel stellte er jedoch Regeln auf.

„Bei den Feldern oben müssen wir ruhig sein. Ich habe keine Lust, dass uns ein Jäger zur Minna macht, weil wir ihm einen Abschuss ruinieren."

Daniel verstand nur Bahnhof und sah Sascha im Schein der Straßenlaterne fragend an.

„Jäger? Abschuss? Ich weiß nicht, was du meinst."

„Oben am Berg. Da müssen wir leise sein. Da gibt es verschiedene Hochsitze für die Jäger. Zur Dämmerung gibt es da die besten Gelegenheiten, auf Hasen, Füchse oder Damwild anzulegen."

Daniel machte große Augen, nahm einen Zug von seiner Zigarette, die er sich von Sascha geschnorrt hatte und blies den Rauch kräftig aus, während sie die Straße überquerten und auf den Feldweg zuhielten.

„Willst du sagen, dass da oben geschossen wird? Dann laufen wir da aber bestimmt nicht lang!"

Sascha verdrehte die Augen, gab sich aber Mühe, Geduld für seinen nichts ahnenden Vetter aufzubringen.

„Glaube mir, die Jäger sind durchaus in der Lage, dich von einem Reh zu unterscheiden. Und für einen Fuchs werden sie dich mit deinen blonden Haaren ebenfalls nicht halten."

Daniel bückte sich, riss am Wegesrand ein Büschel Gras aus und warf es in Saschas Richtung.

„Nicht frech werden! Das bring mal deiner Mutter bei, wenn ich morgen nicht zum Dienst erscheine, weil mir ein Jäger eine Ladung Schrot verpasst hat!"

Sascha war der Grasbüschel-Attacke gekonnt ausgewichen und lachte sich ins Fäustchen.

„Woher weißt du denn das mit dem Schrot?"

„Ach, das hat mir Sven erzählt." Daniel nahm einen letzten Zug von der Zigarette und drückte sie an einem Findling aus, an dem sie vorbeiliefen. Er zog ein Taschentuch aus der Tasche seiner Jeansshorts und wickelte den Stummel darin ein. Daniel wollte weitergehen, doch Sascha hielt ihn an der Schulter zurück.

„Zwei Fragen. Was soll das mit der Zigarette? Und wer ist Sven?"

Daniel grinste.

„Du glaubst doch nicht, dass ich einen Zigarettenstummel hier in der Natur liegenlasse?! Schon mal etwas von Umweltschutz gehört? Und Sven ist der große, gutaussehende Familienvater, der am Samstag mit seiner Frau und dem kleinen Mädchen angereist ist. Familie Müller."

Saschas Augen verengten sich. Gutaussehender Familienvater? Ihm war kein männlicher Gast aufgefallen. Das beruhigte ihn, denn es bedeutete ja wohl, dass er nicht schwul war! Bei Daniel war er sich da mittlerweile nicht mehr so sicher, ob das alles nur eine Phase war.

„Und wie kommt es, dass du mit ihm über die Jagd und Schrot sprichst?"

„Erinnerst du dich, dass ich Montag und gestern am Abend im Service ausgeholfen habe? Da war ich für den Tisch der Familie zuständig. Und als ich mal eine kurze Rauchpause im Garten gemacht habe, kam er ebenfalls raus, um sich eine Zigarette anzuzünden. Wir sind also ins Gespräch gekommen, wo er mir angeboten hat, ihn zu duzen. Und er hat erzählt, dass er zum Jagen hier ist. Da der See so viele Gelegenheiten bietet, dass sich seine Frau mit dem Kind allein beschäftigen kann, bleibt ihm Zeit für die Angelei und die Jagd."

Sascha staunte nicht schlecht, was Daniel alles von dem Gast berichten konnte, den er nicht mal richtig vor Augen hatte. Er drückte den winzigen Rest seiner Zigarette an einem Stein aus und reichte sie Daniel. Als der ihn fragend ansah, zog er grinsend die Augenbrauen hoch.

„Ich dachte, du wolltest die Umwelt schützen."

Daniel griff sich den Stummel und verstaute ihn in seinem Taschentuch.

Zwanzig Minuten später hatten sie den höchstmöglichen Punkt ihres Spaziergangs erreicht und schlenderten in einer noch immer warmen Brise durch die Dämmerung. Sie trugen beide helle T-Shirts, wodurch sie tatsächlich auf Hunderte von Metern zu erkennen waren. Doch sie verhielten sich leise, sodass kein Tier vor ihnen Reißaus nahm. Daniel bewunderte die Pflanzenwelt, die roten Blüten vom Klatschmohn, die sich sogar noch im schwindenden Licht deutlich von den sonstigen Blumen absetzten. Der Weg führte am Rand eines kleinen Wäldchens mit hohen Laubbäumen entlang, deren Namen weder Daniel noch Sascha kannten. Auf dem Weg liefen sie so eng nebeneinander, dass sich ihre Arme immer mal wieder streiften. Insgeheim wünschte sich Daniel, dass Sascha seine Hand nehmen würde, doch er wusste genau, wie unwahrscheinlich das war. So blieben ihm die flüchtigen Berührungen, die jedes einzelne Mal ein kleines Feuerwerk in ihm entzündeten. Daniel ging durch den Kopf, dass er in zwei Tagen Bergfest feierte. Dann war er bereits drei Wochen da. Leise flüsterte er in Saschas Richtung.

„Übermorgen bin ich schon drei Wochen da. Dann gehe ich dir nur noch mal drei Wochen auf den Keks …"

Sascha legte Daniel den Zeigefinger seiner rechten Hand auf den Mund und schob ihn zwischen zwei hochaufragenden Bäumen am linken

Wegesrand hindurch. Erst als Daniel mit dem Rücken gegen die raue Rinde eines Baumes stieß, nahm Sascha seinen Finger weg und ersetzte ihn durch seine Lippen. Beinahe wäre Daniel umgefallen, da seine Beine ihm den Dienst versagen wollten. In seinen kühnsten Träumen hatte er nicht damit gerechnet, jemals von Sascha geküsst zu werden. Nun spürte er dessen zarte Lippen auf seinen und konnte nicht verhindern, dass sich das Blut in seinem besten Stück konzentrierte. Saschas große Hände fuhren unter Daniels T-Shirt und streichelten an seinem Rücken entlang, während sich ihre Hüften aneinanderpressten und Saschas vorwitzige Zunge Daniels Lippen teilten und sich Einlass in seinen vor Erregung trockenen Mund verschaffte. Daniel hatte das Gefühl, in einer Wolke von Saschas eigenem Duft zu verglühen. Er schickte seine Hände ebenfalls auf Wanderschaft, kraulte mit seiner linken Hand Sascha im Nacken und nutzte seine Rechte, um seinen Hintern zu kneten. Dem Stöhnen nach zu urteilen, das Saschas Mund entfuhr, schien ihm die Behandlung zu gefallen, also setzte Daniel sie konsequent fort. Saschas Küsse wurden fordernder, er biss sogar einmal kurz in Daniels Oberlippe, saugte sich danach daran fest und drückte dabei seinen Unterleib an ihn.

Sascha zog sich etwas zurück, um atemlos flüsternd einen Wunsch zu formulieren.

„Komm, blas mir einen. Hier!“

Daniel versuchte im Gesicht seines Gegenübers zu lesen, doch bei der Dämmerung war zwischen den Bäumen kaum noch Licht vorhanden.

„Hier?“ War das Saschas Ernst?

„Ja, ich bin so scharf auf dich.“

„Okay …“ Daniel tauschte den Platz mit Sascha und drückte ihn gegen den Stamm. Er selbst ging auf die Knie und öffnete vorsichtig den Reißverschluss von Saschas Shorts. Sein neuestes Lieblingsspielzeug sprang ihm entgegen, lediglich durch den Slip, den Sascha trug, gebändigt.

Den hatte Daniel innerhalb eines Lidschlages unter Saschas Sack geklemmt und lutschte gierig an der Spitze des Ständers in seiner Hand. Saschas Stöhnen dröhnte laut in Daniels Ohren, während er sich den Prügel tief in den Rachen schob und kräftig saugte. Seine Nase stupste gegen Saschas Schambehaarung, die über dem Spielbereich aufragte und Daniel konnte noch den Hauch von Duschgel riechen, mit dem sich Sascha morgens wusch. Sein eigener Schwanz pochte in seiner Hose, doch Daniel wollte die Sache hier zügig erledigen, deswegen konzentrierte er sich auf Saschas Vergnügen und reizte ihn mit fordernden Wichsbewegungen.

„Oh Gott, ich komme gleich." Sascha griff in Daniels Haare und drückte seinen Kopf immer schneller auf seinen zuckenden Ständer. Sein Atem geriet außer Kontrolle, während er sich immer heftiger in Daniels warmfeuchte Mundhöhle stieß, sich von dessen Zunge reizen und mit den Lippen ansaugen ließ. Sascha fühlte die Finger von Daniels linker Hand an seinen Eiern ziehen und verlor jegliche Zurückhaltung. Nun wollte er nur noch kommen, stöhnte vor Lust und konnte sich nicht mehr beherrschen. Die Explosion in seinem Inneren war so wuchtig, dass er sich gegen den Baumstamm hinter ihm lehnen musste und Schub um Schub spritzte seine flüssige Lust aus ihm heraus. Daniel ließ sich nicht den kleinsten Tropfen entgehen und hörte nicht auf, an der Spitze zu saugen. In der Dunkelheit konnte Sascha praktisch nichts erkennen, und doch hatte er den Eindruck, dass Daniel ihn von unten mit einem seligen Gesichtsausdruck anstrahlte. Ohne weiter darüber nachzudenken, zog er ihn zu sich hoch und legte erneut seine Lippen auf Daniels Mund. Er schmeckte sich selbst auf dessen Lippen und war erschrocken über seine Hemmungslosigkeit. Als sie beide wieder zu Atem gekommen waren, schlichen sie aus ihrem Versteck zurück auf den Weg. Sascha fuhr in einer sanften Bewegung mit seinen Fingern durch Daniels Haare, um sie zu glätten. Er hatte sie völlig zerzaust. Er hatte Bedenken, dass man unten am Hotel sofort sah, was sie getrieben hatten! Daniel freute sich über die zärtliche Geste und bekam so ebenfalls nicht mit, wie ihr stiller Beobachter in seinem Versteck das Gewicht von einem Bein auf das andere verlagerte.

Für den Freitagabend hatte Tante Lotte Daniel erneut im Service des Hotelrestaurants eingeteilt. Trotz des heißen Sommers und der vielen Zeit, die Sascha mit Daniel an der frischen Luft verbrachte, schien er ihr ein wenig blass um die Nase zu sein. Um ihn zu entlasten, durfte sich Daniel wieder in das Kellner-Outfit mit Weste und Krawatte schmeißen. Ihm machte das Spaß, zumal es von den Gästen Trinkgeld gab. Hätte Lotte geahnt, dass Daniels Anwesenheit ihren Sohn eher erregte als entspannte, hätte sie ihn vermutlich so weit wie möglich von ihm ferngehalten. Doch sie ahnte nicht einmal, wie es in Saschas Innerem aussah. Die Küsse mit Daniel hatten ihn erst recht in eine Sinnkrise gestürzt. Obwohl der ihm einen Hammer-

Orgasmus im Wald beschert hatte, hatte Sascha später allein in seinem Zimmer zu einem Pornoheftchen gewichst, wo er sich besonders auf die abgebildeten nackten Frauen konzentriert hatte. Dass er dazu zum Höhepunkt gekommen war, hatte ihn so lange beruhigt, bis er am nächsten Tag Daniel in knapper Badehose im Garten hatte liegen sehen.

Nun sorgten sie gemeinsam dafür, dass es den Gästen im Haus am See beim Abendessen an nichts fehlte. Tante Lotte schaute ihren Jungs stolz zu, während sie deren Getränkebestellungen abarbeitete und wie eine Weltmeisterin am Zapfhahn agierte.

Wie der Zufall es wollte, lag der Tisch von Familie Müller in Daniels Bereich.

„Guten Abend, hier die Speisekarten für Sie. Was darf ich Ihnen zu trinken bringen?"

Sven Müller zog seine Augenbrauen zusammen.

„Wir waren doch schon beim Du, Daniel."

Daniel lächelte verlegen.

„Ja, allerdings kenne ich deine Frau noch nicht so gut."

Sven lachte.

„Na, das nenne ich mal gut erzogen. Sabine, darf ich dir Daniel vorstellen. Er verbringt den Sommer hier bei seiner Tante im Hotel und hilft aus. Daniel, das ist meine Frau Sabine. Und unsere Tochter Anna dürfen wir nicht vergessen. Sie wird nächsten Monat 6 Jahre alt!"

Sabine lächelte zurückhaltend und schob ihre Tochter in den Mittelpunkt.

„Komm Anna, sag artig guten Abend."

„Guten Abend!"

„Hallo Anna, schön dich kennenzulernen. Du hast Glück. Heute Abend habe ich einen Nachtisch gesehen, auf dem stand dein Name drauf."

Die Kleine strahlte beim Wort Nachtisch. Sven knüpfte jedoch eine Bedingung daran.

„Denk dran, Anna. Nachtisch gibt es, wenn du heute artig bei Mama im Bett schläfst."

Daniels Stirn zog sich in Falten. Er verstand den Zusammenhang nicht. Doch er hatte gelernt, dass ihn die Belange der Gäste nichts angingen, sofern er sie nicht erfüllen musste. Sven bemerkte Daniels fragenden Blick und lächelte ihn an.

„Heute Abend geht es für mich auf die Jagd."

Er zog eine Augenbraue vielsagend hoch und zwinkerte Daniel zu. Daniel war sich sicher, dass er die Zweideutigkeit nur in die Worte von Sven hineininterpretiert hatte und gab sich geschäftsmäßig.

„Gibt es schon Getränkewünsche?"

Sven bestellte ohne zu Fragen Rotwein für seine Frau, eine Apfelschorle für Anna und für sich ein Radler. Daniel lieferte die Getränkebestellung bei Tante Lotte ab und ging in die Küche, um für Anna einen besonderen Kinder-Nachtisch bei Markus zu ordern.

Der Abend wurde im Restaurant turbulent. Scheinbar hatten sich die Touristen rund um den halben Edersee überlegt, am Freitagabend vor der Abfahrt noch einmal im Haus am See essen zu gehen. Tante Lotte ließ sich weichklopfen und öffnete noch ein paar Tische im Saalbereich, doch Sascha gab ihr irgendwann ein Zeichen, dass Daniel und er nicht noch mehr Tische betreuen konnten. Da schickte sie die Gäste schweren Herzens davon und vertröstete sie auf ein anderes Mal.

Daniel ging von Tisch zu Tisch, brachte Getränke, nahm Essensbestellungen auf, lieferte sie in der Küche ab, holte Essen und servierte es, nahm weitere Getränkebestellungen oder Sonderwünsche zum Essen auf und lieferte sie entweder bei Tante Lotte oder bei Markus ab. Sascha und ihm blieben nicht mal Sekunden zum Verschnaufen, geschweige denn für ein persönliches Wort. Lotte hatte von sich aus in der Küche zwei Gläser mit Cola für die beiden bereitgestellt und Markus angewiesen, die Jungs zum Trinken anzuhalten. Er hatte selbst Probleme, die hohe Anzahl von Gerichten in angemessener Zeit zu schicken, doch das übersah die Chefin geflissentlich.

In all dem Trubel hatte Daniel nicht bemerkt, dass Sabine und Anna Müller den Tisch verlassen hatten und Sven allein bei dem Rest seines Radlers saß. Er stoppte an dem Tisch, sammelte die Nachtischschälchen ein und sah Sven fragend an.

„Darf es noch ein Radler sein? Oder ist dann die Jagd in Gefahr?"

Svens Lächeln hatte etwas Wölfisches an sich, so wie ein Raubtier, das seine Beute sicher in den Fängen hat. Daniel fragte sich, ob er zu indiskret gewesen war.

„Bei dir ist man aber in guten Händen, was?"

Schon wieder so ein doppeldeutiger Satz. Daniel spürte, wie sich seine Wangen rot verfärbten. Er war froh, dass er sich in den letzten Wochen eine solide Bräune zugezogen hatte. Da fiel das im etwas schummerigen Restaurantbereich nicht so auf. Er lächelte, griff sich das Geschirr und wollte den Tisch schon verlassen, als Sven ihn am Arm zurückhielt.

„Entschuldige, ich wollte dich nicht in Verlegenheit bringen. Was hältst du davon, wenn du mich nach Feierabend auf die Jagd begleitest? Es gibt da einen Hochsitz, von dem hat man eine besonders interessante Aussicht. Die musst du mal gesehen haben."

Daniel sah sich unsicher um. Er hatte keine Ahnung, was er tun sollte. Auf so eine Situation hatte Tante Lotte ihn nicht vorbereitet. Sie pflegte einen vertraulichen Umgang mit den meisten ihrer Gäste. Für sie waren das aber Leute, die entweder seit Jahren ihre Ferien bei ihr verbrachten, oder aber neue Gäste, denen das Geld bei den Getränken besonders locker saß und wo sie ein Interesse daran hatte, sie zu Stammgästen zu machen. Vielleicht war das mit Sven Müller auch so, und es war an ihm, nett zu sein? Daniel nickte.

„Das Restaurant schließt um 22.30 Uhr. Um 23.00 Uhr kann ich Feierabend machen. Ist das zu spät?"

Sven schüttelte lächelnd den Kopf.

„Nein, das ist perfekt. Ich warte dann vor dem Hotel am Parkplatz auf dich. Und zieh dir etwas Dunkles an."

Daniel nickte erneut und lieferte das Geschirr schnellstmöglich in der Küche ab. Beim Blick auf die Uhr sah er, dass es bereits 22.00 Uhr war. Der Abend war wie im Flug vergangen. Auf dem Rückweg in den Gastraum überlegte er, dass er wohl noch kurz duschen musste. Sonst würde er neben Sven wie eine Krokette riechen.

Die letzte halbe Stunde hielt Daniel seinen professionellen Level aufrecht und brachte die letzten Getränke zu den noch anwesenden Gästen, gab Sascha Bescheid, wenn externe Gäste zahlen wollten, und verabschiedete sie freundlich. Alles unter Tante Lottes wachsamen Augen, die ihn sich um Punkt 22.30 Uhr krallte.

„Wenn du magst, kannst du schon Feierabend machen."

Daniel sah sie verwundert an.

„Okay. Aber im Saal sitzen noch an zwei Tischen Gäste. Im Restaurant ist es noch ein Tisch."

„Keine Sorge, die bekommen jetzt die Rechnung. Morgen ist auch noch ein Tag."

„In Ordnung, Tante Lotte. Allerdings würde ich noch mal rausgehen."

Nun sah sie ihren Neffen erstaunt an.

„Ach ja? Wohin soll es denn gehen?"

Daniel druckste herum.

„Ja, ich weiß, ich hätte vielleicht vorher fragen sollen. Aber der Herr Müller geht jetzt noch auf die Jagd. Und er hat mich eingeladen, mit ihm zu gehen. Das ist hoffentlich in Ordnung."

Tante Lottes Miene hellte sich auf.

„Das ist doch wunderbar! Familie Müller ist schon im letzten Jahr da gewesen. Damals war die kleine Anna schon ein bezauberndes Kind, aber dieser Tage ist sie geradezu entzückend! Ich wünsche dir viel Spaß!"

Ein Stein fiel von Daniels Herz. Tante Lotte verfügte über eine enorme Menschenkenntnis. Wenn sie da keine Probleme sah, dann gab es keine.

„Danke! Gute Nacht!" Daniel flitzte die Treppe hoch und lief ins Bad, wo er sich in Rekordgeschwindigkeit duschte, sich die Haare föhnte und mit einem kleinen Klecks Gel stylte. Er putzte sich die Zähne und wechselte in sein Zimmer, wo er sich eine lange Jeans und ein schwarzes T-Shirt aus seinem Schrank nahm und anzog. Für die weißen Turnschuhe hatte er keine Alternative parat. Er hoffte, dass das kein allzu großes Problem darstellte und band die Schnürsenkel gewissenhaft zu. Daniel trat an das auf Spalt geöffnete Fenster, öffnete es weit und sah hinaus in den Garten. Die Nacht war dunkel, man konnte die Hand vor Augen nicht sehen. Allerdings war sie besonders mild. Im Wetterbericht bezeichneten sie so etwas als tropische Nacht. Wenn die Temperaturen nicht unter 20 Grad fielen. Also verzichtete er auf eine Jacke, verschloss seine Zimmertür hinter sich und lief den Flur zum Treppenhaus hinunter. Daniel wollte aus dem Seiteneingang gehen, als eine Hand ihn am Nacken packte. Sein Herz blieb fast stehen und er keuchte auf.

„Psst." Es war Sascha, der ihn fragend ansah.

„Was machst du denn jetzt? Gehst du noch weg?"

Daniel versuchte in Saschas Blick zu lesen. War da Bedauern zu finden, dass er jetzt nicht gleich heimlich zu ihm schlich?

„Ich gehe mit Sven auf die Jagd."

Sascha schüttelte ungläubig den Kopf.

„Du machst was?"

„Das hast du gut verstanden. Ich gehe auf die Jagd. Mit Sven. Deine Mutter findet es eine gute Idee!" Damit hatte Daniel das Argument schlechthin geliefert. Gegen Tante Lottes Willen passierte nichts. Sascha zuckte mit den Schultern und wandte sich zum Gehen. Über die Schulter hinweg brummelte er.

„Viel Spaß ... mit ihm." Dann trabte er die Treppe hinauf. Daniel hielt einen Moment inne. Was war das denn gewesen? War Sascha etwa eifersüchtig? Okay, in den letzten drei Wochen hatte sich ihre Beziehung stetig entwickelt. Aber das war bei Sascha nur eine Phase! Bei all seinen Mädels Geschichten war der bestimmt nicht schwul! Doch nicht Sascha, der Frauenheld!

Pünktlich um 23.00 Uhr erreichte Daniel den Schotterparkplatz und sah Sven an dem praktischen Familienauto lehnen, mit dem sie angereist waren. Sie begrüßten sich leise.

„Hallo. Da bist du ja. Absolut pünktlich. Wie schön!"

„Hallo, Sven. Ja, es hat alles gut geklappt. Ich konnte sogar noch duschen. So rieche ich nicht wie eine große Krokette."

Sven lachte leise über den Witz, öffnete die Beifahrertür seines Autos und hielt sie für Daniel offen. Als er im Wagen Platz genommen hatte, schlug Sven die Tür kräftig zu, ging um das Heck des Autos herum, setzte sich auf den Fahrersitz und startete den Motor.

„Na, dann wollen wir mal." Geschickt parkte Sven den Wagen aus und folgte einer Strecke, die er aus dem Gedächtnis zu kennen schien. Daniel lächelte und überlegte fieberhaft, worüber er mit dem fremden Mann sprechen konnte.

Kapitel 10 – Juli 1993

Auf einem Feldweg fuhr Sven so weit wie möglich an den rechten Rand, stellte den Motor ab und bat Daniel, doch über den Fahrersitz hinweg auszusteigen.

„Und bitte sei ab hier leise." Svens Stimme war nur mehr ein Flüstern in der Dunkelheit, die sie umgab, sobald die Beleuchtung im Inneren des Wagens verlosch.

Von der Rückbank nahm Sven eine Tasche, die für Daniel so aussah, als enthielte sie ein Jagdgewehr. Er konnte kaum glauben, dass er auf die Jagd ging. Spinnen und ekelige Käfer, die konnte er ohne Hemmungen von der Welt schaffen, aber ansonsten war er so tierlieb, dass er schon ein paar Mal darüber nachgedacht hatte, Vegetarier zu werden. Dann dachte er stets an Tante Lottes Rouladen oder die Schnitzel, die seine Mutter briet, und schon war der Gedanke, auf Fleisch zu verzichten, lächerlich.

Sven schritt in forschem Tempo vor ihm her, und Daniel gab sich alle Mühe, ihn nicht aus den Augen zu verlieren. Zwar gewöhnte sich das menschliche Auge an die Lichtverhältnisse, doch der zunehmende Mond bildete lediglich eine schmale Sichel und verbreitete nicht allzu viel Licht. Nach bestimmt einem Kilometer Wegstrecke erreichten sie einen Hochsitz, den sogar Daniel auf Anhieb am Rand eines Feldes erkannte. Sven gab ihm mit Handzeichen zu verstehen, dass er die grobgezimmerte Treppe aus Ästen hochklettern sollte. Flink nahm Daniel Stufe für Stufe und war von der Aussicht, die sich ihm in der Dunkelheit bot, ein wenig enttäuscht. Er wollte sich schon nörgelnd an Sven wenden, als ihm einfiel, dass er keinen Mucks von sich geben durfte.

Sven kam nah mit seinem Mund an Daniels Ohr, sodass er das Wispern nicht nur hörte, sondern ebenfalls auf seiner Haut spürte. Ein wohliger Schauer war das Ergebnis.

„Was ist los?"

Daniel wollte sich nicht blamieren und ging daher ebenfalls ganz nah an Svens Ohr, bevor er ihm hinein flüsterte.

„Man sieht ja nichts!"

Sven legte ihm eine Hand auf die Schulter und deutete anschließend auf die Tasche, die er mitgebracht hatte. Er öffnete sie und breite den Inhalt in einer Ecke des Hochsitzes aus. Beinahe geräuschlos und mit präzisen Handgriffen baute Sven das Gewehr zusammen. Er legte einen Arm um Daniels Schulter und schob ihn damit bis an das grobgezimmerte, hölzerne Geländer. Sven blieb hinter Daniel stehen und legte ihm die Waffe in die Arme. Wieder erfolgte ein sanftes Wispern an seinem Ohr.

„Keine Sorge, sie ist nicht geladen. Du sollst nur hindurchsehen."

Daniel nickte und gab sich Mühe, das Gewehr dennoch mit dem höchsten Respekt zu behandeln. Ein unnötiges Geräusch konnte das vorzeitige Ende des Ausflugs bedeuten. Und dafür wollte er nicht verantwortlich sein! Daniel spürte, wie sich Sven von hinten an ihn drückte. Seine Jagdweste hatte der wohl abgelegt, denn die Knopfleiste hätte er an seinem Rücken gespürt. Eine Gänsehaut zog sich an seinen Armen entlang, als sich Svens Arme über die von Daniel legten und damit die Haltung der Waffe korrigierten. Svens Stimme löste ein Kribbeln in Daniel aus.

„Du machst das prima. Und jetzt schau mal durch das Visier. Damit kannst du viel weiter als gewöhnlich schauen."

Daniel tat, wie ihm geheißen, und er staunte, dass er tatsächlich besser und weiter sehen konnte als mit bloßen Augen. Dennoch irritierte ihn die Nähe zu Sven. Wenn er sich nicht täuschte, rieb dieser seinen Unterleib leicht an seinem in der Jeans steckenden Po. Sven blieb weiter auf Tuchfühlung mit Daniel und flüsterte zart.

„Kommt dir die Stelle bekannt vor?"

Daniel stutzte. Woher sollte ihm die Stelle, die er sich besah, bekannt vorkommen? Er sah noch mal durch das auf dem Gewehr angebrachte Röhrchen, konnte jedoch nichts Bekanntes ausmachen. Er schüttelte seinen Kopf, sodass seine Haare dabei an Svens Nase kitzelten. Der strich die Haare zurück hinter Daniels Ohr.

„Schau mal, welche Biegung der Weg dahinten macht. Und dann dieses kleine Wäldchen. Da kann man von hier aus gut sogar zwischen die Bäume sehen."

Langsam und zäh fließend, wie Honig, der vom Löffel auf eine gebutterte Brotscheibe fließt, rann die Erkenntnis durch Daniels Gehirn. Zuerst fiel ihm auf, dass er den Weg am Mittwoch mit Sascha gegangen war. Svens Formulierung „zwischen die Bäume sehen" komplettierte schließlich den Gedanken. Sven musste sie beobachtet haben! Hatte er ihn deshalb hier mit hergeschleppt? Ob aus Angst oder Erregung konnte Daniel nicht sagen, aber er bekam einen Ständer. Sven nahm ihm das Gewehr aus der Hand und platzierte es vorsichtig auf die Tasche, die auf dem Boden des Hochsitzes lag. Anschließend trat er erneut auf Daniel zu und stellte sich so nah vor ihn, dass sich ihre Nasen für eine Sekunde berührten. Er spürte den Atem seines Gegenübers, reflexartig legte Daniel den Kopf ein wenig schief und wartete darauf, dass sich Svens Lippen auf seine legen würden.

Als die erwartete Berührung ausblieb, beugte sich Daniel ein wenig vor und küsste Sven auf den Mund. Die schmalen Lippen des erwachsenen Mannes fühlten sich ungewohnt an. Ganz anders als Saschas vollere und weichere Lippen. Svens Mund öffnete sich und seine Zunge suchte den Weg in Daniels Mund. Er gewährte ihm Einlass und so spielten ihre Zungen miteinander, während sie sich gegenseitig in den Mund stöhnten. Daniel hatte das Gefühl, dass Svens Hände plötzlich überall waren. Sie berührten ihn im Nacken, am Rücken, auf der Brust und letztlich am Po. Daniel blieb ebenfalls nicht untätig und zog Sven im Nacken fest zu sich. Er umspielte dessen Zunge intensiv, saugte sich an der schmalen Oberlippe fest und knabberte zärtlich daran. Sven brach die Schweigeregel als Erster.

„Du kleines geiles Stück. Jungfrau bist du nicht!" Er hatte lediglich geflüstert, doch es klang in ihrer beider Ohren viel zu laut. Daniel versuchte noch leiser zu sprechen.

„Das kommt …" Weiter kam er nicht, da Sven ihm erneut die Zunge in den Mund schob. So schnell wie sie gekommen war, zog sie sich jedoch zurück und Sven drehte Daniel ruckartig um. Er presste ihn mit dem Bauch an das Geländer und riss seine Jeansshorts nach unten. Bevor Daniel realisierte, was da gerade geschah, fühlte er etwas Cremiges zwischen seinen Pobacken, das sich zielgerichtet den Weg zu seinem Loch suchte. Es erschien ihm zu ungeheuerlich, um das zu sein, was er vermutete, doch Daniel wurde eines Besseren belehrt. Sven hatte wie aus dem Nichts eine Packung Vaseline und ein Kondom hervorgezaubert, sich seine verpackte Schwanzspitze damit eingeschmiert und drückte sie nun unbarmherzig gegen Daniels zuckenden, engen Ringmuskel.

„Komm schon, entspann dich. Das wird geil!"

Er drückte weiter rhythmisch gegen den Eingang und knabberte zärtlich an Daniels Nacken. Der hatte sich von der Überraschung erholt und fing an, die Behandlung durch Svens Zähne und Lippen zu genießen. Svens Hände hatten Daniels aufragenden Ständer gefunden und die rechte Hand ballte sich zur Faust, in die Daniel stoßen konnte, um sich selbst zu reizen. Mit diesem Rhythmus stieß er sein Loch selbstständig gegen Svens eingeschmierten Prügel und pfählte sich Stoß um Stoß selbst. Millimeter für Millimeter nahm Daniel die pralle Eichel an der Spitze des fetten Kolbens in sich auf. Sven wurde fast wahnsinnig, so herrlich eng fühlte sich der warme Kanal des jungen Kerls vor ihm an. Lange würde es nicht dauern, bis sich seine Eier entladen konnten. Daniel genoss indes die Behandlung seines Freudenspenders, während er zeitgleich immer tiefer von Svens Latte genommen wurde. Sie füllte ihn so unglaublich aus und berührte regelmäßig einen Punkt in seinem Innersten, wo er das Gefühl hatte, Sterne zu sehen. Diese Regelmäßigkeit baute einen Druck in ihm auf, der ihm bislang fremd war. Es wurde beinahe ein wenig unangenehm, doch konnte sich Daniel diesem Rhythmus nicht entziehen. Er konnte nicht verhindern, laut und befreit zu stöhnen und zu keuchen. Sven ging es allerdings ebenso. Er raunte enthemmt in Daniels Ohr.

„Ich komme gleich. Soll ich ins Gummi schießen, oder schluckst du lieber?“

Daniel war von der Auswahl überfordert und wimmerte nur erregt. Sven entschied.

„Okay, ich bleibe in dir!“

Sven stieß sich immer wieder unbarmherzig in den engen Kanal, zog sich zurück und versenkte sich noch ein Stück tiefer. Daniel stemmte sich dagegen und parierte die immer heftiger werdenden Stöße. Die empfindliche Stelle in seinem Inneren brannte mittlerweile lichterloh und schickte Stromstöße durch seinen ganzen Körper. Daniels Eier zogen sich zusammen und obwohl er sich selbst gar nicht mehr mit der Hand berührte, zuckte sein Schwanz unkontrolliert und schoss Ladung um Ladung seiner heißen, salzigen Soße umher. Tierische Laute entrungen sich seiner Kehle, während Sven sich in Daniels Schultern verkrallte und seinen langen Stab immer tiefer in ihn bohrte. Daniel konnte spüren, wie Sven in ihm kam. Nicht nur, dass er ein paar tiefe, unregelmäßige Bewegungen in ihm vollführte. Er konnte etwas Warmes fühlen. Das musste Svens Sperma im Gummi sein. Hammer! Keuchend zog sich Sven aus Daniel zurück und rollte sich das Kondom vom erschlaffenden Schwanz. Achtlos warf er es in eine Ecke des Hochsitzes, zog sich die Hose an und ging einen Schritt auf Daniel zu, der mit dem Hintern am Geländer lehnte und den Kopf ein wenig hob, um zu ihm aufzusehen. Sven flüsterte.

„Na, alles in Ordnung?“

Daniel liefen Schauer über den Rücken. Plötzlich schien die Nacht nicht mehr warm und mild zu sein. Es war ihm, als würde sich Kälte wie eine Decke auf die Landschaft herabsenken und sie damit ebenfalls einschließen. Er konnte lediglich krächzend antworten.

„Das war … überraschend."

Sven legte seine Arme um den schmalen Oberkörper und zog ihn an sich. Er hatte sich so gut angefühlt. Sven wusste, dass er eines Tages für das Naschen an solch verbotenen Früchten bezahlen würde, doch in einem Augenblick wie diesem, war er bereit, alles zu opfern. Er legte seinen Finger unter Daniels Kinn und hob es vorsichtig an, suchte mit seinem Mund die zarten Lippen in Daniels Gesicht und streifte sie sacht. Sven hauchte mehrere Küsse darauf, bevor er erneut leise sprach.

„Es war toll. Du warst toll!"

Während Sven seine Weste anzog und die Gewehrtasche schulterte, stürmten einige Fragen auf Daniel ein, die er Sven unbedingt stellen musste. Hatte er ihn und Sascha am Mittwoch beobachtet? Warum hatte er eine Frau und ein Kind, wenn er doch Sex mit Männern hatte? Wie sollten sie jetzt miteinander umgehen? Wusste seine Frau davon? Doch eine Frage trieb ihn besonders um und er wandte sich wispernd an Sven.

„Sag mal, wo hast du das Gummi gelassen?"

Sven stutzte. Das Misstrauen war deutlich in seiner Stimme zu hören.

„Bist du ein Trophäenjäger? Wozu willst du es haben? Ich habe es weggeschmissen!"

Daniel schnaubte missbilligend.

„Weggeschmissen? Das ist ekelig! Hast du noch nie etwas von Umweltschutz gehört?"

Sven unterdrückte ein Lachen und zog sich mit den Geräuschen nur noch mehr Daniels Unmut zu.

„Was gibt es da zu lachen? Wenn jeder seinen Müll in die Natur schmeißen würde, gäbe es für dich nichts mehr zu jagen!"

Daniel pikte mit seinem Zeigefinger auf Svens Brust, eine Geste, die den beeindruckte. Der Junge stand für seine Überzeugungen ein. Außerdem war das sexy, zeugte es ebenso von einer Verbindung zwischen ihnen. Sven seufzte.

„Also gut. Ich habe es da vorne in die Ecke vom Hochsitz geschmissen. Glaubst du ernsthaft, dass ich in der Dunkelheit hier alles abtaste?"

Daniel gab ein triumphierendes Schmatzen von sich, machte einen Schritt in die Ecke vom Hochsitz und ging in die Hocke. Wie aus dem Nichts hatte er ein Feuerzeug in der Hand und betätigte das Rädchen mit seinem Daumen. Die Flamme leuchtete kurz auf, Daniel erblickte den

Beweis ihrer Leidenschaft und griff blitzschnell mit der linken Hand danach. Aus seiner Hosentasche zog er ein noch sauberes Taschentuch hervor, wickelte das glibberige Gummi voll mit Svens Sperma ein und steckte es in die Gesäßtasche. Als er wieder vor Sven stand, sah Daniel ihn durch die Dunkelheit an, und seine Stimme triefte vor Ironie.

„So, Herr Jäger, können wir dann los?

Kapitel 11 – Juli 1993

Als Daniel am nächsten Morgen noch vor dem Wecker erwachte, hüpfte er voller Energie aus dem Bett und grinste breit. Ein völlig neues Gefühl hatte von ihm Besitz ergriffen. Er fühlte sich sexy, begehrenswert, erwachsen und unbesiegbar. Beim Gedanken an die letzte Nacht musste er kichern! Auf dem Rückweg zum Hotel hatte er im Auto Antworten auf seine drängendsten Fragen erhalten. Sven hatte eingeräumt, dass er ihn und Sascha am vergangenen Mittwochabend durch Zufall gesehen hatte. Er hatte sich den Hochsitz angeschaut und probehalber sein Gewehr dabeigehabt. So war Sven überzeugt gewesen, dass er einen Versuch bei ihm starten konnte. Weiterhin hatte Sven ihm erklärt, dass er bisexuell sei. Er liebte seine Frau und ihre gemeinsame Tochter. Aber von Zeit zu Zeit brauchte er Sex mit Männern. Sven hatte erklärt, dass die Energie beim Sex mit einem Mann absolut anders war. Da trafen zwei Pole aufeinander, die ziemlich genau nachempfinden konnten, was ihr Gegenüber fühlte, was gefiel und was vielleicht eher nicht. Beim Sex mit einer Frau sei das anders. Da er nicht über entsprechende Erfahrungen verfügte, hatte Daniel Svens Worten geglaubt. Abschließend hatte Sven eingeräumt, dass seine Frau wohl eine Ahnung hatte, er sie aber bislang nicht ins Bild gesetzt hatte. Sie waren auf dem Parkplatz vor dem Hotel angekommen, und Sven hatte Daniel ernst angesehen.

„Lass heute Nacht bitte unser schönes Geheimnis bleiben."

Ein winziger Stich Enttäuschung hatte sich in ihm ausgebreitet, dass Sven nur auf ein einmaliges Abenteuer aus gewesen war. Doch Daniel hatte begriffen, was für Sven auf dem Spiel stand. Er wollte auf keinen Fall für Probleme zwischen ihm und Sabine verantwortlich sein, die die kleine Anna nachher ausbaden musste, also hatte er genickt und zaghaft gelächelt.

„Klar. Kein Problem.“ Daniel hatte den Gurt abgeschnallt und wollte die Tür öffnen, da hatte Sven ihn zurückgehalten, sich zu ihm hinübergebeugt und ihn kurz auf den Mund geküsst.

„Vielleicht können wir in der kommenden Woche noch mal jagen gehen?“

Mehr hatte es nicht gebraucht, um Daniel für die Nacht zum glücklichsten Menschen auf der Welt zu machen.

Daniel öffnete das zuvor auf kipp stehende Fenster und streckte seinen Kopf der frischen Luft entgegen. Es hatte in der Nacht tatsächlich etwas abgekühlt!

„Guten Morgen!“

Erschrocken sah Daniel nach rechts und sah Saschas zerzauste Haare, seine hübschen blauen Augen und eine qualmende Zigarette, die er zwischen seinen Fingern hielt. Eine Welle der Zuneigung überrollte Daniel, doch hatte sich da etwas geändert. Sascha war nicht mehr der anzubetende Gott für ihn. Er hatte Sex mit einem anderen Mann gehabt, das machte ihn zumindest einigermaßen ebenbürtig. Nun hatte er Saschas Autoabenteuern mit den Tussis etwas entgegenzusetzen. Wobei Daniel nicht vorhatte, ihm irgendetwas von der Sache mit Sven zu erzählen. Sascha brachte es fertig und erzählte Tante Lotte davon. Er schüttelte die Gedanken ab und grinste.

„Guten Morgen! Auch schon wach?“

„Du bist ja wohl aus dem Bett gefallen.“

Sascha war noch etwas muffelig. Das kannte Daniel schon und ignorierte es.

„Warst du schon im Bad?“

Sascha brummelte.

„Heute ist Bettenwechsel. Was meinst du?“ Sascha zog an seiner Zigarette und blies den Rauch lässig zur Seite aus.

„Ich meine, dass ich mir heute meine gute Laune nicht von dir verderben lassen werde. Viel Vergnügen beim Schmollen, Brummbär.“

Daniel schloss das Fenster und ging ohne Umwege ins Bad. Dort machte er sich zügig für den Frühstücksdienst fertig. Er war überrascht, wie leicht ihm alles von der Hand ging. Er zog ein weißes Hemd zu der unvermeidlichen schwarzen Stoffhose und den hässlichen Halbschuhen an, stylte seine Haare einem spontanen Impuls folgend zu einem kecken Seitenscheitel und stolzierte den Flur entlang. Er verschloss sein Zimmer, stolzierte noch ein wenig weiter und lief dann beschwingten Schrittes die Treppe hinab. Auf den letzten Stufen begegnete er Tante Lotte. Er schenkte ihr ein strahlendes Lächeln.

„Guten Morgen, Tante Lotte. Hast du gut geschlafen?"

Mit ihrer Menschenkenntnis fiel ihr sofort auf, dass Daniel wie verwandelt war. Die Haare hatte sich der Junge ebenfalls anders zurechtgemacht. Und der beschwingte Schritt. Wenn sie es nicht besser wusste, hätte sie angenommen, er hatte eine Freundin.

„Guten Morgen, mein Lieber. Ich habe in der Tat gut geschlafen. Du wirkst so energiegeladen, dass deine Nacht besonders erholsam gewesen sein muss."

Ihre harmlosen Worte mahnten Daniel zur Vorsicht. Er durfte es mit seinem Überschwang nicht übertreiben! Falls Tante Lotte Witterung aufnahm, konnte es böse enden.

Sascha kam die Treppe hinuntergelaufen und brummelte immer noch.

„Guten Morgen, allerseits."

Daniel hob stumm die Hand zum Gruß und machte sich auf ins Restaurant, um mit den Vorbereitungen zu beginnen. Lotte dagegen hob ihre linke Augenbraue.

„Schönen guten Morgen, der Herr. Wünsche wohl geruht zu haben!" Die Ironie troff aus ihren Worten. Sascha hielt inne und drehte sich zu seiner Mutter um.

„Entschuldige, Mama." Er beugte sich vor und gab ihr einen Kuss auf die Wange. Lotte wunderte sich, dass ihr Sohn so schlechte Laune hatte, während Daniel aussah, als wolle er die ganze Welt umarmen. Doch Sascha schüttete ihr sein Herz aus.

„Ich habe tierische Kopfschmerzen! Und das am Tag des Bettenwechsels. Hast du noch eine Kopfschmerztablette für mich? Im Badezimmerschränkchen habe ich keine gefunden."

In einem ihrer seltenen, mütterlichen Momente legte sie ihre rechte Hand an seine Wange und streichelte sie zart.

„Ach, du Armer! Im Büro habe ich noch Tabletten. Ich lege dir die Packung gleich in die Küche. Lass es heute ruhig angehen. So viele Wechsel gibt es heute gar nicht. Das wird nächstes Wochenende schlimmer. Bis dahin ist hoffentlich wieder alles gut bei dir."

Sascha hasste es, seine Mutter anzulügen. Vor allem, wenn sie dann noch so ausnehmend verständnisvoll und lieb reagierte. Er hatte zwar tatsächlich Kopfschmerzen. Aber die schlechte Laune lag daran, dass Daniel und dieser Müller in der Nacht unterwegs gewesen waren. Und eigentlich sollte es ihm egal sein. Aber das war es nicht. Er brannte darauf, zu erfahren, was passiert war. Daniel war so gut drauf, dass Sascha das Schlimmste befürchtete.

Nun nickte er stumm und zeigte Lotte mit einer Geste an, dass er ins Restaurant ging, um seinen Dienst abzuleisten. Daniel hatte bereits einige Tische perfekt eingedeckt und lief so beschwingt zwischen Anrichte und den Tischen umher, dass es Sascha nervte.

Während sie sonst ein eingespieltes Team beim Reinigen der Zimmer waren, standen sich Sascha und Daniel an diesem Tag immer wieder im Weg, hielten nicht die vorgegebene Reihenfolge ein und mussten daher doppelte Arbeit verrichten. Hatten sie sonst immer locker miteinander geplaudert, ging Sascha nicht auf Daniels Geplapper ein und erstickte jedes Gespräch im Keim. Daniel hingegen ignorierte Saschas Verhalten und ließ sich den ganzen Tag nicht von dessen schlechter Laune anstecken.

Den Nachmittag hatten sie beide frei, und Daniel nutzte die Gelegenheit, sich nur mit T-Shirt und Badehose bekleidet auf einem Badetuch unter die Schatten spendenden Bäume in den Hotelgarten zu legen. Er hörte mit seinem Walkman ein Mixtape mit schnellen Dancetracks und genoss das warme Wetter. Es war, als hätte ihm jemand eine rosarote Brille aufgesetzt. Dabei war er sich absolut sicher, dass er nach dem heißen Abenteuer nicht in Sven verschossen war. Daniel genoss lediglich die daraus resultierende Erfahrung. Immerhin hatte ihn der gutaussehende Familienvater anal entjungfert. Allein beim Gedanken daran, wie Sven in ihm gekommen war, zog sich in Daniels Unterbauch alles zusammen und war bereit für eine Wiederholung.

Beim Zubettgehen bemerkte Daniel dann, dass es Sascha doch gelungen war, seine Laune herunterzuziehen. Erst hatte Sascha sich Daniels übliche Tische unter den Nagel gerissen. So hatte er keine Möglichkeit zur Kontaktaufnahme mit Sven gehabt, außer einigen verstohlenen Blicken oder einem versteckten Lächeln, während er mit Getränken oder Essen beladen am Tisch vorbeilief. Seine Rauchpause hatte Daniel so gelegt, dass Sven die Gelegenheit gehabt hätte, kurz mit ihm zu sprechen. Doch als der aus der Tür gesehen hatte, war Sascha ebenfalls aus der Tür gekommen, hatte sich eine Zigarette angezündet und zwischen ihnen hin und her gesehen.

„Oh, störe ich?"

Sven hatte lächelnd abgewunken und war ins Hotel zurückgekehrt. Das fiese Grinsen auf Saschas Gesicht hatte Bände gesprochen. Daniel hatte daraufhin demonstrativ seine erst halb gerauchte Zigarette am Ascher ausgedrückt und war an Sascha vorbei ins Hotel gerauscht.

Sie hatten den ganzen Abend kein Wort miteinander gesprochen, und so lag Daniel jetzt genervt in seinem Bett und lauschte dem Zirpen der Grillen vor dem geöffneten Fenster.

Montag saßen die Angestellten des Hotels um den Frühstückstisch im Saal herum, und kauten schweigend ihre Brötchenhälften. Lotte bemerkte durchaus, dass die Stimmung nicht so gut wie sonst war, sie konnte nur den Herd nicht exakt ausmachen. Die Jungs saßen nebeneinander wie immer. Sie kicherten nicht so wie sonst, aber man musste ja nicht jeden Tag gleich gut drauf sein. Zumal Sascha seit ein paar Tagen regelmäßig über Kopfschmerzen geklagt hatte.

„Heute Mittag könnt ihr wieder um 13.00 Uhr frei machen! Das Wetter ist herrlich. Vielleicht wollt ihr mit dem Ruderboot auf den See hinausfahren?"

Lotte hatte etwas mehr Zustimmung erwartet und sah ihren Sohn sowie ihren Neffen aufmunternd an. Daniel lächelte zaghaft.

„Danke, Tante Lotte. Das ist eine gute Idee." Er drehte sich zu Sascha, der unverbindlich blieb.

„Mal sehen."

Lotte fand, dass Daniel aussah, als hätte er eine Ohrfeige bekommen. Was war denn da los? In dem Augenblick wurde sie von einem Gast an den Tresen gerufen. Die Sache mussten die Jungs unter sich ausmachen. Sie hatte ein Hotel zu führen!

Um 13.00 Uhr stieg Daniel die Treppe zu seinem Zimmer hoch und überlegte, wie er den Nachmittag verbringen sollte, als er Sascha vor seiner Zimmertür stehen sah.

„Ich dachte, du fährst nach Bad Wildungen."

„Wollte ich. Wir können aber genauso gut mit dem Boot auf den See rudern."

Daniel sah seinen Cousin prüfend an. Saschas blaue Augen begegneten seinem Blick und hielten ihm stand. In der Stille, die zwischen ihnen entstand, versank Daniel von Augenblick zu Augenblick tiefer im wunderschönen Blau in Saschas Augen. Er konnte nicht anders, seine Mundwinkel zogen sich nach oben und entblößten schließlich einen schmalen Streifen seiner oberen Zahnreihe. Daniel legte den Kopf schief und lächelte Sascha mit hochgezogenen Augenbrauen an. Der nickte grinsend.

„Okay, von mir aus können wir in 15 Minuten los."

Daniel grinste nun ebenfalls.

„Gut. Bis gleich." Er öffnete seine Zimmertür und zog sich flink um. Unter seine Shorts zog er die rote Badehose. Beim Gedanken an ihr letztes Abenteuer am See, wurde es eng da unten, daher wanderte er geschäftig in seinem Zimmer umher und überlegte angestrengt, was er noch für ihren Bootstrip einpacken sollte.

Träge ließ Daniel seinen Arm über den Rand des Bootes hinaushängen. Seine Fingerspitzen tauchten in das kühle Nass des Edersees ein und teilten die Wellen, die von der Spitze des Ruderbootes in das Wasser hinauswogten. Sascha hatte die Paddel ein Stück weit in den Rumpf hineingezogen und ließ ihr Boot unweit vom Ufer ein wenig treiben. Die Sonne stand hoch am strahlendblauen und wolkenlosen Himmel. Daniels Lippen verzogen sich zu einem Lächeln, als er an ihren Aufbruch vor einer Stunde dachte.

Sascha war zum verabredeten Zeitpunkt in sein Zimmer gekommen und hatte ihn gefragt, ob er sich schon mit Sonnenmilch eingecremt hatte. Daran hatte Daniel gar nicht gedacht, sodass Sascha ihm das T-Shirt über den Kopf gezogen und aus seiner Badetasche die Flasche mit der Creme hervorgeholt hatte, um ihn sorgfältig einzucremen. Saschas kräftige Hände auf seiner Brust zu spüren, hatte Daniel Wellen der Erregung beschert und seine Brustwarzen hatten sich unter der Berührung klein und hart zusammengezogen. Der beste Moment war gekommen, als Sascha das Eincremen am Oberkörper vollendet hatte. Er hatte ihn angesehen, den Kopf zur Seite geneigt und auf seine Shorts gezeigt.

„Runter damit!"

Daniel war es heiß und kalt geworden und er hatte die Hose in Sekundenbruchteilen abgestreift. Und dann hatte sich Sascha vor ihn gekniet und seine Beine von den Füßen bis zum Ausschnitt der Badehose in der Leiste mit der kühlen Flüssigkeit eingeschmiert. Wenn Sascha seinen Ständer nicht ignoriert hätte, wäre der Bootsausflug ins Wasser gefallen.

Nun genoss Daniel die Sonne auf seinem mittlerweile gut gebräunten Körper und beobachtete Sascha, wie der in der anderen Bootshälfte lag, sodass sich lediglich ihre Füße auf dem mittleren Sitzbrett berührten. Für jemand außenstehenden musste das absolut harmlos und zufällig aussehen, doch Daniel merkte, wie Sascha ihn absichtlich mit dem großen Zeh an der Innenseite seines Fußes streichelte. Er revanchierte sich mit dem anderen Fuß und bewegte ihn so hin und her, dass er an der empfindlichen Unterseite von Saschas Fuß entlangstrich. Ohne hinzusehen wusste Daniel, dass es in Saschas Badehose ebenso eng war wie in seiner eigenen.

Sie lümmelten für eine ganze Stunde in dem dümpelnden Boot, bis Sascha meinte, sie könnten noch für einen Abstecher zu seiner bevorzugten Badestelle fahren. Er nahm einen ordentlichen Schluck Wasser aus der Glasflasche in seiner Tasche und reichte sie an Daniel. Der nahm die Flasche, überlegte kurz, dass jetzt seine Lippen etwas berührten, wo eben noch Saschas waren und ließ das erfrischende Nass in seine Kehle rinnen. Mit kräftigen Bewegungen seiner Oberarme ruderte Sascha sie zurück zum Anleger des Bootsverleihs, während Daniel versuchte, möglichst unauffällig die Bewegungen zu beobachten.

Das Schicksal meinte es gut mit ihnen, denn sie waren die Einzigen, die sich an der Badestelle einfanden. Ohne große Vorbereitungen schmissen sie Tasche und Rucksack in das etwas höher gelegene Ufergras, streiften sich die Klamotten von den verschwitzten Leibern und liefen in ihren Badehosen übermütig in die seichten Wellen des Sees. Als sie so herumtollten, war es zwischen ihnen wieder wie vor der Freitagnacht, und Daniel war dankbar dafür. Sascha lachte unbeschwert und tauchte Daniel immer wieder mit dem Kopf unter Wasser. Doch Daniel wehrte sich mitunter erfolgreich und schaffte es sogar, Sascha mehrmals mit dem Kopf unter Wasser zu bekommen. Er griff dafür sogar zu unlauteren Mitteln, denn beim letzten Mal griff er Sascha an die Vorderseite seiner Badehose und langte schamlos zu. Von dieser Attacke überrascht, krümmte sich das Opfer und Daniel konnte Saschas Schultern leicht unter Wasser drücken.

Trotz der sommerlichen Hitze wurde es mit der Zeit kühl im Wasser, so liefen sie zurück ans Ufer, trockneten sich mit ihren Duschtüchern ab und legten sich darauf ins dichtgewachsene Gras. Bald herrschte erneut eine entspannte, träge Stimmung wie auf dem Boot. Daniel kramte seinen Walkman hervor, legte ihn zwischen ihre Duschtücher, steckte sich einen Knopf ins Ohr und hielt Sascha den anderen hin. Sascha lauschte der Musik, kannte den Titel allerdings nicht. Das Tempo passte allerdings zur Situation, und er legte sich mit dem Hinterkopf auf seine verschränkten Arme. Eine zarte Brise streichelte die Oberseiten ihrer Körper, während sie so Musik hörend dalagen und dennoch die Geräusche der Umgebung wahrnehmen konnten. Für Sascha hätte die Zeit stehen bleiben können. Als er meinte, seine Arme nicht mehr spüren zu können, drehte er sich auf seine linke Seite und sah zu Daniel hinüber, der ihm bereits mit geschlossenen Augen zugewandt dalag und vielleicht sogar schlief.

Sascha betrachtete die gerade Nase, die typischen Wangen- und Kieferknochen, die von der mütterlichen Seite ihrer Familie stammten und sah, dass Daniel winzige Sommersprossen bekommen hatte. Seine Lippen bildeten einen leichten Schmollmund und übten einen verlockenden Reiz aus. Er war froh, dass Daniel seine miese Laune der letzten Tage ausgehalten hatte. Er wusste, dass er sich teilweise schäbig verhalten hatte, doch er konnte nichts gegen das ungewohnte Gefühl der Eifersucht tun.

Daniel öffnete seine Augen und blinzelte. Er sah in Saschas blaue Augen und bewunderte den Kranz dichter Wimpern, der sich darum erhob. Hatte Sascha ihn beobachtet? Er lächelte unsicher und runzelte die Stirn. Sascha fühlte sich in Erklärungsnot.

„Entschuldige. Ich wollte dich nicht anstarren. Aber du hast Sommersprossen.“

„Ja, die waren Bestandteil des Blonder-Sunnyboy-Pakets. Nicht, dass ich darauf besonders scharf wäre, aber wo sie schon mal da sind.“

Sascha schnaubte vor Erheiterung.

„Mit der Mähne bist du am Mittwoch tatsächlich der Schwarm aller Mädels im ‚Las Wegas‘!“

Nun zog sich eine steile Falte zwischen Daniels Augenbrauen entlang. Er setzte sich auf und nahm den kleinen Knopf aus seinem Ohr.

„Mittwoch? Da kann ich nicht."

Sascha setzte sich ebenfalls auf.

„Was hast du denn am Mittwoch vor?" Noch während er die Frage zu Ende gestellt hatte, wurde ihm klar, dass er die Antwort vermutlich nicht hören wollte!

Daniel bemühte sich um einen beiläufigen Klang seiner Stimme, wobei er innerlich bei der Aussicht auf den Mittwochabend zu zittern begann.

„Na ja, Sven hat gefragt, ob ich noch mal mit auf einen Streifzug durch die Felder mitkomme ..."

„Und da gehst du mit? Ich dachte, wir könnten mal wieder nach Bad Wildungen fahren!"

Daniel überlegte, wie merkwürdig die Unterhaltung noch werden konnte. Denn eigentlich sprachen sie weder über einen Jagdausflug noch über eine Fahrt in einen Nachbarort. Es ging vielmehr darum, mit wem er an dem Abend rummachen wollte. Sein ironisches Lachen bekam Sascha jedoch in den falschen Hals und sprang erregt auf.

„Dann lass dich mal schön jagen!" Er zerrte sein Handtuch aus dem Gras und stopfte es in seine Badetasche. Zur Überraschung beider riss Daniel ebenfalls der Geduldsfaden.

„Und du fick mal wieder eine von den blöden Disco-Tussis in deinem Auto!" Er machte eine klatschende Bewegung seiner flachen, rechten Hand auf die zur Faust geballten linken. Saschas Kiefer pressten sich fest aufeinander. Eine Welle der Wut überrollte ihn. Am liebsten hätte er seinem Vetter eine runtergehauen. Dabei wusste er nicht, was ihn tiefer traf. Die Anspielung, dass er schon länger keinen Sex mit einer Frau gehabt hatte, oder weil Daniel seiner Unterstellung nicht widersprach. Also lag er mit seiner Vermutung richtig. Dieser verheiratete Typ hatte seine Frau bereits letzten Freitag mit Daniel betrogen!

Im Auto hatten sie auf dem Rückweg nicht ein Wort miteinander gesprochen, dennoch waren sie sich ohne Absprache einig, dass sie sich im Hotel zusammenreißen mussten. Vor Lotte, den restlichen Bediensteten und Gästen verhielten sie sich freundlich und bester Laune.

Am Mittwoch duschte Sascha nach Feierabend, schmiss sich in seine besten Ausgehklamotten und brauste in seinem Golf davon. Daniel schützte Kopfschmerzen vor, duschte sich allerdings und räumte sein Zimmer auf. Er hatte sich mit Sven für den Mittwoch verabredet, nach dem Streit mit Sascha allerdings überlegt, dass er auf ein erneutes Abenteuer auf dem Hochsitz keine Lust hatte. Also hatte er Sven überredet, in voller Jägermontur nicht nach unten, sondern nach oben in sein Zimmer zu kommen. Der hatte nach kurzem Überlegen eingewilligt und sein Erscheinen für 00.00 Uhr angekündigt.

Voller Ungeduld zog Daniel den für die Jagd ausstaffierten Familienvater in sein Zimmer, verschloss gewissenhaft die Tür und drückte seine Lippen fordernd auf dessen Mund. Die Jagdweste und das Langarmshirt darunter flogen in hohem Bogen auf den Teppich. Daniels T-Shirt und die kurze Hose landeten daneben. Auf Knien machte sich Daniel über den Reißverschluss von Svens Jeans her und nestelte fieberhaft daran, bis er sie ihm endlich über den knackigen Hintern ziehen konnte. Bei den Jagdstiefeln half Sven und stand letztlich nur noch in Slip und Socken vor dem knienden Daniel.

Der drückte seine Nase von außen gegen das vielversprechende Paket aus dunklem Baumwollstoff und atmete den männlichen Duft ein, der von Svens gutgebautem Körper ausging. Daniel hatte sich geschworen, an diesem Abend mehr als nur eine schnelle Nummer zu erleben und ging daher behutsam mit Sven um. Er knetete die Beule fordernd und verteilte Küsse auf den darüber liegenden behaarten, flachen Bauch. Wie ein Pfeil zogen sich dunkle Haare vom Bauchnabel bis zum Bündchen des engen Slips. Daniel zog den Stoff nach unten und befreite eine enorme Erektion. Er hatte schon am vergangenen Freitag die Ausmaße von Svens Freudenspender kennengelernt. Allerdings hatte er die harte Köstlichkeit noch nicht mit dem Mund bearbeitet. Das tat er jetzt umso intensiver. Hinter der spitzen Eichel wurde der Schaft um einiges dicker. Daniel überlegte, dass das Vögeln daher so gut funktioniert hatte. Er reizte mit seiner Zunge das an der Spitze beginnende Bändchen und lutschte immer wieder über die gesamte Kuppe. Svens Stöhnen animierte ihn, die Behandlung noch zu intensivieren, wobei Daniel sich das Monster so weit in den Rachen schob, bis er keine Luft mehr bekam. Plötzlich fasste Sven seinen Kopf mit seinen großen Händen und hielt ihn wie in einem Schraubstock fest. Mit zackigen Bewegungen drückte er ihm seinen Brecher immer wieder bis zum Anschlag in den Hals. Zunächst hatte Daniel Angst zu ersticken, doch er entdeckte, in welchem Rhythmus er Sven glücklich machen konnte, ohne dass er erstickte. Und dann machte es Spaß! Daniel merkte, wie Sven sich beherrschte, um nicht loszubrüllen und fühlte sich an ihr Hochsitz-Abenteuer erinnert. Hier drohte kein fremder Jäger, hier war das Schlimmste, was ihnen passieren konnte Tante Lotte. Darauf war Daniel allerdings ebenfalls nicht scharf. Sven schien etwas anderes im Sinn zu haben, denn er zog sich aus Daniels Hals zurück und kniete sich zu ihm auf den Boden. Mit einer zärtlichen Geste streichelte Sven über Daniels rechte Gesichtshälfte und küsste ihn verlangend auf die von der bisherigen Behandlung geschwollenen Lippen. Seine Zunge wühlte gierig in Daniels Mund, während seine Hände überall zu sein schienen. Er zog den keuchenden jungen Mann auf die Füße und drückte ihn rücklings auf das Bett. Sven zog Daniel den Slip aus, packte seine Füße und dirigierte damit die Knie an seine Brust. Für einen kurzen Moment überkam Daniel Panik, dass Sven erneut so ungestüm vorgehen würde wie beim letzten Mal. Doch der kniete sich vor das Bett und senkte seinen Kopf zwischen Daniels auseinanderklaffenden Backen. Seine feuchte Zunge leckte über den zuckenden Muskel, der sich instinktiv zusammenzog. Sven atmete das betörende Aroma aus Daniels körpereigenem Duft und einem herb würzigen Duschgel ein. So angestachelt, küsste, lutschte und leckte er so lange, bis Daniel bereit für ihn war. Der wusste indes nicht mehr, wo oben und unten war, denn solche Berührungen hatte er noch nie erlebt. Zunächst hätte er Sven am liebsten weggeschubst, so intim war ihm das vorgekommen. Doch mit der Zeit musste er sich bei der Behandlung entspannen und merkte, wie er nur noch von Svens hartem Prügel aufgespießt werden wollte. Sven zog aus seiner Westentasche die unvermeidlichen Utensilien hervor, streifte einen Gummi über seinen Ständer und schmierte etwas Vaseline darüber. Daniel hatte eine Eingebung und schmiss die auf dem Sessel liegenden Klamotten zur Seite und positionierte sich mit dem Gesicht zur Rückenlehne auf den Knien sitzend. Sven drehte ihn etwas zur Seite und drückte Daniels Oberkörper etwas mehr nach unten, sodass sein Loch offen nach oben ragte. Sven stellte sich dahinter und führte seine Spitze an das erwartungsvoll zuckende Loch. Er drückte sich bis knapp über die Eichel in den warmen

Kanal und ließ dem aufstöhnenden Daniel einen Moment Zeit, sich an das Gefühl des Ausgefülltseins zu gewöhnen. Es dauerte nicht lange, bis der von sich aus anfing, nach vorne und hinten zu wippen. Sven beugte sich über Daniels Rücken und flüsterte heiser in dessen Ohr.

„Du kleines Luder. Kannst es gar nicht erwarten, dass ich dich durchnehme. Das kannst du haben."

Sven stand wieder aufrecht, rammte seinen harten, pulsierenden Hammer in zackigen Stößen in das zarte Fleisch unter ihm und stellte einen seiner Füße in der schwarzen Socke auf die Sessellehne. Direkt vor Daniels Gesicht. Er hatte keine Ahnung, warum ihn die Tatsache, dass ihn ein Typ in Socken fickte, so geil machte, doch er klammerte sich mit der rechten Hand um Svens Knöchel und parierte so noch besser dessen rammende Stöße.

Daniel verlor sein Gefühl für die Zeit und wand sich unter Svens Rhythmus einem gewaltigen Höhepunkt entgegen. Sven zog sich aus der Enge von Daniels Loch zurück und half Daniel auf die Füße. Er dirigierte ihn so, dass er mit dem rechten Fuß auf der Armlehne Halt fand, während er von Sven im Stehen gefickt wurde.

„Komm, wichs dich. Ich bin gleich soweit und spritz es wieder in dir ins Gummi." Das ließ sich Daniel nicht zweimal sagen, packte seinen eigenen Schwanz und rieb sich in hektischen Bewegungen. Ihm war, als wurde das harte Stück Fleisch in seinem Loch noch härter, und vor allem noch größer! Schweiß lief ihm über die Schultern und den Rücken, und Daniel konnte nicht sagen, ob es sein eigener oder Svens Schweiß war. Es war ihm egal. Das Einzige von Bedeutung war, dass sie jetzt gemeinsam kommen konnten. Svens unkontrollierter Atem und das zwischen zusammengebissenen Zähnen hervorgestoßene Stöhnen deuten auf einen baldigen Abschuss hin. Und er selbst fühlte sein Herz so laut pochen, als würde es gleich aus seiner Brust springen. Daniel war sich sicher, dass er noch nie in seinem Leben so geil gewesen war. Sven packte ihn plötzlich im Nacken, griff ihm in die Haare und zog ihn fest an sich. Die Fickbewegungen stoppten, Svens ganzer Körper schien sich zu verkrampfen und dann folgten drei einzelne Stöße, bei denen Daniel erneut eine Wärme in sich spürte. Sven war gekommen! Daniel zog sein Loch um den noch harten Prügel fest zusammen und rieb sich schnell, bis er von innen heraus explodierte und weißliche Flüssigkeit aus seiner Schwanzspitze in alle Richtungen spritzte. Völlig entkräftet lehnte sich Daniel an den Körper hinter ihm und spürte, wie Sven ihm die Arme von hinten um die Brust legte. Daniel konnte fühlen, wie hektisch Svens Herz in dessen Brust schlug. Er wusste nicht, wie lange sie in dieser stehenden Position verweilten, als es plötzlich an seine Zimmertür klopfte.

„Daniel. Bist du da?“ Saschas Stimme!

Sven zog sich hektisch aus Daniel zurück und ging lautlos einen Schritt zurück. Daniel drehte sich um, ebenfalls bemüht kein Geräusch von sich zu geben. Er war sich zu 100 Prozent sicher, dass er die Zimmertür abgeschlossen hatte. Sie mussten sich lediglich absolut ruhig verhalten. Sascha gab jedoch nicht so schnell auf.

„Hey, hörst du mich?“ Er klopfte noch mal leise an die Tür.

„Es hat keinen Spaß ohne dich gemacht.“

Sven sah Daniel fragend an, der immer noch vollauf damit beschäftigt war, nicht zu laut zu atmen. Er wusste ja, wovon Sascha sprach. Lallte Sascha? Er war doch hoffentlich nicht betrunken mit dem Auto gefahren! Daniel bedeutete Sven weiterhin leise zu sein und legte seinen Zeigefinger auf seinen eigenen Mund!

„Und da habe ich so eine Tussi im Golf gebumst. Also ich bin nicht schwul!“

Sven riss die Augen auf und Daniel fuhr sich kopfschüttelnd mit der linken Hand über das Gesicht. Plötzlich hörte er noch eine andere Stimme vor der Tür. Tante Lotte! Saschas Stimme wurde leiser.

„Nein, Mama. Alles in Ordnung. Entschuldige die Störung. Gute Nacht.“

Daniel lauschte mit dem Ohr an der Tür, was noch auf dem Flur geschah, doch die Gefahr schien gebannt. Er hörte die Badezimmertür. Sven kam auf ihn zu, küsste ihn sachte auf die Lippen und grinste.

„Wo soll ich die Trophäe für dich hinlegen?“ Er hielt das enorm gefüllte Kondom zwischen Daumen und Zeigefinger hoch. Daniel musste kichern.

„Und der Preis für den Fick des Jahres geht an …“ Er nahm Sven das Gummi aus der Hand und verpackte es sorgfältig in einem Papiertaschentuch.

„Oh. Fick des Jahres? Ich fühle mich geehrt.“

Daniel runzelte die Stirn. Der Spruch war möglicherweise gedankenlos gewesen. Hielt Sven ihn jetzt für einen Typen, der mit jedem rumvögelte? Daniel setzte nach.

„Na ja, zumindest Fick des Sommers."

Svens erstaunten Blick ignorierte er und sah sich im Zimmer um. Er hatte keine Ahnung, was nach dem Vögeln kam. Er konnte ihm nichts zu trinken anbieten, da er schlichtweg nichts im Zimmer hatte. Seines Wissens nach rauchte Sven nicht, also schied eine gemeinsame Zigarette am Fenster ebenfalls aus. Doch Sven erlöste ihn aus seinen Qualen.

„So, ich habe alles. Komm doch mal her!"

Sven zog Daniel in eine feste Umarmung und küsste ihn sanft auf den Mund.

„Das war geil. Ich danke dir. Wir fahren am Samstag nach Hause, von daher nehme ich mal an, dass es keine Wiederholung geben kann."

Daniel lächelte Sven dankbar an und schüttelte den Kopf.

„Nein. Belassen wir es lieber dabei. Es war toll. Danke."

Sie küssten einander noch ein letztes Mal, bevor Daniel den Schließmechanismus an der Tür betätigte und Sven leise auf den Flur trat.

Daniel wartete noch einige Augenblicke, brachte das Zimmer in Ordnung, öffnete das Fenster um Frischluft, egal wie warm sie sein mochte, hineinzulassen und ging dann rüber ins Bad. Vögeln machte erstaunlich durstig, also trank er einige Schlucke am Wasserhahn und besah sich immer wieder sein Gesicht im Spiegel, das wie im Fieberwahn mit roten Wangen und glasigen Augen strahlte.

Kapitel 12 – September 2021

Daniel stand von dem gefällten Baumstamm auf, stellte sicher, dass die Weinflasche, aus der er getrunken hatte, nicht herunterfiel und ging auf seinen Cousin zu. Er legte ihm die Arme um die Schultern und zog ihn in eine wortlose Umarmung. Mehr Trost konnte er ihm nicht bieten. Sie hatten sich beide für ihr jeweiliges Leben entschieden.

Daniel war dankbar, dass Ben wieder zu ihnen stieß und sich Sascha freiwillig aus der Umarmung löste. Der räusperte sich und suchte die Utensilien der Pause zusammen.

„So, dann wollen wir mal den Rückweg antreten. Hast du schöne Fotos gemacht, Ben?"

„Ja, Papa. Da sind ein paar tolle Aufnahmen dabei."

Papa! Daniel fühlte bei diesem Wort einen Stich ins Herz. Er hatte nie den Wunsch nach Kindern gehabt. In seiner beruflichen Laufbahn hatte er eine Zeit lang die Verantwortung für die Auszubildenden der Behörde getragen. Das war schon die Hölle für ihn gewesen. Wenn die jungen Leute frisch von der Schule kamen, waren sie im schlimmsten Fall gerade mal 16 Jahre alt. Die Probleme, mit denen sich die Teens rumschlugen, brauchte Daniel nicht in seinem Leben. Auf der anderen Seite hatte er seinen Vater, wie seine Mutter, bereits mit 26 Jahren verloren. Er hätte gern mit ihnen im Garten ihres Hauses gesessen, gelacht, geweint und Unmengen gemeinsamer Erinnerungen erlebt. Doch es sollte nicht so sein. Ein Grund mehr, sich für Sascha und dessen Entscheidung für ein Leben mit Familie zu freuen. Das war nach dem Ausbruch von eben allerdings nicht so einfach. Es hatte ein wenig so geklungen, als sei er, Daniel, Schuld an Saschas Lebensverlauf, weil er sich vor fast 30 Jahren nicht mehr gemeldet hatte.

Ben riss Daniel aus seinen Gedanken, indem er ihm auf die Schulter tippte.

„Daniel, würdest du mir morgen bei Omas Geburtstagstorte helfen?"

Daniel brauchte einen Moment, um zu begreifen, wer mit ‚Oma' gemeint war, verzog allerdings sofort sein Gesicht.

„Ich soll dir beim Backen helfen? Da machst du aber den Bock zum Gärtner."

Ben war dieser Spruch nicht geläufig, daher sah er seinen Großvetter fragend an.

„Na ja, ich kann nicht backen. Das wird eine Katastrophe! Ob du das für deine Oma möchtest?"

Ben kicherte.

„Das wird doch lustig! Ach komm, bitte!" Ben hängte sich an Daniels Arm und machte große Hundeaugen. Da wollte Daniel natürlich kein Spielverderber sein.

„Na gut, aber keine Klagen, wenn das Teil nachher zum Fürchten aussieht!"

„Alles klar!" Ben hielt Daniel die Hand zum Abklatschen hin, und der schlug ein.

Den Rest der Wanderung plapperte Ben in einer Tour über die anstehende Feier. Sascha warf Daniel zwischendurch einen entschuldigenden Blick zu, doch Daniel wusste nicht, ob er Bens Geplapper oder Saschas Ausbruch vorhin galt, also ignorierte er ihn.

Beim Betreten der Küche am nächsten Vormittag bekam Daniel eine Gänsehaut. Es hatte sich einiges verändert, Geräte waren erneuert, die Spülbecken modernisiert worden. Und doch überkamen ihn eine Menge Erinnerungen an seine Einsätze in diesem Raum. Ob es nun das Salatschneiden und Anrichten war, oder das Befüllen von Kaffeekannen. Bei einem Rundgang durch das Hotel hatte Daniel gesehen, dass im Restaurant auf einem Tisch ein Kaffeevollautomat aufgebaut war, wo sich die Gäste zum Frühstück ihr Lieblingsgetränk zapfen konnten. Das war sicherlich praktisch und sparte Arbeit ein, er dachte jedoch wehmütig an das Gebräu aus der großen Industriemaschine, das damals serviert wurde.

Ben wirbelte bereits herum und hatte eine enorme Fläche mit allerlei Zutaten und Küchengeräten vollgestellt. Er gab Milch in einen Topf, maß Zucker ab und verrührte ihn mit Puddingpulver.

„Hi, Ben!“

Der Wirbelwind hielt in seiner Bewegung inne und sah aus, als wäre er am Rand eines Nervenzusammenbruchs.

„Daniel! Hilfe! Ich weiß nicht, was ich zuerst machen soll. Laut Rezept sollte ich den Backofen vorheizen, doch dann soll ich Pudding kochen. Wer kann denn alles gleichzeitig erledigen?“

Daniel konnte sich ein Grinsen nicht verkneifen.

„Na, das wird ja ein Riesenspaß!“

„Sei bitte nicht gemein. Hier nimm die Schürze. Sonst saust du noch deine schicken Klamotten ein. Und dann könntest du vielleicht den Teig anrühren?“

Daniels linke Augenbraue zog sich fast bis an seinen Haaransatz hoch. Der Bengel sprach mittlerweile sehr locker mit ihm! Was hatte er gegen seine Klamotten?

„Du bist echt ein Frechdachs! Immer schön Respekt vor der älteren Generation haben, mein Freund!“

„Sorry, Daniel." Für den Bruchteil einer Sekunde hielt Ben in seiner Bewegung inne, sah Daniel aus großen Augen an, und ging dann wieder dazu über, die Milch im Topf zu rühren.

„Was ist denn nun? Rührst du den Teig an?"

„Wo hast du denn das Rezept für den Teig? Und was soll das hier überhaupt werden?"

„Eine Buttercreme-Torte. Allerdings soll es die doppelte Menge Teig und die dreifache Menge Creme werden. Daher musst du die Angaben bitte verdoppeln!"

„Das artet ja in Arbeit aus! Jetzt soll ich noch rechnen."

Daniel hörte selbst seinen mauligen Ton und fuhr freundlicher fort.

„Sehe ich das richtig? Du kochst jetzt den Pudding für die Buttercreme?"

Ben nickte eifrig, während er rührte und dabei gedankenverloren auf seiner Unterlippe herumkaute. Daniel hatte alle Hände voll zu tun, die Zutaten für den Teig gemäß Rezept in die Schüssel der Küchenmaschine zu geben und dabei stets die doppelte Menge einzufüllen. Zuerst mussten die Eier schaumig geschlagen werden. Die Maschine machte einen Krach dabei, dass eine Unterhaltung kaum möglich war. Nach und nach gab Daniel Zucker, Vanillezucker, Mehl mit Backpulver und Speisestärke vermischt hinzu und verteilte den so entstandenen Teig auf zwei von Ben bereits mit Backpapier ausgelegte Springformen. Er stellte sie in den Backofen und stellte den Küchenwecker auf 25 Minuten.

„Ben, laut Rezept soll der Biskuitboden ungefähr 30 Minuten backen. Ich stelle den Wecker auf 25. Wir können lieber noch etwas Zeit nachgeben, als Kohle aus dem Ofen zu holen. Okay?"

Ben nickte eifrig und sah Daniel geradezu ehrfürchtig an.

„Das ist eine gute Idee! Und du sagst, du kannst nicht backen!" Ben rührte mittlerweile das vermischte Pulver in die aufgekochte Milch und rührte angestrengt, damit der Pudding nicht im Topf ansetzte. Nach der angegebenen Zeit nahm er den Topf vom Herd und stellte ihn zum Auskühlen auf einen Kuchenrost.

„So, jetzt haben wir 20 Minuten Pause. Der Pudding muss abkühlen, bevor er mit der Butter verrührt wird. Möchtest du etwas trinken?"

Daniel nickte.

„Gern. Eine Cola wäre prima."

Ben ging an den riesigen Kühlschrank und zog eine Flasche Cola heraus, schenkte ihnen jeweils ein Glas voll und stellte ein Glas vor Daniel ab. Der nickte dankend.

Es entstand eine kurze Gesprächspause, die Daniel mit lockerer Plauderei füllen wollte.

„Wie läuft es in der Schule? Dein Vater hat mir erzählt, dass nächste Woche die Ferien vorbei sind?"

Ben nickte und verdrehte die Augen.

„Ja, daher war es cool, dass wir in dieser Woche zum Wandern gegangen sind! Das letzte Jahr steht an, dann habe ich das Abi hoffentlich in der Tasche."

„Machst du dir da Gedanken?"

„Nein, im Durchschnitt hatte ich dieses Jahr 14 Punkte."

Daniel zog anerkennend die Augenbrauen hoch. Das war eine Eins! Von solchen Leistungen hatte er damals nur träumen können, dabei war er ein guter Schüler gewesen.

„Und was willst du nach dem Abi machen?"

Ben zuckte mit den Schultern.

„Ich habe überlegt, ob ich BWL studieren soll. Mama und Papa meinen allerdings, ich sollte erst mal eine Ausbildung machen. Vielleicht bei einer Bank. Was meinst du?"

Daniel fürchtete, sich in eine Zwickmühle manövriert zu haben und hob seine Hände zu einer abwehrenden Geste.

„Da möchte ich mich lieber nicht einmischen!"

„Ach komm, bitte! Ich weiß nicht, woher ich sonst eine objektive Meinung bekommen soll. Lena hat zunächst mal eine Ausbildung begonnen. Sie wird definitiv eines Tages das Hotel übernehmen. Aber auf den Betrieb habe ich keine Lust!"

Daniel überlegte einen Moment. Ben hatte astreine Noten, er konnte sich verbal gut ausdrücken und hatte mit dem Hotel seiner Eltern einen Hintergrund im Dienstleistungsgewerbe. Er unterbreitete Ben seine Idee.

„Hast du vielleicht schon mal über ein duales Studium nachgedacht? Da verbindest du die Ausbildung mit dem Studieren. Es wäre eine Schande, wenn du mit solchen Zensuren nicht ins Studium gehst. Ich bin aber bei deinen Eltern, dass eine Ausbildung eine solide Grundlage für die Karriere ist."

Ben zog seine Augenbrauen kritisch zusammen.

„Das klingt kompliziert."

„Ist es nicht. Du kannst oftmals sogar zu Hause wohnen bleiben, denn in der Regel findet der Besuch der Hochschule oder Uni nur ein oder zwei Mal in der Woche statt." Daniel bemerkte, dass der Hinweis auf die Wohnsituation auf Ablehnung stieß.

„Ach so, du möchtest zum Studium woanders hingehen? Mal von zu Hause rauskommen?"

Ben nickte zögerlich und zog eine Schnute.

„Nächstes Jahr bin ich 18. Dann wäre es schon gut, hier rauszukommen. Du weißt schon, wegen... also Jungs."

Daniel wusste genau, doch er zögerte. Er kannte den Ausbildungsleiter einer Bank in Ostfriesland, die ein duales Studium anbot. Grundsätzlich hielt er nichts von Vetternwirtschaft, aber er konnte ja mal vorfühlen, ob für das nächste Jahr entsprechende Stellen ausgeschrieben wurden. Und ob der Sohn seines Vetters am Auswahlverfahren teilnehmen konnte, wenn er nicht von der Küste kam. Falls das für Ben infrage kam. Ostfriesland war nicht mit einer Großstadt zu vergleichen, wo es viel mehr einschlägige Clubs und Bars gab.

„Wenn du magst, kann ich bei einer Bank vor Ort in Norden nachfragen, ob du mit einer Bewerbung auf so ein duales Studium überhaupt eine Chance hast. Für die erste Zeit kannst du bei mir unterkommen, das Haus ist groß genug ..." Weiter kam Daniel nicht, da hatte sich Ben ihm an den Hals geworfen und drückte ihn fest.

„Das wäre ja der Hammer! Das würdest du für mich machen? Danke, Daniel!" Ben löste sich aus der Umarmung und blieb vor Daniel stehen.

„Dir muss aber klar sein, dass Ostfriesland nicht die große, weite Welt ist."

Ben sah ihn eindringlich an und hob ohne ein Wort seine Hände seitlich am Körper auf Schulterhöhe, als balancierte er unsichtbare Bälle in den Handflächen.

Daniel lachte.

„Ja, schon verstanden. Du tauschst Berge gegen Deiche. Ansonsten ändert sich nicht viel. Außer, dass ich deiner Oma alle Ehre machen werde. Ich werde dafür sorgen, dass du jeden Tag artig zur Arbeit oder der Hochschule gehst und lernst. Wenn du das anfängst, wirst du es beenden!"

Bevor Ben etwas erwidern konnte, klingelte der Küchenwecker. Er öffnete schnell den Backofen und stach mit einem Holzstäbchen in den fluffig aufgegangenen Biskuitteig. Es blieb kein Teig hängen, also waren die Böden durch.

„Du bist ein Genie, Daniel. Die sind schon fertig!"

„Reine Lebenserfahrung. Na komm, hol sie raus. Ich nehme den Puddingtopf vom Kuchengitter."

So arbeiteten sie gemeinsam die noch ausstehenden Punkte des Rezeptes ab, und Ben fragte Daniel, ob er nicht mit seinen Eltern sprechen konnte. Der willigte ein, wollte aber einen passenden Zeitpunkt abwarten. Stolz auf ihr Werk verstauten sie schließlich die fertige Torte im Kühlschrank.

Kurz nach dem Mittagessen trudelten die für das Geburtstagswochenende angesagten Verwandten ein. Allen voran Lena, die mit der Bahn von Hamburg nach Bad Wildungen gefahren war und sich von dort ein Taxi bis zum Hotel gegönnt hatte. Mit viel Getöse fiel sie in den Gastraum ein und kündigte lautstark ihre Ankunft an.

„Hey Leute, da bin ich! Wo seid ihr denn?"

Sascha, der im Büro saß, hörte sie und rief nach seiner Frau. Julia stürmte aus der Küche heraus nach vorn und umarmte ihre Tochter herzlich.

„Schatz, da bist du ja! Wie war die Fahrt? Wie geht es dir? Hast du Hunger? Soll ich dir etwas herrichten?"

„Nun lass sie doch zu Wort kommen, Julia!" Sascha drückte seine hübsche Tochter an sich, bis ihre dunkelblonde Lockenmähne in seinem Bart kitzelte.

Daniel, der an dem Tisch vor der Fensterfront, an dem die Familienmahlzeiten eingenommen wurden, saß, beobachtete die Szene stumm. Er war begeistert, wie die Genetik funktionierte. Während Ben ein Abziehbild seines Vaters vor knapp 30 Jahren war, sah Lena ihrer Mutter besonders ähnlich. Das herzliche Temperament hatte sie ebenfalls von ihr geerbt, da war er sicher. Daniel stand langsam vom Tisch auf und machte zwei Schritte auf die stolzen Eltern und ihre Tochter zu. Sascha sah ihn aus dem Augenwinkel und schob Lena ein Stück von sich.

„Lena, darf ich dir deinen Großvetter Daniel vorstellen? Daniel, das ist Lena."

Mit einem stolzen Grinsen präsentierte Sascha seine Tochter, die ihren neuesten Verwandten neugierig ansah.

„Hallo. Schön, dass wir uns endlich kennenlernen, Daniel. Papa schreibt mir schon die ganze Woche Nachrichten, wie toll es ist, dass du nach so langer Zeit bei Omas Geburtstag dabei bist." Sie machte einen Schritt auf ihn zu, scheinbar unsicher, ob sie ihm die Hand schütteln oder ihn zur Begrüßung drücken sollte. Daniel ging es ähnlich, doch er legte vorsichtig seinen rechten Arm um sie und drückte sie vorsichtig.

„Hallo, Lena. Ich freue mich riesig, dich endlich persönlich kennenzulernen. Dein Papa hat umgekehrt ebenfalls die ganze Woche geschwärmt! Dass du wie ein Model ausschaust, hat er unterschlagen!"

Lena strahlte ihn an und knuffte ihm leicht auf den Oberarm. Eine Geste, die Daniel schon von Ben kannte, und sie gleich für ihn einnahm.

„Danke! Vom schwarzen Schaf der Familie höre ich das gern." Sie kicherte, und Daniel wollte ihren Spruch parieren, da lugte Ben um die Ecke und blökte dazwischen.

„Er ist doch das rosa Schaf, Lena!" Damit stürzte sich Ben auf seine Schwester und drückte sie an sich. Daniel erfreute sich daran, dass die Geschwister so gut miteinander auskamen, doch Julia und Sascha zogen ihre Augenbrauen überrascht hoch. Lena war ebenso von Bens Gefühlsausbruch überrascht, drückte ihren jüngeren Bruder aber fest und genoss den Augenblick. Sie hatte zu Ben ihre eigene Theorie und fühlte sich durch sein geändertes Verhalten bei der Anwesenheit von Daniel zumindest einigermaßen bestätigt. Das würde sie jedoch unter vier Augen mit ihrem Bruder klären.

Kapitel 13 – September 2021

Endlich war es soweit! Die Feier zu Lottes 80. Geburtstag begann mit dem traditionellen Kaffee und Kuchen, der laut Plan im Saal stattfinden sollte. Doch das Wetter war so schön, dass Sascha und Daniel spontan einige Tische auf der Terrasse vor dem Hotel eindeckten. Und im rückwärtigen Garten stellten sie ein paar Stehtische auf, über die sie tiefrote, quadratische

Tischdecken legten, die so ein festliches Ambiente erzeugten. Ben hilft bereitwillig mit und geht überall dort zur Hand, wo Unterstützung gebraucht wurde, blieb jedoch am häufigsten in Daniels Umgebung.

Sascha sah von seinem Sohn, der mit einem Stehtisch kämpfte, zu seinem Vetter neben sich und grinste.

„Es ist erstaunlich. Seit du da bist, ist Ben wie verwandelt."

Daniel sah Sascha überrascht an.

„Wie meinst du das?"

„Ich weiß es nicht genau. Sonst hat er nur hinter seinen Büchern oder dem Computer gehockt. Wenn er mal mit anfassen sollte, war er bockig und immer gleich genervt. Aber seit deiner Ankunft ist er zugänglicher."

Daniel überlegte, ob das der passende Moment war, um über seine Idee für Bens Ausbildung in Ostfriesland zu sprechen, doch er entschied sich dagegen. Sascha wurde noch bei den Vorbereitungen gebraucht. Da er ansonsten nichts zu Ben Verhalten vor seiner Ankunft sagen konnte, und er den Jungen ja nur so kennengelernt hatte, wie er nun war, blieb Daniel wage.

„Freut mich, wenn er sich zugänglicher zeigt."

Sascha sah Daniel prüfend an. Hatte sich Ben ihm gegenüber geoutet? Er vermutete schon seit zwei Jahren, dass Ben schwul war. Er brachte keine Freundinnen mit nach Hause, hatte jedoch einen engen Freund, Paul, den er regelmäßig mitbrachte oder bei ihm übernachtete. Vielleicht war Ben ein Spätzünder und brachte eines Tages eine Freundin mit. Wer konnte das voraussehen? Und er war der Letzte, der das verurteilte! Er wollte seinen Sohn glücklich sehen, egal ob mit einer Frau oder einem Mann.

Daniel wiederum suchte nach Zeichen in Saschas Gesicht. Er musste doch sehen, dass sein Sohn schwul wer. Das Kerlchen hatte unübersehbar feminine Bewegungen drauf, die musste Sascha mit seinem eigenen Erfahrungsschatz erkannt haben! Wollte er jetzt andeuten, dass er seinen Sohn zum Outing animierte?

In dem Augenblick traf das Geburtstagskind ein. Mit der stolzen Haltung einer Königin betrat Charlotte in einem dunkelblauen, figurbetonten Etuikleid mit passendem Blazer darüber ihr ehemaliges Hotel und hielt sich links, um den Saalbereich zu betreten.

„Oma Lotte! Herzlichen Glückwunsch zu deinem besonderen Geburtstag!“ Lena begrüßte ihre Großmutter freudig und drückte sie vorsichtig an sich. Julia kam aus dem Nebeneingang zur Küche gerannt, nahm sich flink ihre Schürze ab, sodass ein cremefarbenes Kleid mit schwingendem Rock zum Vorschein kam. Sie drückte Lotte ebenfalls an sich.

„Liebe Lotte, alles Gute zum Geburtstag! Du hättest dir kein schöneres Wetter wünschen können! Dein neues Lebensjahr soll mindestens so sonnig werden!“

Charlotte war von den Gratulationen und den guten Wünschen überwältigt. Als sie morgens allein am Frühstückstisch saß, hatte sie beschlossen, dass sie zu alt für einen abgekürzten Namen war. Sie hatte geplant, allen Gästen zu sagen, sie sei ab sofort Charlotte. Für eine Frau von 80 Jahren wäre das der angemessenere Name. Doch bei Lenas und Julias Kosenamen für sie verschwand der Vorsatz so schnell, wie er gekommen war. Sie lächelte glücklich und sah sich begeistert im Saal um.

Die Tische waren festlich für Kaffee und Kuchen gedeckt. Es waren cremefarbene Girlanden und Lampions aufgehängt worden. Sie ergaben einen farbenfrohen Kontrast zu den tiefroten Tischdecken und dem entsprechenden Blumenschmuck.

„Julia, ihr habt euch selbst übertroffen! Der Saal sieht hinreißend aus!“

Julia kam nicht mehr zu einer Antwort, denn die Verwandten, die sich oben in ihren Zimmern eingerichtet hatten, strömten mit Geschenken beladen in den Saal, erblickten das Geburtstagskind und starteten einen Reigen voller Gratulationen, guter Wünsche und sogar einem Ständchen. Sie sah, dass Ben Bilder mit seinem Handy machte und war gespannt, wie viele Aufnahmen sie für ein Fotobuch zur Erinnerung zusammenbekamen. Ihr Sohn hatte ein gutes Auge für die passende Perspektive und passende Proportionen.

Daniel bildete mit seinem Geschenk den Schluss des Reigens. Zwischenzeitlich hatte man Lotte an ihrem Ehrentisch platziert, und sie hatte darauf bestanden, dass Daniel neben ihr saß.

„Ach, Tante Lotte, vielen Dank. Das ehrt mich sehr, aber sollten nicht Sascha, Julia, Lena oder Ben hier bei dir sitzen?“

Tante Lotte winkte ab.

„Die können das ganze Jahr neben mir sitzen.“

Daniel lachte über ihre unkomplizierte und ehrliche Art. Er überreichte ihr ein schmales Päckchen im DIN-A4-Format, das in glänzendes Papier eingeschlagen und mit einer großen Schleife verziert war. Neugierig griff Lotte danach und zog an der Schleife. Als sie das Papier auseinanderzog, erblickte sie ihr Gesicht. Daneben schaute ihre mittlerweile verstorbene Schwester, Marianne, Daniels Mutter, in die Kamera und lächelte mit Lotte um die Wette. Darüber stand ‚Zwei Schwestern – eine Kindheit! Schön war es mit Dir!'. Lotte merkte, wie ihr die Tränen in die Augen schossen, doch sie blinzelte sie entschlossen weg. Mit zitternden Fingern blätterte sie den Buchumschlag auf und sah, dass es sich um ein Fotobuch mit vielen Aufnahmen aus ihrer Kindheit handelte. Daniel musste Fotos aus dem Fundus seiner verstorbenen Mutter herausgesucht haben, um sie auf irgendeiner dieser erstaunlichen Seiten im Internet als Buch binden zu lassen. Behutsam blätterte sie weiter. Zwischen den einzelnen Bildern waren Gedichte, Sinnsprüche oder passende Bemerkungen eingefügt. Das war doch zu viel für sie. Die Tränen flossen und sie wischte sie fahrig weg.

„Mein lieber Daniel, wer hätte gedacht, dass du mich alte Schachtel ausgerechnet heute zum Weinen bringst. Aber ich danke dir vielmals. Ach, komm mal her!" Lotte erhob sich und drückte ihren Neffen, der einen Kopf größer war, fest an sich. Daniel kämpfte ebenfalls mit den Tränen, schaffte es aber, sie mit einem Lachen zu vertreiben.

„Von alter Schachtel kann nun wirklich nicht die Rede sein, Tante Lotte. Aber das mit dem Weinen war keine Absicht!"

Sie lachten und hielten sich noch einen Augenblick länger im Arm, genossen die Wiedervereinigung nach so vielen Jahren und erfreuten sich an der Gesellschaft des anderen.

Ben hatte einen großen Auftritt mit der Buttercreme-Torte, die er stolz vor Lotte auf den Ehrentisch stellte. Er hatte bewusst auf Kerzen verzichtet. Wie sollte eine Frau von 80 Jahren eine solche Anzahl von Kerzen auspusten? Und unhygienisch war das seiner Meinung nach ebenfalls, also hatte er einen Tortenaufsatz mit dem Schriftzug ‚Happy Birthday' besorgt und damit die Oberseite des Kunstwerkes gestaltet. Dass ihr sonst so verschlossener Enkel extra eine Torte für gebacken hatte, entzückte Lotte ebenso, wie es sie erstaunte. Ben erzählte ihr, dass Daniel geholfen hatte. Da füllten sich ein paar Lücken im Rätsel, über die Lotte zu einem späteren Zeitpunkt nachdenken wollte.

Die Festgesellschaft verteilte sich nach der Kuchenschlacht über alle Bereiche hinweg, sodass einige Gäste draußen im Garten an den Stehtischen verweilten, während andere vorne in der Sonne auf der Terrasse an den dort platzierten Tischen saßen. Der ein oder andere Schnaps wurde bereits getrunken. Lotte sah Männer mit einem kleinen Bier in der Hand. Sie selbst versprach sich eines nach dem Abendessen und war neugierig, welch wunderbares Menü sich Julia wohl für sie ausgedacht hatte.

Daniel hatte sich nach dem Abendessen auf die Terrasse vor dem Hotel gesetzt und bekam zügig Gesellschaft von Ben und Lena. Sie hielten jeweils ein Glas Sekt in der Hand und hatten ihm ein Bier mit hinausgebracht. Ben stellte es mit dramatisch aufgerissenen Augen und einem großen Bogen seines rechtens Arms vor Daniel auf den Tisch.

„Einmal für das rosa Schaf! Prost!"

Daniel blinzelte gegen die bereits tiefstehende Sonne an und schüttelte in gespielter Empörung den Kopf.

„Frechdachs! Eines schönen Tages muss ich dir noch den Hintern versohlen."

Ben ruderte sofort zurück.

„Oh, bitte nicht. Sorry, aber du bist der einzige Erwachsene hier, mit dem man mal Spaß haben kann."

Lena pflichtete ihrem Bruder bei.

„Es ist kaum auszuhalten, dass wir uns jetzt erst kennenlernen! Wenn ich überlege, wie viele Familienfest mit dir wesentlich kurzweiliger verlaufen wären!"

Sie stieß mit ihrem Sektglas an Daniels Bierglas und nickte ihm zu.

„Vielen Dank für die Blumen! Im Rückblick verstehe ich nicht, wie der Kontakt so abbrechen konnte."

Lena sah ihn lächelnd an.

„Na ja, zumindest habt ihr zwei ja etwas ausgeheckt, damit das mit ein wenig Glück nicht wieder geschieht!"

Daniel sah erstaunt von Lena zu Ben und zurück. Bevor er etwas erwidern konnte, schaltete sich Ben leise dazwischen.

„Lena weiß Bescheid. In jeglicher Hinsicht. Vorhin habe ich ihr erzählt, dass ich schwul bin. Und, dass ich vielleicht ein duales Studium an der Nordseeküste absolvieren kann. Und bei dir wohnen darf."

Daniel staunte, wie locker Lena das alles nahm.

„Du wirkst jetzt nicht völlig geschockt."

Sie kicherte.

„Nein, nicht wirklich. Ich hatte bereits meine Theorie zu unserem lieben Ben. Ich mag es, wenn sich meine Theorien als Tatsachen erweisen. Und mit seinen Zensuren wäre es eine Schande, wenn er nicht studieren würde!"

Daniel nickte und freute sich, dass sie ihren Bruder so unterstützte.

„Außerdem klingt Urlaub bei euch an der Nordsee fantastisch! In Hamburg habe ich kaum Gelegenheit, mal auszuspannen. So weit liegt das aber nicht auseinander, oder?"

„Nein. Knapp drei Stunden Autofahrt. Und das klingt in der Tat nach einer guten Idee! Ob Ben nun hochzieht, oder nicht. Ihr seid auf jeden Fall für einen Strandaufenthalt eingeladen!" Daniel kam sich spontan 20 Jahre jünger vor, wie er so mit den beiden Pläne schmiedete.

„Es bleibt aber dabei, dass ich mit euren Eltern rede?"

Sie nickten unisono. Ben sprang auf und sah auf Lena und Daniel in den Stühlen hinunter.

„Auf jeden Fall, Daniel. Und ich sorge jetzt mal langsam für Musik. Mirko, ein Vetter irgendeines Grades, frag mich nicht, wollte Musik auflegen. Das soll Omas Geschenk von ihm sein. Ich hab ihm versprochen, beim Aufbau der Musikanlage zu helfen."

Lena sah ihrem Bruder hinterher und drehte sich näher zu Daniel.

„Du bist wie eine gute Fee im Märchen, weißt du das? Ben ist wie verwandelt. Wer hätte gedacht, dass er scheinbar nur in natura sehen muss, wie man als schwuler Mann im Leben bestehen kann. Total cool!"

Daniel winkte bescheiden ab.

„Ach, das ist nun aber zu viel der Ehre."

„Ganz und gar nicht! Ben hat nicht übertrieben. Unsere Eltern sind noch echt gut drauf. Aber ansonsten hat der Rest der Family einen Stock im Hintern!"

Daniel hätte fast etwas von seinem Bier eingeatmet, verschluckte sich und beugte sich hustend im Stuhl nach vorne. Lena sah für einen winzigen Augenblick viel jünger und unreifer aus, als sie sonst wirkte, was zu ihrem Ausspruch passte. Sie legte nach.

„Ist doch so! Geht's?" Sie rückte näher an Daniel heran und klopfte ihm auf den Rücken. Röte stieg in Daniels Wangen, die Gäste an den anderen Tischen schauten neugierig zu ihnen herüber und tuschelten. Lena schnaubte an seinem Ohr.

„Neugierige Schmarotzer! Nutzen alle nur die kostengünstige Gelegenheit, für ein verlängertes Wochenende hier an den See zu kommen."

In dem Moment erklang von drinnen flotte Musik. Lena hielt Daniel ihren Arm hin.

„Darf ich dich auf ein Tänzchen einladen?" Daniel hakte sich unter und lächelte übertrieben.

„Nur zu gern, die junge Dame!" Damit stolzierten sie an den restlichen Tischen vorbei und straften die dort hockenden Familienmitglieder mit Nichtbeachtung.

Beim Blick auf seine Armbanduhr erschrak Daniel. Es war bereits nach Mitternacht. Die neugierigen Schmarotzer hielten lange durch! Er kicherte beim Gedanken an Lenas Ausspruch. In der Gesellschaft von Sascha, Julia, Lena und Ben verging der Abend wie im Flug. Tante Lotte hatte sich scheinbar vorgenommen, mit jedem Partygast ausgiebig zu plaudern, sodass Daniel nicht viel von ihr sah. Lena und Ben hielten ihn auf Trab, denn er musste zu jedem Sommerhit, der jemals im Radio gespielt worden war, mit ihnen tanzen. Lambada, Macarena und eine Reihe von Titeln, die er nicht mal aussprechen konnte. Er musste den Kids dankbar sein, denn wenn er nicht so viel tanzte, wäre er sicherlich schon von den Kurzen, die er mit allen möglichen Leuten trank, ohnmächtig geworden. Nun brauchte er dringend eine Rauchpause an der frischen Luft. Daniel wollte sich zum Seiteneingang hinausschleichen, kam an den Gästetoiletten hinter dem Restaurant vorbei und entschied spontan, den Schnaps hier in der ruhigeren Ecke des Hotels loszuwerden. Erleichtert wusch er sich die Hände und wollte zur Tür hinaus, als Sascha beinahe in ihn hineinrannte. Mit glasigen Augen und einem seligen Lächeln zog Sascha seinen Vetter wieder zurück zum Waschbecken. Daniel erkannte durch den eigenen Schnapsschleier, dass Sascha gut zugelangt haben musste. Das würde später eine Doppeldosis Aspirin bedeuten.

„Mama hat einen Riesenspaß!"

„Ja, es freut mich, dass eure Vorbereitungen so gut funktioniert haben. Das Fest ist prima!

Sascha schluchzte auf.

„Ich bin so stolz auf sie. Dass sie noch so fit ist! Und ich bin traurig, dass du das so nicht mit deinen Eltern erleben kannst!"

Instinktiv machte Daniel einen Schritt auf Sascha zu und legte ihm beruhigend eine Hand auf die Schulter.

„Ach, du. Das ist schon okay." Daniel wusste nicht, was er sonst noch sagen sollte. Er hatte an diesem Abend nicht mit dem Schicksal gehadert. Oft kam so etwas erst im Nachgang zu Erlebnissen, die Daniel gern mit seinen Eltern geteilt hätte. Ihm blieb nicht viel Zeit zum Überlegen.

„Du hast mir gefehlt!" Sascha beugte sich vor und küsste Daniel auf den Mund. Überrascht vergaß der, sich anstandshalber zu wehren. Trotz Bierfahne roch Sascha so gut wie früher! Ihre Zungen fanden sich zu einem hektischen Tanz in Daniels Mund. Er packte Sascha im Nacken und zog ihn fest gegen sich. Der schob Daniel in die Toilettenkabine und drückte ihn dort gegen die Wand, während er mit einer Hand ungeschickt fummelnd die Tür abschloss. Sie pressten sich gegeneinander und tauschten atemlose Küsse, deren Leidenschaft in diesem Moment ihren Verstand ausschaltete. Daniel löste sich dennoch aus Saschas enger Umarmung und sah ihm tief in die Augen. Das verlangende Feuer darin bestärkte ihn, also klappte er den Toilettendeckel hinter sich herunter und nahm Platz, zog Sascha zu sich und öffnete flink dessen Hose. Die harte Erektion, die sich an seiner gerieben hatte, sprang ihm vom Slip befreit entgegen.

„Hallo, alter Freund." Daniel küsste die samtene Spitze, die von der zurückgezogenen Vorhaut freigegeben wurde. Er leckte am Bändchen herum und massierte dabei den steifen Schaft, der vor seinem Gesicht aufragte. Sascha stöhnte bei der Behandlung und stieß sich bereitwillig in Daniels Faust. Daniel ahnte, dass Sascha nicht lange brauchen würde und befreite seinen eigenen Schwanz aus der Hose, um sich während des Blowjobs mit der linken Hand selbst zu befriedigen. Fiebrig lutschte er Saschas Latte und wichste sie in hohem Tempo. Wie ein Geistesblitz überkam es Daniel, dass sie jederzeit von einem Gast, der ebenfalls die Ruhe zu schätzen wusste, überrascht werden konnten, also steigerte er das Tempo, um Sascha zügig zum Abschuss zu bringen. Dabei wollte er diesen Moment einfrieren, denn er hatte nicht eine Sekunde lang auf der Reise damit gerechnet, dass sich ihre Aktivitäten in der Vergangenheit wiederholen würden.

Saschas Atem ging immer hektischer und unkontrollierter. Der Griff seiner Hände an Daniels Kopf wurde fester und sein Schwanz pulsierte in dessen Mund. Daniel hielt seine ausgestreckte Zunge von unten gegen die prallrote Eichel, während er in jeder seine Hände eine schussbereite Waffe hielt. Unter größter Anstrengung hielt er sich jedoch so lange zurück, bis Sascha abspritzte. Das kickte Daniel erst recht, zu sehen, wie der steil aufragende Prügel zu zucken begann. Er wurde nicht enttäuscht, denn Saschas Körper verkrampfte sich, sein Stöhnen wurde zu einem Keuchen und er warnte Daniel vor.

„Oh. Ah. Vorsicht! Ich komme…“ Daniel stülpte blitzschnell seine Lippen über die zuckende Kuppe und spürte, wie sich die warme, salzige Köstlichkeit schubweise in seinem Mund verteilte. Er schluckte gierig und erreichte selbst den erlösenden Höhepunkt. Seinen Glibber versuchte er so gut wie möglich mit der linken Faust abzufangen, damit sie keine große Sauerei hinterließen. Noch während Daniel zur Seite schaute, wo er Toilettenpapier zum Säubern herbekam, riss Sascha seine Hose hoch, verschloss sie und stürmte aus der Kabine. Eilig wischte sich Daniel einigermaßen sauber, schmiss das Papier in die Toilette und drückte die Spülung. Als er die Kabine verließ, stand er allein vor dem Waschbecken. Sascha war wie der geölte Blitz abgehauen! Noch immer außer Atem blieb Daniel vor dem Spiegel stehen und sah sich tief in die Augen. Er beugte sich zum Wasserhahn hinab und nahm einen Schluck, um seinen Mund auszuspülen. Danach sprach er mit sich selbst.

„Was hast du da bloß angestellt?“

Kapitel 14 – September 2021

Um die merkwürdige Situation mit Sascha einigermaßen zu verarbeiten, ging Daniel zunächst zum Seiteneingang hinaus, zündete sich eine Zigarette an und paffte sie hektisch durch. Wie er im Anschluss feststellte, reichte die eine nicht, also zog er noch eine weitere Zigarette durch. Er bemerkte, dass die laute Musik verstummt war. Ein Blick auf die Uhr zeigte ihm, dass es 01.00 Uhr war. Ein ungutes Gefühl überkam ihn. Hatte Sascha etwa die Party gesprengt, indem er Julia von dem Vorfall erzählt hatte? Sorgfältig drückte er die Zigarette im bereitstehenden Aschenbecher aus und ging zurück ins Hotel.

Am Treppenhaus begegnetem ihm einige Gäste, die müde und sichtlich angetrunken den Weg zu ihren Zimmern suchten. Er wünschte ihnen eine gute Nacht und lief weiter.

Ben und Lena waren dabei, die Tische abzuräumen und Tabletts in die Küche zu tragen. Julia hatte sich eine Schürze über ihr Kleid gezogen und sorgte dafür, dass die Küche für das Frühstück bereit war. Von Sascha keine Spur. Ben entdeckte Daniel und ging eilig auf ihn zu. Daniels Herz klopfte vor Aufregung bis zu seinem Hals.

„Da bist du ja! Wir haben dich schon gesucht."

Daniel stammelte nur unzusammenhängend.

„Tja, … äh … also … ich war nur …"

Ben winkte ab.

„Macht ja nichts. Es war nur so plötzlich die Luft raus. Niemand hat getanzt. Die meisten wollten auf einmal ins Bett."

Daniel atmete auf. Sascha hatte anscheinend nichts gesagt.

„Wo ist denn dein Vater?"

Ben sah Daniel an, als wäre das die dümmste Frage aller Zeiten.

„Der räumt die Stehtische hinten im Garten noch schnell rein. Wieso?"

„Ach, nur so. Wo kann ich noch mit anfassen?"

Ben überlegte nur kurz.

„Wenn du magst, können wir die Tische wieder so hinstellen, wie sie ursprünglich standen."

„Klar." Froh, etwas zu tun zu haben, packte Daniel mit an und in Windeseile sah der Saal wieder nach Normalzustand aus. Lena hatte sich einen Besen genommen und fegte den Fußboden sorgfältig. Den Sauger konnten sie schlecht benutzen, doch zum Frühstück sollte alles wieder sauber sein. Julia hatte die Schürze in der Küche gelassen und gesellte sich zu Ben und Daniel, die den letzten Tisch an seinen korrekten Platz gestellt hatten. Sie sah geschafft aus, allerdings absolut zufrieden. Daniel konnte ihr kaum in die Augen schauen.

„Das sieht ja wieder aus wie unser Saal."

„Ja, wenn Lena durchgefegt hat, ist alles bereit, für das Frühstück eingedeckt zu werden.“ Ben sah zu seiner Schwester hinüber.

„Es hat alles gut geklappt. Vielen Dank für die Hilfe!“

Daniel winkte ab.

„Gern. Ich bin jetzt aber total alle und muss ins Bett. Gute Nacht!“

Für ihn überraschend zog Julia ihn an sich und gab ihm einen Kuss auf die Wange.

„Gute Nacht, Daniel.“

„Ähm, ja, gute Nacht.“ Seine Wangen verfärbten sich dunkelrot, was nicht besser wurde, als sich Ben seiner Mutter anschloss.

„Genau, gute Nacht, Daniel.“ Ben gab ihm ebenfalls einen Schmatzer auf die Wange. Julia hob erstaunt ihre Augenbrauen und überlegte, wie viel Sekt und Bier ihr Sohn wohl intus hatte. Dabei wirkte er eigentlich recht nüchtern. Daniel fasste sich an beide Wangen.

„Na, da werde ich mich ja nie wieder waschen dürfen!“ Er zwinkerte Mutter und Sohn zu, bevor er sich zur Treppe aufmachte. In seinem Zimmer angekommen, riss Daniel erst mal das Fenster auf, um frische Luft hineinzulassen. Gierig sog er die kühle Brise in seine Lungen ein und machte mehrere tiefe Atemzüge. Vom Alkohol noch leicht benebelt, konnte er die Eindrücke des Abends nicht verarbeiten. Verschiedene Bilder zogen vor seinem inneren Auge vorbei. Zunächst harmlose Schnappschüsse, wie Tante Lotte, wie sie sich zu Tränen gerührt über sein Geschenk freut. Das leckere Essen, von dem er viel zu viel in sich hineingeschaufelt hatte. Lena und Ben, wie sie Pläne mit ihm geschmiedet und ihn später zum Tanzen überredet hatten. Und zum Abschluss noch mal Saschas Gesicht, als er ihm seine sahnige Ladung in den Mund gespritzt hatte.

Daniel fuhr sich mit der linken Hand übers Gesicht und sprach mit sich selbst.

„Du bist ein Riesenidiot! Wie konntest du dich nur darauf einlassen? Er ist mittlerweile verheiratet und hat Kinder!“

Ein leises Stimmchen verteidigte Daniel vor sich selbst. Immerhin war die Initiative von Sascha ausgegangen. Und er hatte ebenfalls zu viel getrunken!

Daniel machte sich in dem winzigen Badezimmer bettfertig und zog sich die Bettdecke über den Kopf, als konnte er damit die Nacht und die Erinnerungen daran von sich fernhalten.

Leise Klopfgeräusche suchten ihren Weg in Daniels Bewusstsein. Noch bevor er die Augen aufschlug, bemerkte er das fiese, kleine Männlein, das mit einem großen Hammer darauf wartete, seine Schläfen zu bearbeiten. Er hatte einen Brummschädel, der sich gewaschen hatte! Das Klopfen hörte nicht auf, also musste er die Augen öffnen und war froh, dass er in der Nacht die Vorhänge zugezogen hatte. Sein Zimmer war in gnädiges Dämmerlicht getaucht. Daniel schwang die Beine aus dem Bett und tapste mit unsicheren Schritten zur Tür. Er entriegelte sie und schaute neugierig auf seinen Besucher. Ben sah ihn grinsend an, gab sich allerdings Mühe, ernst zu bleiben.

„Guten Morgen, Daniel. Es ist gleich 11.00 Uhr. Mama meinte, ich solle mal bei dir anfragen, ob du noch etwas frühstücken möchtest. Sonst würde sie die Küche vorerst schließen."

Daniel rieb sich über die Augen und die Stoppeln an seinem Kinn.

„Guten Morgen, Ben. Danke, dass du fragst. Ich brauche dringend Kaffee. Und falls es Rührei mit Speck gibt, auch davon. Gebt mir bitte 10 Minuten, dann bin ich unten. Ich habe so tief geschlafen …"

„Ja, das sieht man." Bevor Daniel auf diese freche Bemerkung eingehen konnte, war Ben bereits auf dem Weg nach unten.

Fünfzehn Minuten später saß Daniel an einem Zweiertisch in der Ecke und trank ungestört seinen Kaffee und aß etwas von Julias hervorragendem Rührei mit Speck. Ben hatte ihm dazu noch Toast und Marmelade gebracht. Lena, die aussah, als wäre sie dem Cover eines Modemagazins entstiegen, setzte sich zu ihm und sah ihn mitleidig an.

„Guten Morgen, oder eher Mittag, Daniel. Du siehst etwas angegriffen aus."

Daniel schüttelte den Kopf und schluckte einen Bissen Ei hinunter.

„Angegriffen? Sagen wir es doch wie es ist. Total verkatert trifft es eher!"

Lena lächelte und stibitzte einen Streifen Speck von seinem Teller. Er war so schnell in ihrem Mund verschwunden, dass sich Daniel fragte, ob es tatsächlich geschehen war.

„Soll ich dir vielleicht ein Aspirin holen?"

„Das wäre prima. Ich weiß gar nicht, wann ich das letzte Mal so viel getrunken habe. Total bescheuert!"

Lena nickte mitleidig, stand auf und lief in die Küche. Daniel sah ihr nach und entdeckte Sascha, der eilig den Saal durchquerte. Er winkte Daniel kurz zu und verschwand ebenfalls in der Küche.

Daniel konnte nicht sagen, welche Begrüßung er nach dem nächtlichen Vorfall erwartet hatte, aber ein kurzes ‚Hallo' am Tisch wäre sicherlich drin gewesen. Der Appetit war ihm vergangen. Er legte die Gabel auf den Teller, trank noch einen Schluck Kaffee und war dankbar, als Lena ihm ein großes Glas Wasser und eine Tablette auf einem kleinen Tablett an den Tisch brachte.

„Danke, du bist ein Schatz!"

Am Dienstagmorgen saß Daniel nach dem Frühstück auf der Terrasse vor dem Hotel und rauchte gedankenverloren. Er hatte zwar für die gesamte Woche reserviert und bereits bezahlt, aber er fühlte sich wie das fünfte Rad am Wagen. Lena war am frühen Montagmorgen abgereist. Mehr als ein langes Wochenende war für sie im Hotelgewerbe während der Hochsaison nicht drin gewesen. Wortreich hatte sie sich von Daniel verabschiedet, und sie hatten ihre Handynummern ausgetauscht.

„Viel Erfolg beim Gespräch mit Mama und Papa! Ben hat es verdient, endlich mal Freiheit zu spüren und seine Talente nutzen zu können. Der quatscht einem Eskimo einen Gefrierschrank an. Da wird er wohl mit Bankkunden umgehen können." Sie kicherte.

„Und ich glaube, dass er ganz schön Leben in dein Haus bringen wird."

Daniel hatte sie gespielt streng angesehen.

„Meinst du, ich bin langweilig?"

„Auf gar keinen Fall." Sie hatte gehüstelt. Daniel hatte erkannt, dass das die Aussage ins Gegenteil verkehrte. Er liebte ihre Attitüde. Wie konnte eine junge Frau mit 20 Jahren schon so erwachsen wirken? Er hatte Julias Bild vor sich gesehen und die Antwort erkannt. Zum Abschied hatten sie sich auf die Wange geküsst und fest gedrückt.

Ben war seit Montagmorgen in der Schule verschwunden. Daniel hatte schnell gemerkt, dass ihm sein persönliches Groupie fehlte. Es ging ihm erst da auf, wie viel Zeit Ben in seiner Gegenwart verbracht hatte. Zwar war er am späten Nachmittag wieder mit dem Bus nach Hause gekommen, doch der Tag hatte sich gezogen.

Tante Lotte war am Montagnachmittag zum üblichen Kaffee mit Kuchen erschienen, doch sie konnte die Leere, die von Daniel Besitz ergriffen hatte, ebenfalls nicht ausfüllen.

Letztlich war es Sascha, der ihm so gut wie möglich aus dem Weg ging. Daniel war sich sicher, dass der Rest es nicht bemerkte, aber Sascha sprach lediglich das Nötigste mit ihm. Ansonsten vermied er den Kontakt, was Daniel sehr verletzte.

Julia bezog Daniel, wo es ging, ins Geschehen mit ein. Allerdings hatte sie einen Betrieb zu führen, da konnte sie nicht seine Alleinunterhalterin spielen.

Montagmittag waren die letzten Schmarotzer abgereist. Daniel hatte beobachtet, wie Sascha und Julia sich erleichtert umarmt und danach noch abgeklatscht hatten. Das war für ihn eine so intime Geste gewesen, dass er einen eifersüchtigen Stich verspürt hatte.

Der Tag sollte schön werden, daher grübelte Daniel. Er konnte sein Versprechen gegenüber Ben einlösen, mit dessen Eltern über die Ausbildungsmöglichkeiten in Ostfriesland sprechen und danach abreisen. Oder er konnte auf eigene Faust den Edersee erkunden und sich auf allerlei touristische Ablenkungen einlassen, weiterhin Julias fantastische Küche genießen und zumindest noch ein wenig von Ben und Tante Lotte mitbekommen. Mit seinem Smartphone hatte sich Daniel den Fahrplan für die großen weißen Personenschiffe, die auf dem Edersee Rundfahrten anboten, aufgerufen und schaute nach, wann das nächste für ihn günstige Schiff fuhr. Da fuhr ein Auto den leichten Hügel hoch und parkte auf der anderen Straßenseite. Die winzigen Steinchen knirschten unter den breiten Reifen eines dunklen SUVs, sodass Daniel neugierig die Ankunft beobachtete. Er hatte Sascha und Julia so verstanden, dass erst wieder ab Mittwoch der Regelbetrieb einsetzte. Daher war es ungewöhnlich, dass ein Auto mit Göttinger Kennzeichen auf den Parkplatz fuhr. Die Fahrertür öffnete sich und Daniel sah einen Mann in seinem Alter aussteigen. Zunächst blieb der Fremde neben dem Auto stehen und schaute unverhohlen zu Daniel herüber. Peinlich berührt, dass er beim Glotzen erwischt wurde, wollte Daniel auf sein Handy schauen, als sein Gehirn ihm einen grausamen Streich spielte. Es hatte verschiedenste kleine Punkte verbunden, so als malte man die bekannten Sternbilder nach, indem man die einzelnen Punkte mit einer Linie verband, und am Schluss sah es aus wie der Kleine Wagen.

In diesem Fall ergaben die einzelnen Punkte eine Person aus seiner Vergangenheit! Genauer von vor 28 Jahren. Er konnte sich irren, aber warum schaute der Mann ihn so eindringlich an? Daniel erhob sich, schob sein Smartphone in die Hosentasche und konnte den Blick nicht mehr von dem Fremden abwenden. Der gutaussehende Mann auf der anderen Straßenseite machte nun einige langsame Schritte über die Straße auf Daniel zu und blieb letztlich einen Meter vor ihm stehen. Nun war sich Daniel sicher. Er war es! Benjamin!

„Hallo, Daniel. Sascha hatte recht, du siehst noch immer so aus wie damals!"

Unzählige Fragen rasten durch Daniels Kopf. Was meinte Benjamin damit? Sascha hatte recht gehabt? Wieso tauchte er jetzt auf? Hatten sie über die Jahre Kontakt gehalten? Hatte Sascha seinen Sohn tatsächlich nach Benjamin benannt? Was war damals zwischen ihnen geschehen, wovon er keine Ahnung hatte?

Daniel räusperte sich und ging einen kleinen Schritt auf sein Gegenüber zu.

„Benjamin, hallo! Das ist ja eine Überraschung!" Er öffnete seine Arme ein kleines Stück und wie magnetisch angezogen, lagen sie umgehend in einer Umarmung. Benjamin war ein Stück kleiner, sodass seine Schläfe an Daniels Kinn lag. Er spürte Daniels Herzschlag an seinem Schlüsselbein und atmete ein Gemisch aus teurem Eau de Toilette und herbem Duschgel ein. Und dennoch meinte er, unter all den künstlichen Duftstoffen den Daniel von vor 28 Jahren riechen zu können. Die langen Zotteln waren einer akkuraten Kurzhaarfrisur gewichen, und winzige Fältchen hatten sich außen an seinen Augen gebildet. Aber für Benjamin war Daniel immer noch der gutaussehende Junge von damals, dem er sein Herz geschenkt hatte.

Daniel hielt den noch immer schlanken Körper des Mannes im Arm, der vor annähernd 30 Jahren seine ersten Erfahrungen mit ihm gemacht hatte. Die Umarmung dauerte länger, als er zunächst angenommen hatte, doch er sog den frischen Duft von Benjamins dunklen – und noch vollen – Haaren ein. Sie fielen locker, waren weder mit Gel oder Haarspray fixiert und luden direkt ein, mit den Fingern durchzukämmen. Doch Daniel beherrschte sich. Er konnte schwer einschätzen, wie Benjamin zu solch einer intimen Handlung stand.

Nach einiger Zeit lösten sie sich voneinander und sahen einander lächelnd, doch unsicher an. Daniel fand die Sprache als Erster wieder.

„Was machst du hier? Das kann doch kein Zufall sein!"

Benjamin schüttelte den Kopf. Er war Daniel gegenüber im Vorteil, immerhin hatte er sich gedanklich auf ihr Wiedersehen einstellen können. Für Daniel musste es eine große Überraschung sein, die Sascha da eingefädelt hatte. Er lächelte.

„Wollen wir nicht reingehen? Ich weiß nicht, wie es dir geht, aber ich könnte einen Schnaps vertragen!"

Daniel nickte eifrig und schob Benjamin vor sich her, zunächst durch die Eingangstür und anschließend in Richtung Theke. Dort stand Sascha und grinste von einem Ohr zum anderen. Er ging um den Tresen herum und nahm Benjamin in den Arm.

„Schön, dass du da bist!"

„Danke, dass du mir Bescheid gegeben hast."

Verblüfft schaute Daniel zu Sascha. Da klärten sich bereits die ersten Fragen!

„Du hast Benjamin informiert, dass ich hier bin?"

Sascha nickte, doch er sah sich ebenfalls abschätzend um.

„Lasst uns doch hier vorne an den Tisch setzen. Heute erwarten wir keine Gäste, doch den Eingang muss ich für den Getränkelieferanten offenlassen. Die Party hat fast unseren gesamten Getränkevorrat an Sekt und Bier aufgebraucht. Julia ist auf den Markt nach Bad Wildungen gefahren. Ben ist in der Schule. Wir sind also ungestört! Was wollt ihr trinken?" Ben sah zu Daniel und grinste, bevor er Sascha antwortete.

„Wir brauchen beide einen Schnaps!"

„Sollt ihr bekommen." Sascha erhob sich und ging hinter den Tresen, hantierte kurz mit einer Flasche herum und kam mit drei Gläsern auf einem Tablett zurück an den Tisch. Benjamin hatte gegenüber von Daniel Platz genommen. Sascha setzte sich neben Benjamin.

„Cognac ist hoffentlich okay. Zum Wohl!"

Sie nahmen alle einen Schluck aus den geschwungenen Gläsern und schmatzten genießerisch.

„Wer hätte gedacht, dass ich heute bereits vor 10.00 Uhr Alkohol trinken würde?" Daniel schaute zuerst Benjamin und dann Sascha an.

„Nun bin ich aber gespannt, was ihr mir zu erzählen habt!“ Demonstrativ lehnte er sich in seinem Stuhl zurück. Benjamin drehte sich zu Sascha.

„Möchtest du erzählen? Oder soll ich?“

Sascha machte eine auffordernde Geste in Benjamins Richtung.

„Erzähl du. Ich kann ja ergänzen.“

Benjamin atmete einmal tief durch.

„Okay, wo fange ich am besten an? Ah ja, wir hatten doch alle vereinbart, in Kontakt zu bleiben und dafür Adressen ausgetauscht. Also habe ich euch beiden eine Woche nach meiner Heimreise geschrieben. Nach der Zeit mit euch habe ich mich nämlich direkt nach dem Urlaub vor meinen Eltern geoutet!“

Sascha hob seine Hand und unterbrach Benjamin.

„Sorry, ich will nicht unhöflich sein. Aber die Story wird ja länger dauern. Bierchen?“ Benjamin und Daniel nickten.

Kapitel 15 – September 2021

Als Sascha mit drei Bieren und einer Schale voll mit Knabbereien an den Tisch zurückkehrte, fuhr Benjamin fort.

„Ich weiß nicht, ob ihr euch noch an die Briefe erinnert, aber ich hatte mich bedankt, dass ihr mir die Kraft für den Schritt gegeben habt. Die Zeit mit euch hatte mir eine Menge bedeutet und mich stark beeinflusst! Natürlich hatte ich schon vor dem Urlaub geahnt, dass ich schwul war. Aber es brauchte erst die persönliche Erfahrung, um mir zu zeigen, wofür das Outing sich lohnte! Ich weiß noch, dass ich damals gegen den Urlaub war. Das war nur knapp über eine Stunde über die Autobahn von zu Hause weg! Andere flogen nach Mallorca oder Gran Canaria. Und ich musste mit meinen Alten an den Edersee!“

Daniel schüttelte bedauernd den Kopf. Er konnte sich nicht an den Inhalt von Benjamins Brief erinnern. Zu seiner Schande konnte er sich nicht mal an den Brief an sich erinnern. Doch er hielt geflissentlich den Mund und sah Benjamin über den Rand seines Bierglases aufmerksam an.

„Während von dir, Daniel, keine Antwort kam, hat mir Sascha recht zügig zurückgeschrieben. Ich meine, dass bereits nach einer Woche ein

Antwortbrief eingetrudelt war. Und so haben wir eine Zeit lang regen Briefkontakt gehalten."

Sascha nutzte die Pause, die Benjamin machte, um einen Schluck zu trinken und setzte die Geschichte fort.

„Nach ungefähr drei Monaten sind wir dazu übergegangen, mal zu telefonieren. Und dann haben wir vereinbart, dass ich Benjamin in Göttingen besuche. Meiner Mutter habe ich dafür extra einen freien Sonntag abgeschwatzt. Ein Samstag wäre mit dem Bettenwechsel undenkbar gewesen. Es war zwar keine Saison mehr, aber so konnte sie die Gehälter von Lisa und Marie einsparen. Direkt nach dem Frühstück bin ich losgefahren."

Benjamin schaute Sascha lächelnd an und übernahm.

„Ja, das war eine Schau, als er meinen Eltern zum ersten Mal wiederbegegnet war. Zuerst hatten sie gemeint, dass er mich verdorben hätte. Doch den Zahn habe ich ihnen gezogen! So waren sie bei seinem ersten Besuch friedlich. Manchmal denke ich, dass sie irgendwann realisiert hatten, einen zukünftigen Hotelbesitzer als Schwiegersohn zu bekommen!"

Bei dem Wort Schwiegersohn wurde Daniel hellhörig. War es so ernst zwischen den beiden gewesen? Er erinnerte sich, dass Benjamins Eltern auf ihn damals besonders konservativ gewirkt hatten. Daniel war neugierig, wie es ihnen heute wohl ging.

„Was machen deine Eltern heute? Geht es ihnen gut?"

Benjamin schüttelte traurig den Kopf.

„Mein Vater hatte vor fünf Jahren einen Herzinfarkt. Und meine Mutter ist überzeugt davon, dass ich mit meinem Lebenswandel Schuld daran trage. Also hat sie den Kontakt zu mir abgebrochen."

Ein Schatten zog über Benjamins bislang so heiteres Gesicht und Daniel bereute, dass er gefragt hatte.

„Entschuldige bitte. Es tut mir leid!"

Benjamin winkte ab.

„Es ist, wie es ist. Auf jeden Fall verlief das erste Treffen damals sehr schön."

Erneut trug Sascha seine Sicht der Dinge bei.

„Es war in der Tat wunderschön. Und als ich am Abend nach Hause fuhr, hatte ich mir geschworen, meiner Mutter zu erzählen, dass ich mit Benjamin zusammen sein wollte."

Betreten sah Sascha zu Benjamin und atmete einmal tief durch.

„Aber ihr kennt meine Mutter. Als ich wieder da war, bin ich gleich in ihr Büro gestürmt, um ihr freudestrahlend zu berichten. Doch sie saß wie versteinert hinter ihrem Schreibtisch." Sascha nahm einen großen Schluck Bier, bevor er weitererzählen konnte.

„Sie faselte damals etwas von den Banken, die es auf unser Hotel abgesehen hatten. Krediten, die sie längst hätte zurückführen müssen. Und, dass sie alles dafür tun würde, damit meine Frau und ich dieses Hotel mal übernehmen könnten! In dem Augenblick brachte ich es nicht übers Herz, ihr zu erzählen, dass ich vielleicht keine Frau nach Hause bringen würde."

Stille senkte sich über den Tisch, und Daniel sah Sascha prüfend an. Benjamin entschuldigte sich und fragte nach den Waschräumen. Er musste sein Bier wegbringen. Sascha wies ihm den Weg und setzte sich zurück zu Daniel. Er blieb stumm. Doch Daniel konnte die Gelegenheit nicht ungenutzt lassen.

„Sag mal, Sascha. Bist du schwul?"

Der machte große Augen.

„Nein! Natürlich nicht!"

Daniel prustete.

„Natürlich nicht? Bei deinem Erfahrungsschatz finde ich das nicht so natürlich …"

„Was willst du mir da unterstellen? Dass ich Julia nicht liebe? Ich bin halt bisexuell!"

Daniels Augen waren auf Sascha gerichtete Schlitze.

„Okay. Bisexuell. Weiß sie davon?"

Sascha schüttelte eilig den Kopf.

„Nein! Wozu?"

Daniel fuchtelte mit den Händen herum.

„Wozu? Na ja, vielleicht damit sie darauf gefasst ist, dass ihr Kerl mit anderen Kerlen rummacht?! Sich auf der eigenen Gästetoilette den Schwanz vom schwulen Vetter lutschen lässt? Und das auf dem 80. Geburtstag seiner Mutter?!" Er war unfair geworden und bekam Mitleid mit Sascha. Der schaute ihn mit offenem Mund an.

„Sascha, sei ehrlich. Meinst du nicht, dass deine Mutter es damals verstanden hätte? Wenn du ihr die Wahrheit gesagt hättest?" Daniel sah, wie Sascha Tränen in die Augen stiegen und sein Mitleid wuchs. Er stand auf, ging um den Tisch herum und legte einen Arm um die bebenden Schultern seines Cousins.

„Es tut mir leid. Ich weiß ja, wie sie sein konnte. Und heute noch ist!" Daniel wischt eine Träne von Saschas Wange und küsste ihn dort zwischen Brille und Vollbart. Sascha beruhigte sich augenblicklich und sah seinen Vetter schniefend an.

„Du hättest es getan."

Daniel sah Sascha fragend an.

„Was meinst du?"

„Du hättest ihr die Wahrheit gesagt. Falls es dir wichtig mit Benjamin gewesen wäre. Ich war nicht so mutig!" Sascha seufzte.

„Hör mich nur an. Ich liebe meine Familie und würde sie gegen nichts in der Welt eintauschen. Aber glaubst du nicht, dass ich manchmal darüber nachdenke, wie mein Leben verlaufen wäre, wenn ich mich damals für Benjamin entschieden hätte?"

Daniel setzte sich wieder auf seinen Platz. Benjamin sollte sie bei seiner Rückkehr nicht in einer fragwürdigen Vertrautheit vorfinden. Bevor er Sascha antworten konnte, fuhr der hektisch fort.

„Lass mich noch schnell etwas loswerden, bitte! Was in der Samstagnacht geschehen ist, tut mir leid. Nicht, weil es nicht geil gewesen wäre. Aber es hätte nicht geschehen dürfen. Ich war Julia in all den Jahren treu! Und dann möchte ich, dass du dein Glück mit Benjamin findest."

Daniel zog seine Augenbrauen zusammen und sah Sascha ungläubig an. Der hatte noch etwas hinzuzufügen.

„Ja, du hast Glück in der Liebe verdient! Als du hier letzte Woche reingeschneit bist, total der smarte Businessman mit tollem Job aber ohne Partner, war mir klar, was ich zu tun hatte. Ich bin mir zu 100 Prozent sicher, dass aus Benjamin und dir etwas Festes werden kann."

Daniel wollte etwas erwidern, doch in dem Augenblick kam Benjamin zurück.

„Entschuldigt bitte. Ich bin an der Bildergalerie vor den Toiletten hängen geblieben. Ein gerahmtes Foto sieht aus, als wäre es in 1993 entstanden. Zumindest sah das Hotel damals genauso aus. Irre! Das ist jetzt schon 28 Jahre her! Was habe ich verpasst?"

Sascha hatte sich beruhigt und antwortete.

„Nichts. Daniel und ich haben nur darüber gesprochen, wie meine Mutter sein konnte und noch immer sein kann." Er sah um Verständnis bittend zu Daniel, der unauffällig nickte.

„Ja, ich liebe meine Tante. Aber sie konnte damals furchterregend sein. Und auch heute spricht sie durchaus mit spitzer Zunge."

Sascha drehte sich zu Benjamin.

„Möglicherweise erlebst du sie ja noch live und in Farbe!"

Benjamin nickte eifrig und lächelte Daniel an.

„Stimmt! Es gibt noch eine Überraschung zu verkünden!" Benjamin schien sich über das Geheimnis zu freuen. Sascha wirkte ebenfalls entspannt. Daniel schloss daraus, dass es sich um keine Horrornachricht handelte.

„Raus mit der Sprache. Zur Not brauchen wir noch einen weiteren Schnaps. Aber dann irgendwas Kaltes!" Daniel wackelte mit dem leeren Cognac-Glas in der Luft. Sascha grinste, sammelte die Gläser ein und verschwand hinter dem Tresen. Benjamin nutzte die Gelegenheit und weihte Daniel ein.

„Ich bin bis Ende der Woche als Gast hier eingebucht!" Benjamin beobachtete, wie Daniel die Nachricht aufnahm. Als keine spürbare Reaktion erfolgte, setzte er zaghaft hinzu.

„Allerdings nur, wenn das für dich in Ordnung ist. Ich möchte dir deinen Urlaub nicht ruinieren. Vielleicht hast du keine Lust auf einen Trip in die Vergangenheit..."

Daniel genoss, dass Benjamin ein wenig schmorte. Immerhin war er derjenige, der an diesem Tag komplett von Sascha und Benjamin überrascht worden war. Als er sah, wie sich Benjamins Wangen röteten, erlöste er ihn.

„Mensch, das ist super! Ich freue mich! Dann musst du mich aber auf eine Bootstour begleiten! Und den Dia-Vortrag zur Geschichte der Talsperre möchte ich mir ebenfalls ansehen. Zum Schwimmen ist es mittlerweile wohl zu kalt, aber wir könnten noch mit dem Ruderboot auf den See fahren. Und ansonsten genießen wir die hervorragenden Kochkünste von Saschas Frau. Die sind unglaublich! Nach den zwei Wochen hier werde ich mindestens drei Kilo zugenommen haben!"

Nach einer Rundfahrt mit dem Passagierschiff ‚Edersee Star" und dem Zwiebelrostbraten, den Julia zum Abendessen serviert hatte, saß Benjamin mit Daniel und Sascha sowie Julia und Ben rund um den Familientisch und ließ Daniel erzählen, was die drei Jungs 1993 erlebt hatten. Wohlweislich wurden bestimmte Erlebnisse ausgelassen, doch es wurde deutlich, dass Benjamin und Daniel sich besonders gut verstanden hatten, und den Faden nach so langer Zeit am heutigen Tag leicht wiederaufnehmen konnten. Julia war begeistert, dass ihr Mann so pfiffig gewesen war, im Internet zu recherchieren, um so eine Wiedervereinigung nach so vielen Jahren zu ermöglichen! Daniel warf Sascha, der so schlecht lügen konnte, einen warnenden Blick zu und hob sein Glas Bier.

„Einen Toast auf unseren Herbergsvater! Sascha, das hast du gut gemacht!"

Benjamin, der ebenfalls verstanden hatte, dass sie nicht gut bei der Wahrheit bleiben konnten, fiel mit ein.

Ben war während des Abendessens und in der Zeit danach auffallend ruhig gewesen. Als der Espresso nach dem Essen getrunken war, entschuldigte er sich und ging auf sein Zimmer. Er hatte noch Hausaufgaben zu erledigen.

Daniel und Benjamin halfen Julia noch beim Abräumen des Tisches und verabschiedeten sich ebenfalls. Es war ein ereignisreicher Tag gewesen. Benjamin hatte ein Zimmer im zweiten Obergeschoss bekommen, sodass Daniel und er gemeinsam die Treppe hochliefen. Linkisch standen sie vor Benjamins Zimmertür, wünschten sich eine gute Nacht und wollten sich doch gar nicht voneinander verabschieden.

„Das war heute echt eine Überraschung!"

„Ja, ich war aufgeregt, wie du wohl reagieren würdest. Nach all den Jahren …" Benjamin sah Daniel unsicher an.

„Total verrückt, wie schnell die Zeit vergangen ist!"

„Nun sind wir zwei alte Kerle."

„Quatsch! 40 ist das neue 25! Also sind wir gerade mal 30!" Daniel grinste, beugte sich vor und küsste Benjamin auf die Wange. Bartstoppeln schabten über seine Lippen und machten deutlich, dass sie zumindest keine 18 Jahre alt mehr waren. Benjamin revanchierte sich und küsste Daniel ebenfalls auf die Wange, streifte danach jedoch noch leicht dessen Mund.

Die Erregung zwischen ihnen war fast greifbar. Daniel atmete einmal tief ein und traute sich dann.

„Vermutlich ist dein Zimmer wesentlich bequemer und komfortabler, aber hättest du Lust, die Nacht bei mir zu verbringen? Du weißt schon. Wie damals?"

Die Erinnerung suchte Benjamin heim. Wie so viele Male zuvor, als er vor all den Jahren in seinem Bett zu Hause lag und sich vorstellte, noch einmal so eine Nacht wie mit Daniel zu verbringen. Er schnaubte beim Gedanken daran, wie oft er sich auf die Nacht mit Daniel einen heruntergeholt hatte. Daran hatte sogar Saschas Besuch nichts geändert. Die Aussicht, heute Nacht die Erinnerung aufleben zu lassen, bescherte ihm sofort eine ausgewachsene Erektion.

Daniel sank das Herz in die Hose, da Benjamin so lange für eine Antwort brauchte.

„Also falls du nicht möchtest..." Benjamin legte ihm den Zeigefinger auf die Lippen.

„Natürlich möchte ich. Sorry, ich musste nur erst verarbeiten, dass sich meine Wunschträume erfüllen. Dann lass uns zu dir gehen!"

So unbeholfen sie vor Benjamins Tür waren, so draufgängerisch agierten sie, nachdem Daniels Zimmertür hinter ihnen verschlossen war. Ohne Umschweife zerrten sie sich die Shirts und Hemden von den Leibern, ihre Schuhe und Hosen flogen geradezu in die Ecke und ihre Münder erkannten sich nach all den Jahren wieder. Sie knutschten, dass ihre Lippen brannten, rieben sich leidenschaftlich aneinander und stöhnten atemlos, während sie sich überall berührten. Daniel löste sich nur kurz von Benjamin.

„Wollen wir unter die Dusche?"

Benjamin nickte nur, bevor sich seine Lippen erneut an Daniels Mund festsaugten. Der dirigierte sie in das Mini-Bad, wo sie nur knapp einem Unfall entkamen, als sie in die winzige Dusche stiegen. Für einen Moment flaute die Erregung ab, als das zunächst kalte Wasser auf sie herabprasselte. Doch es wurde schnell angenehm warm und sie begannen, sich gegenseitig einzuseifen. Benjamin genoss den frischen Duft des teuren Duschgels auf ihrer Haut. Seine seifigen Handflächen und Finger glitten über Daniels Brust, seinen Rücken, die Arme und Schultern, nur um sich dann in dessen untere Regionen zu verirren.

Der pralle Schwanz in Benjamins Hand zuckte unter der glitschigen Massage. Immer wieder fuhr er den Schaft auf und ab, griff mit der linken Hand unter Daniels Eier und zog behutsam an dem samtigen Beutel, der sich erregt zusammenzog. Ihre Lippen konnten nicht voneinander lassen, der Tanz ihrer Zungen fand einen hypnotisierenden Rhythmus, der so alt wie die Zeit war. Für Benjamin hätte es ewig so weitergehen können, doch Daniel drehte ihn plötzlich um und drückte ihn bäuchlings gegen die kühle, gekachelte Wand. Duschgel tropfte auf seinen Rücken und wurde von dem stetigen Strom warmen Wassers zu einem schaumigen Rinnsal, das in die Spalte zwischen seinen Pobacken rann. Finger zogen seine festen Halbkugeln auseinander und spielten gefährlich nahe an Benjamins zuckendem Loch. Es wurde zum Zentrum des Universums, denn Daniel seifte den gesamten Bereich kräftig ein, fuhr mit den Fingern immer wieder rauf und runter, kreiste anschließend um den Ringmuskel und drückte mit der Daumenkuppe vorsichtig dagegen. Wellen der Lust wogten durch Benjamins gesamten Körper und er hatte Angst, dass ihm seine Beine den Dienst versagten, wenn die Behandlung seiner erogenen Zonen noch weiter fortschritt. Sein Keuchen hallte von den Fliesen wider und vermischte sich mit Daniels Stöhnen. Ein Schauer lief ihm über den Rücken, als er spürte, wie sich die Kuppe von Daniels seifiger Latte an seinen empfindlichsten Nerven rieb. Kurz meldete sich Benjamins Verstand. Er würde doch nicht ohne Gummi? Es war ihm jedoch sofort egal, denn Daniel hatte sich Zutritt zu dem vor ihm so offensichtlichen Paradies verschafft. Ein langgezogenes Stöhnen aus Benjamins Kehle zeugte davon, dass die Vereinigung für den passiven Part zunächst eine Herausforderung sein konnte. Daniel umfasste Benjamins schmalen Oberkörper und zog ihn fest an sich. Sein rasender Herzschlag pulsierte an Benjamins Rückenmuskeln, die sich beim Eindringen verkrampften. Ganz still hielt Benjamin dagegen und ließ Daniel immer weiter in sich gleiten. Den machte der heiße, enge Kanal um seinen Harten fast wahnsinnig. Mit einem völlig Fremden hätte er niemals ohne Gummi gevögelt, doch Benjamin war ihm nicht fremd. Er konnte natürlich nicht wissen, wie dessen Lebenswandel verlaufen war. Doch in diesem Augenblick kam er sich zurückversetzt ins Jahr 1993 vor. Sie beide noch mehr oder weniger unschuldig und unbedarft. Und jetzt hatte er die Chance, etwas zu aufleben zu lassen, das er vor so langer Zeit zu früh aufgegeben hatte. Langsam zog er sich ein Stück zurück, was Benjamin hektisch nach Atem ringen ließ. Dann stieß er erneut zu, tief und fordernd verfiel er in ein regelmäßigen rein und raus, ein gefährliches Spiel, denn der Saft in seinen Eiern schien bereits überzukochen. Zu Daniels Freude feuerte Benjamin ihn an.

„Oh ja, genau so, fick mich! Fick mich, ja, tiefer. Oh Gott, das ist so … oh …“

Daniel biss ekstatisch in Benjamins Ohrläppchen und raunte ihm ins Ohr.

„Wenn du dich weiter so eng machst, ist der Spaß hier gleich vorbei. Das hier ist so geil!“

„Dann komm! Ah … Fick mich weiter. Oh, ich bin gleich soweit!“

Von dem Gedanken, dass er Benjamin so zum Höhepunkt bringen konnte, wurde er so angestachelt, dass er den Rhythmus noch ein wenig steigerte und immer schneller und fester in das heiße, krampfende Fleisch hineinstieß. Damit schleuderte er sich selbst überraschend schnell über die Klippe, und sein ganzer Körper verkrampfte sich, als er seine warme Sahne schubweise in Benjamin abspritzte. Der spürte, wie Daniels Schwanz in ihm groß und fest wurde, bevor er von innen regelrecht mit heißen Fontänen geflutet wurde. Das kickte ihn dermaßen, dass er seine eigene Latte nur umfassen brauchte, und schon jagte er seinen Saft gegen die Kacheln. Daniel begann ihn in einem langsamen Rhythmus weiter zu ficken, blieb tief in ihm drinnen und raunte in sein Ohr.

„Das – war – der – Hammer! Du bist so geil …“

„Du bist ein wahrer Fickstier. Wirst du gar nicht weich? Kannst du noch ein zweites Mal?“

Daniel grinste mit dem Mund an Benjamins Nacken und biss zärtlich hinein.

„Keine Ahnung. Ist ein bisschen her, dass ich Gelegenheit dazu hatte…“

Letztlich ließ die Erregung nach und Daniel glitt absolut befriedigt aus Benjamin heraus. Er griff noch mal zum Duschgel und seifte den wunderschönen Körper erneut ein. Unter zärtlichen Küssen wuschen sie sich dieses Mal richtig und verließen danach triefnass die Dusche. Als sie sich gegenseitig mit den flauschigen, weichen Handtüchern aus dem Hotel trockenrieben, kicherten sie wie Teenager. Benjamin konnte nicht genug von

Daniels Freudenspender bekommen und lachte aufgeregt, wie er bei den reibenden Bewegungen das Köpfchen tapfer aufrichtete.

„Siehst du, ER will schon wieder."

Daniel wuschelte durch Benjamins Haare.

„ICH auch. Aber hey, wir sind keine 18 mehr. Gnade!"

„Okay, ein wenig Schonfrist bekommt ihr – beide."

Auf dem schmalen Einzelbett kuschelten sie sich nackt im Löffel aneinander und schliefen beinahe augenblicklich ein, sobald ihre Köpfe das Kissen berührten.

Am nächsten Morgen wachte Benjamin in Daniels Umarmung auf und fühlte sich seit Langem geborgen. Es half allerdings nichts, er musste dringend ins Bad, also löste er sich vorsichtig aus den starken Armen und stand auf. Daniel öffnete die Augen und blinzelte.

„Guten Morgen. Wo willst du hin?"

„Guten Morgen. Ich muss mal wohin. Und jetzt, wo ich so aus dem Fenster sehe, könnte es schon Frühstückszeit sein. Sex macht hungrig! Ich sollte eben rüber in mein Zimmer, mich frisch machen und dann können wir nach unten zum Frühstück gehen. Was meinst du?"

Daniel rekelte sich unter der Decke und bemühte sich, seine fette Morgenlatte zu verbergen. Darum konnte sich Benjamin später kümmern. Er hatte ebenfalls tierischen Hunger.

„Das ist eine gute Idee! In 30 Minuten unten?"

„Puh, brauchst du so lange im Bad?" Benjamin grinste frech, zog sich sein Shirt vom Vorabend über, stopfte sich die Socken in die Hosentasche und nahm seine Schuhe in die Hand. Daniel runzelte die Stirn und sah ihn belustigt an.

„Ich habe es nicht so weit, da kann ich barfuß gehen." Benjamin streckte ihm die Zunge raus, öffnete das Türschloss mit dem Hebel und zog die Tür nach innen auf. Erschrocken machte er einen Schritt nach hinten. Ben stand vor der Tür und hielt die rechte Hand zum Anklopfen hoch.

„Äh, guten Morgen. Ich sollte von Mama fragen, wann Daniel und … äh … du zum Frühstück kommen wollt. Heute gelten noch andere Zeiten. Die ersten Gäste reisen erst heute Mittag an." Ben machte große Augen, wie er Benjamin mit seinen Schuhen in der Hand vor sich und Daniel mit nacktem Oberkörper unter der Bettdecke sah.

Daniel sah es förmlich in seinem hübschen Köpfchen arbeiten.

„Guten Morgen, Ben! Richtest du deiner Mama bitte aus, dass wir in spätestens 20 Minuten unten sind? Danke!“

Ben machte auf der Stelle kehrt und lief den Flur entlang. Er rannte beinahe die Treppe hinunter, gab Julia Bescheid, schnappte sich seine Schultasche und verließ fluchtartig das Hotel. Er wusste nicht, was mit ihm los war. Daniel war sein Großvetter! Wie ein cooler, junggebliebener Onkel hatte er sich die letzten Tage mit ihm unterhalten, sie waren mit seinem Vater gewandert, hatten gebacken und auf Omas Geburtstag getanzt. Und nun war er glühend eifersüchtig auf diesen Typen, der da gestern angekommen war. Okay, sie hatten sich vor fast 30 Jahren schon mal hier getroffen. Aber musste man dann gleich eine Nacht zusammen verbringen?

Am Nachmittag saß Daniel auf der Terrasse und rauchte genüsslich eine Zigarette. Benjamin hatte sich in seinem Zimmer hingelegt. Er hatte Kopfschmerzen und wollte sich etwas Ruhe gönnen. Ben kam von der Bushaltestelle nach Hause gelaufen und stoppte vor dem Eingang.

„Hi, Daniel.“

„Hallo, Ben. Na, endlich Schulschluss? Oder warst du noch jemanden besuchen?“ Daniel zwinkerte ihm zu und grinste. Über Bens Gesicht zog ein Schatten.

„Und wenn? Du hattest sicherlich gute Gesellschaft!“

Daniel zuckte zusammen. Er sah sich um, doch bis auf ein älteres Pärchen zwei Tische weiter, die scheinbar am Nachmittag angereist waren, saß niemand sonst draußen. Daniel klopfte auf den Stuhl neben sich.

„Komm doch mal bitte her und setz dich.“

Ben blieb unschlüssig stehen, sah sich ebenfalls um, und stieg langsam die zwei Stufen zur Terrasse hoch. Er schmiss seine Schultasche auf einen Stuhl und nahm neben Daniel Platz. Der sah ihn eindringlich, aber freundlich an.

„Alles okay mit uns? Weißt du, es hat sich noch keine Gelegenheit ergeben, mit deinen Eltern wegen der Ausbildungssache zu sprechen. Aber ich habe gute Neuigkeiten für dich. Der Ausbildungsleiter von der Bank, von dem ich dir erzählt habe, hat mich endlich zurückgerufen. Er meint, du hast eine Chance, falls du dich bewirbst.“

Ein Strahlen zog über Bens Gesicht, wie Schäfchenwolken am Sommerhimmel. Doch sein Lächeln erstarb ebenso schnell, wie es gekommen war.

„Aber ist bei dir überhaupt noch Platz für mich?"

Daniel sah dem Jungen überrascht ins Gesicht.

„Klar! Warum nicht?"

„Na ja, wenn dieser Benjamin und du euch so gut versteht …" Ben vollendete den Satz nicht. Daniel verstand ihn auch so. Er legte seine linke Hand auf Bens rechte Schulter.

„Oh, ich ahne, was du denkst. Zunächst einmal: Ben und ich haben die Nacht miteinander verbracht. Ja. Das bedeutet allerdings nicht, dass wir gleich zusammenziehen und heiraten!" Daniel gönnte sich eine Sekunde, um dem Gedanken interessiert nachzuhängen, fuhr dann jedoch schnell fort.

„Und selbst wenn, du hast mein Haus noch nicht gesehen. Da ist genug Platz für drei schwule Männer. Zur Not sogar für vier, falls du deine Lover mitbringst."

Ben kicherte, und Daniel fiel ein Stein vom Herzen. Er nutzte die Gelegenheit, um eine Sache klarzustellen.

„Ja, klar. Du wirst haufenweise Herzen in Ostfriesland und Umgebung brechen. Und auf Benjamin brauchst du nicht eifersüchtig sein. Eine Sache ist für mich klar. Ich mag dich, seit ich dich das erste Mal hab die Treppe herunterkommen sehen. Du hast mich sofort an deinen Vater erinnert, als er in deinem Alter war. In den letzten Tagen habe ich dich noch viel lieber gewonnen. Du bist ein schlaues Kerlchen! Also werde ich möglicherweise meine väterlichen Instinkte an dir ausleben, falls alles so kommt, wie wir es besprochen haben." Daniel lachte auf.

„Okay, vermutlich eher die mütterlichen Instinkte."

Ben fiel mit in sein Lachen ein.

„Na, auf die bin ich ja besonders gespannt!" Ben verstand die Ansage von Daniel, ohne dass er es ausdrücklich ausgesprochen hatte. Er sah in ihm einen Kindersatz, keinen Partner. Was hätte das bringen sollen?! Ben nahm sich vor sich selbst in Schutz. Bei so einem heißen Großvetter durfte man mal ins Schwärmen geraten. Vor allem, wenn er dazu noch klug und großherzig war.

Daniel sah Ben voller Zuneigung an.

„So, und jetzt besorg uns doch bitte mal etwas zu trinken. Vor dem Abendessen muss ich dich unbedingt noch mit einer Geschichte von damals langweilen!“

Kapitel 16 – August 1993

Den großen Bettenwechsel am Samstag, mit einer Vielzahl abreisender und neuer Gäste, hatten sie alle gut überstanden. Wie am Mittwoch davor vereinbart, hatten sich Sven und Daniel nicht noch mal gesprochen. Erleichtert hatte Daniel im Verlauf des Vormittags festgestellt, dass die Familienkutsche vom Schotterparkplatz auf der anderen Straßenseite verschwunden war. Sascha und er hatten in den letzten Tagen kaum miteinander gesprochen. Falls doch, war es in der Regel um Belange von Gästen, Bestellungen oder Sonderwünsche gegangen.

Nun lag er am Sonntagmorgen erneut in seinem eigenen Saft. Die Nacht war außerordentlich warm geblieben, durch das offene Fenster war eine warme Brise geströmt, die keinerlei Abkühlung brachte. Er fühlte sich gerädert und schaute auf die Anzeige des Radioweckers. Es war gleich Zeit zum Aufstehen. Daniel seufzte tief und stand dann auf. Er reckte und streckte sich, um seinen Kreislauf in Gang zu bringen. Kurz überlegte er, ob er die Morgenlatte in seiner Shorts wegrubbeln sollte, doch selbst dazu fehlte ihm die Energie. Leise schlich er sich ins Bad, duschte, föhnte sich die Haare und zog sich ein weißes Hemd und eine schwarze Hose an. Tante Lotte hatte ihn dauerhaft für den Frühstücksservice eingeteilt, und er mochte die damit verbundenen Aufgaben.

Zufrieden stellte Daniel fest, dass er der erste an diesem Morgen war und begann routiniert mit dem Decken der Tische, bevor er in die Küche ging, um Kaffee in Thermoskannen zu zapfen. Berta hatte die große Industriemaschine bereits in Gang gesetzt und kochte nun Eier, schnitt Gurken und Tomaten zur Dekoration der Käse- und Wurstplatten. Daniel genoss die Routine, die am Morgen herrschte. Sascha schneite in die Küche und sah ihn ernst an.

„Die Tische sind ja bereits fertig!“

Daniel zuckte mit den Schultern und sah ihn freundlich an.

„Dann ab mit uns zur Rauchpause!“

Sascha wirkte skeptisch, folgte ihm allerdings durch die Tür in der Küche nach draußen. Daniel förderte eine Packung Zigaretten ans Tageslicht und hielt sie Sascha hin.

„Eine Pfeife habe ich nicht. Aber das könnte unsere Friedenszigarette sein!" Kopfschüttelnd nahm Sascha die Zigarette entgegen und zündete sie an.

„Spinner!"

„Wie bitte?"

„Du bist ein liebenswerter Spinner!"

„So ist es recht." Daniel grinste, und Sascha gelang ein schiefes Lächeln.

„Was soll ich bloß mit dir machen?"

„Oh, da würde mir schon etwas einfallen."

Sascha wurde rot und wollte Daniel über den Mund fahren. Der lachte und winkte ab.

„So habe ich das nicht gemeint. Ich dachte an eine Bootstour, den Wildwanderpark und das ‚Las Wegas'!"

Sascha nickte beruhigt.

„Okay, das klingt machbar."

„Wieder Freunde?" Daniel streckte seine Arme für eine Umarmung zur Seite.

Sascha drückte seinen schmalen Vetter an seine Brust und raunte ihm ins Ohr. „Wir waren immer Freunde." Daniel fühlte ein Kribbeln im ganzen Körper. Er freute sich, dass sie wieder gut miteinander waren.

Nach und nach füllte sich das Restaurant mit Frühstücksgästen und Daniel und Sascha hatten alle Hände voll damit zu tun, Brötchen, Brot, Kaffee, Wurst und Käse zu servieren oder nachzufüllen. Sie nahmen Bestellungen für Rührei oder Omelette entgegen und lieferten sie in der Küche ab.

Lotte schaute ihnen zufrieden bei der geschäftigen Tätigkeit zu. Das Hotel war bis unter das Dach voll mit zahlenden Gästen. Das war gut so, denn einige Reparaturen zur Instandhaltung hatten ein empfindliches Loch in ihre Kasse gefressen!

Daniel bemerkte, dass ein Tisch in Saschas Bereich scheinbar ungeduldig auf etwas wartete. Seinen eigenen Bereich hatte er im Griff, daher ging er auf die Gäste zu.

„Guten Morgen, was kann ich Gutes für Sie tun?“ Daniel spulte lächelnd seinen Standardspruch ab, schaute vom Familienvater im mittleren Alter zu seiner Gattin und dann in die schönsten, grauen Augen, die ihm jemals untergekommen waren. Er war so fasziniert, dass er die Bestellung nicht mitbekam. Daniel musste seinen Blick geradezu losreißen. Er schaute den mit ihm sprechenden Mann an und entschuldigte sich.

„Es tut mir leid, ich habe das nicht mitbekommen. Was darf ich Ihnen bringen?“

Dieses Mal notierte er eifrig, was der Mann von sich gab. Anschließend gönnte er sich nur einen winzigen Augenblick, in dem er noch mal zu den grauen Augen hinsah. Ihm schmolz förmlich das Herz, denn zu den schönsten Augen der Welt gehörte ein freches Grinsen, das ihm das Blut in den Schwanz schießen ließ. Daniel konnte sich nicht helfen, er hatte sofort Bilder im Kopf, wie er das Kerlchen mit den kurzen, dunklen Haaren durchnahm und ihm seinen Schwanz zwischen die entzückenden Lippen stopfte. Eine Entschuldigung raunend, entfernte er sich vom Tisch und lief in die Küche. Dort fand er Sascha, der einer völlig aufgelösten Berta zur Hand ging. Ihr war eine große Schüssel mit der Masse für das Rührei von der Arbeitsfläche gerutscht und hatte die Küche in ein Chaos verwandelt. Während sie nun hektisch in der Pfanne rührte, wischte Sascha die Sauerei vom Boden auf.

„Ach, hier steckst du! Deine Gäste werden langsam ungeduldig. Hier eine Bestellung von Tisch 7.“ Daniel konnte sich gerade bremsen, bevor er dazusagte, dass dort ein Traumtyp saß. Berta musste nicht alles wissen! Er verließ die Küche und kümmerte sich gewissenhaft um die Gäste. Dabei versuchte er das Kribbeln und Flattern in seinem Magen zu ignorieren. Die grauen Augen gingen im allerdings nicht aus dem Kopf und erschwerten den Dienst erheblich!

In einer kurzen Pause zwischen Kaffeeklatsch und Abendessen saß Daniel in T-Shirt und kurzer Hose barfuß an seinen Lieblingsbaum gelehnt im rückwärtigen Garten und hörte mit seinem Walkman Musik. Der Sommer heizte an diesem Sonntagnachmittag ordentlich ein, sodass er das schattige Plätzchen besonders genoss. Er war beinahe zu faul, um mit seinem Fuß den Takt der Musik mitzuwippen, doch konnte er sich nicht helfen. Er hörte ein Mixtape mit schnellen und langsamen Madonna-Songs. Und gerade sang sie beschwingt ‚Causing a commotion', ein schon älterer Song, aber Daniel mochte den Rhythmus des Tracks. Die Lautstärke hatte er voll aufgedreht. Die Pause hatte er so dringend benötigt, da wollte er nicht mal das Summen der Bienen hören. Etwas streifte seine Zehen und erschrocken zuckte Daniel zusammen und riss die Augen auf.

Für einen kurzen Moment meinte Daniel, eine Fata Morgana zu sehen. Doch dann fiel ihm ein, dass so etwas nur in der Wüste vorkam. Blöd! Abgesehen davon konnte kein Trugbild so schöne Augen haben! Sein Blick wanderte nach unten, um zu sehen, was ihn gestreift hatte. Doch da waren nur zwei nackte Füße im Gras zu sehen. Daniel schaute nach oben und sah, dass sich die Lippen seines Gegenübers bewegten. Er runzelte die Stirn, bis er begriff, dass er mit der Musik in den Ohren nichts hören konnte. Mit einem Ruck riss er sich die Knöpfe aus den Ohren und stoppte die Kassette. Entschuldigend zuckte er mit den Schultern und lächelte dümmlich.

„Sorry. Ich hab dich nicht verstanden."

Die Fata Morgana schnaubte belustigt und sah grinsend auf ihn hinab.

„Ich hatte gefragt, was du wohl hörst."

Daniel hätte noch Stunden in das schöne Gesicht schauen können und starrte munter drauf los.

„Entschuldige, ich will dich nicht in deiner Pause stören. Aber hier ist überall tote Hose! Da dachte ich, ich frag dich mal, ob du weißt, was man hier unternehmen kann."

Daniel war vom Klang der Stimme des Jungen so angetan, dass er ihn am liebsten gebeten hätte, weiterzureden. Nur um ihm zuhören zu können!

„Setz dich doch. Ich bin Daniel."

„Ich bin Benjamin. Danke." Er setzte sich zu Daniel ins Gras, und ihre nackten Füße berührten sich zufällig. Für Daniel war es wie ein Stromstoß, der direkt in seine Eier zog. Er fühlte sich von seinen Hormonen verraten. Wie sollte er eine Erektion in der kurzen, engen Hose und dem knappen T-Shirt vor Benjamin verbergen? Also versuchte er es mit Ablenkung.

„Wie alt bist du, Benjamin?"

„Ich bin letzten Monat 18 Jahre alt geworden. Und du?"

„Im Januar bin ich 18 geworden." Daniel sah sich linkisch um.

„Tja, hier ist echt kaum was los. Ich bin den Sommer über zum Arbeiten hier, da gehen die Tage schnell rum. Und in meiner Freizeit geht mein

Vetter Sascha, euer eigentlicher Kellner heute früh, mit mir an den See zum Schwimmen oder mal abends in die Disco nach Bad Wildungen. Wandern waren wir ebenfalls."

Benjamin verdrehte die Augen.

„Ich wusste, es war ein Fehler, dass ich meine Eltern ein letztes Mal in den Urlaub begleitet habe. Wir waren vor zehn Jahren schon mal am Edersee. Allerdings auf der anderen Seeseite. Mit acht Jahren sieht die Welt scheinbar anders aus. Ich erinnere mich, dass ich damals ganz begeistert war. Tja, schöner Scheiß. Wenigstens sind wir nur eine Woche hier."

Daniel lachte über Benjamins schnodderige Ausdrucksweise. Der zog fragend eine Augenbraue hoch.

„Ach nichts, ich mag, wie du sprichst." Daniel hätte gern noch hinzugefügt, wie du aussiehst, wie du dich bewegst, wie du atmest, doch das schien ihm nicht angebracht. Benjamin wirkte zwar auf ihn, als konnte er durchaus schwul sein, aber zu 100 Prozent war er sich nicht sicher. Und bevor es einen Skandal im Hotel gab, weil er den unschuldigen Sohn von Gästen anbaggerte, ließ er es lieber bleiben. Zudem war Daniel sich nicht sicher, woher das überhaupt kam! Sobald er mit Sascha zusammen war, wollte er von ihm genommen werden. Wie er Benjamin so anschaute, wollte er nichts lieber, als sich in dessen Körperöffnungen schieben und dort explodieren.

„Und was hörst du nun?" Benjamins graue Augen ruhten auf Daniel. Dem wurde bei der harmlosen Frage noch wärmer, als es eh schon war. Welcher Hetero-Typ hörte ein Mixtape mit Madonna-Songs? Da konnte er Benjamin gleich nach hinten ins Gras drücken und ihm seine Lippen auf den süßen Schmollmund drücken! Andererseits nahm ihm das die Entscheidung ab, ob sich ein Annäherungsversuch bei Benjamin lohnte. Daniel startete die Kassette und hielt Benjamin einen Hörer hin, während er den anderen in sein eigenes Ohr schob. Die letzten Takte des vorherigen Songs verklangen und der nächste Titel startete. Daniels Wangen glühten in seinem gebräunten Gesicht, und er grinste verlegen. Ausgerechnet ‚Justify my love' startete als Nächstes. Benjamin lauschte der Musik, sah Daniel unverwandt an und erlöste ihn erst nach über einer Minute, als er leise mitsang.

„Wanting, needing, waiting, for you to justify my love ..."

Daniel machte große Augen.

„Du kennst den Titel!“

Benjamin lachte auf.

„Klar, wer kennt ihn nicht? Hallo? Das ist Madonna!“

„Na ja, aber den Text ...“

Benjamin unterbrach Daniel und sah ihn dabei provozierend an.

„Kann nur ein Homo mitsingen?“

Daniel wusste nicht, was er sagen sollte. Also nickte er mit den Schultern zuckend. Benjamin lächelte nachsichtig.

„Na, dann. Muss ich wohl ziemlich schwul sein. Denn ich kann noch mehr Madonna-Texte auswendig. Schlimm?“ Benjamin gab Daniel den Hörer wieder. Der schaltete das Tape aus, verstaute den Walkman neben sich im Gras und antwortete erst dann.

„Nein, das ist prima. Der Sommer bekommt gerade einen Sinn!“

Kapitel 17 – August 1993

Daniel war Sascha unendlich dankbar, dass er keine Einwände hatte, Benjamin mit zum Schwimmen an ihre Badestelle zu nehmen. So nutzten sie die nächste sich bietende Gelegenheit und fuhren zu dritt in Saschas Golf um den See. Am gewohnten Platz legten sie ihre Badetücher aus und beschwerten sie mit den mitgebrachten Rucksäcken oder Taschen. Ohne zu zögern, streiften Sascha und Daniel ihre T-Shirts und Shorts ab, sodass die üblichen blauen und roten Badehosen zum Vorschein kamen. Benjamin dagegen streifte nur langsam seine kurze Jeanshose ab. Das T-Shirt folgte im Schneckentempo. Sascha stand schon bis zu den Knien im Wasser und sah zurück ans Ufer. Daniel war ebenfalls schon mit den Füßen im Wasser und verstand nicht, was mit Benjamin los war.

„Hey, was ist los, Benjamin?“

Der wurde rot und stammelte.

„Na ja, ihr ... also Sascha und du ... tja ...“

Sascha riss der Geduldsfaden.

„Ja, was ist denn los? Nun sag schon!“

Daniel sah ihn böse an. Ein wenig Feingefühl war vielleicht angebracht.

„Was ist denn mit Sascha und mir?“

Benjamin seufzte.

„Ihr seht so erwachsen aus. Groß gewachsen, braungebrannt und sportlich. Ich dagegen bin noch so klein. Und weiß wie die Wand."

Erleichtert lachte Daniel auf.

„Das ist das Problem? Warum sagst du das nicht gleich? Weißt du, wie ich hier angekommen bin? Da sah ich noch kalkiger aus!"

Sascha ergänzte grinsend.

„Ja, und ein halbes Hemd ist er immer noch!"

Daniel zeigte ihm den Stinkefinger.

„Danke, Sascha!"

„Immer wieder gern!"

Benjamin stand mittlerweile ebenfalls mit den Füßen im Wasser und ließ das kühle Nass um seine Knöchel spülen. Daniel konnte regelrecht fühlen, wie die Anspannung von ihm abfiel. Niemals hätte er gedacht, dass dieses zauberhafte Wesen Hemmungen oder Komplexe wegen seines Äußeren hatte! Seine Hormone gingen mit ihm durch, er schnappte sich Benjamin, hob ihn ein Stück hoch und schmiss ihn ins Wasser. Mit einem lauten Kreischen tauchte er unter und produzierte einen Schwall Blasen. Nur eine Sekunde später schoss er durch die Wasseroberfläche und stürzte sich auf Daniel.

„Rache!"

Schnell war die schönste Wasserschlacht in vollem Gang. Zu dritt tollten sie im Wasser herum, tauchten sich gegenseitig unter und spritzen sich immer wieder Wasser ins Gesicht. Im Gegensatz zur landläufigen Meinung, dass bei dreien einer zu viel war, kam niemand zu kurz und einmütig beschlossen sie irgendwann, sich am Ufer ein wenig auszuruhen.

Wie selbstverständlich kam Benjamin in den Genuss von Saschas Massagekünsten mit der Sonnencreme, und auch Daniel wurde von Sascha eingecremt. Genießerisch aalten sich die zwei unter seinen starken Händen. Benjamin revanchiert sich und sorgt dafür, dass Saschas Haut zum größten Teil vor der sengenden Sonne geschützt ist. Ohne ein Wort darüber verloren zu haben, waren diese körperlichen Berührungen zwischen ihnen in Ordnung. Daniel gab vor zu dösen, doch aus seinen fast geschlossenen Augen beobachtete er genau, wo überall Benjamin mit der Creme hantierte. Ihm fiel auf, dass er sich intensiv um Saschas Füße kümmerte und sah fasziniert zu, wie Benjamin die weiße Flüssigkeit auf der Oberseite der Füße auftrug und dann in kreisenden Bewegungen bis zwischen die Zehen einrieb. Dabei nahm er jeden Zeh einzeln zwischen Daumen und Zeigefinger und verteilte die Milch gleichmäßig. Sascha schien die Massage an den Stellen besonders gut zu gefallen, denn Daniel erkannte eine mächtige Beule in der blauen Badehose. Er wartete darauf, dass er eifersüchtig wurde, doch das Gefühl blieb aus. Vielmehr machte es ihn an, Benjamin zu beobachten, wie er sich mit Saschas großen Füßen beschäftigte. In seiner Badehose bildete sich ebenfalls eine Beule. Er rollte sich auf den Bauch, um sie zu verbergen, drehte den Kopf allerdings so, dass er dem Treiben neben ihm weiterhin zusehen konnte. Benjamin hatte sich Saschas anderen Fuß genommen und ihn sich auf den linken Oberschenkel gelegt. Er saß im Schneidersitz und konnte so bequem über längere Zeit massieren.

„Ist es so okay, Sascha?"

„Oh ja, es ist absolut okay."

Benjamin strich mit den cremigen Händen innen und außen an den langen Seiten von Saschas kräftigen und doch schlanken Füßen entlang.

„Was hast du eigentlich für eine Schuhgröße?"

„So zwischen 44 und 45. Meistens nehme ich 45."

„Wow. Das ist groß. Ich habe 42."

Sascha brummte nur genießerisch und gab sich Benjamins sanften Händen hin.

Er musste tatsächlich eingedöst sein, denn Daniel schreckte hoch, als eine vorwitzige Biene seine eingecremte Nase scheinbar mit dem köstlichen Duft einer Wiesenblume verwechselt und sich darauf niedergelassen hatte.

„Hau ab, du dummes Vieh! Das hätte mir noch gefehlt…" Daniel verstummte, denn es war niemand da, um ihm zuzuhören! Dafür hörte er Gelächter vom See. Er setzte sich auf, schirmte seine Augen mit einer Hand vor der Sonne ab und sah Sascha und Benjamin mitten in einer wilden Wasserschlacht. Es kam ihm merkwürdig vor, sie wie ein Außenstehender zu beobachten. Das war schon bei der Fußmassage so gewesen. Dennoch gefiel ihm die Rolle des Zuschauers. Und er fragte sich, warum er nicht eifersüchtig war, wo er so scharf auf Benjamin war? Hielt er Sascha für keinen echten Konkurrenten? Warum hatten sie ihn nicht geweckt, als sie ins Wasser gegangen waren? Daniel schüttelte den Kopf. Und wo kamen jetzt die tiefgründigen Gedanken her? Da war eine Wasserschlacht im Gange! Er sprang auf und lief zum Ufer. Sascha winkte ihm sofort zu und rief.

„Na, Dornröschen! Komm her! Ich brauche deine Hilfe gegen das kleine Nagetier hier!"

Es tat gut, dass Sascha ihn sofort zu ihnen rief. Sie hatten ihn halt schlafen lassen! Daniel rannte ins kalte Wasser und machte einen Hechtsprung, um die letzten Meter schwimmend zurückzulegen. Benjamin wurde damit eingekesselt, und gemeinsam tauchten sie den Jüngsten in ihrer Runde unter, ließen ihn kurz Luft holen und drückten seinen Kopf erneut unter Wasser. Er quiekte und protestierte, schlug wild mit den Armen um sich und hatte dennoch keine Chance gegen die zwei Größeren.

Sie mussten aufbrechen, trugen ihre Sachen zum Auto und ließen sich herrlich kraftlos in die Sitze fallen. Im Inneren des Wagens hatte sich die Hitze über den Nachmittag aufgestaut, sodass sie die Seitenfenster herunterließen und das Gebläse auf höchste Stufe stellten. Benjamin saß auf der Rückbank hinter dem Beifahrersitz und hatte seine rechte Hand verstohlen auf Daniels Schulter gelegt. Gegen den Lärm, den die Belüftung und der Luftstrom am Fenster machten, rief er nach vorne.

„Ich bewundere, dass ihr zwei jetzt gleich noch arbeiten könnt. Ich bin total alle!"

Sascha sah kurz zur Seite.

„Das ist reine Übungssache! Es geht halt nicht anders. Das Hotel hat höchste Priorität. Dafür nutzen wir jede Gelegenheit, um uns zu amüsieren – oder auszuruhen!" Er sah um Zustimmung heischend hinüber zu Daniel. Der nickte wild mit dem Kopf. Sascha sah erneut nach hinten zu Benjamin.

„Sag mal, erlauben deine Eltern dir einen Discobesuch mit uns?"

Erstaunt sah Benjamin zu Sascha.

„Bestimmt. Immerhin bin ich 18 und freiwillig mit ihnen hier. Wieso fragst du?"

„Na ja, mittwochs ist im ‚Las Wegas' in Bad Wildungen gut was los. Daniel war schon mehrfach mit mir dort. Wir könnten doch alle drei dorthin. Ich fahre!"

Benjamin drückte Daniels Schulter.

„Ja, das wäre cool. Ich bin dabei!"

Der Trip nach Bad Wildungen begann am Mittwoch direkt nach dem Abendessen. Um 22.00 Uhr jagte Lotte die Jungs nach oben, damit sie sich fertigmachen konnten. Sie freute sich, dass sie so nett waren und den Jungen von Familie Weber mit nach Bad Wildungen nahmen. Für Kinder gab es am Edersee so viele Freizeitangebote, doch für Jugendliche und junge Erwachsene war das Angebot sehr überschaubar. Da musste man die Natur schon mögen.

Während Daniel unter die Dusche hüpfte, legte sich Sascha seine Ausgehgarderobe in seinem Zimmer zurecht. Als er hörte, dass Daniel den Föhn benutzte, betrat er das Badezimmer und erschreckte Daniel fast zu Tode.

„He! Hier ist besetzt!"

Sascha schloss die Tür hinter sich und verriegelte.

„Jetzt ist besetzt." Er grinste, zog seine Hose aus, schob den Slip hinunter und stieg splitterfasernackt vor Daniels weit aufgerissenen Augen in die Dusche.

„Was? Willst du mit rein? Wir müssen Zeit sparen!" Er lachte und schob die dreiteilige Duschtür zu. Daniel schüttelte den Kopf, konnte sich aber ein Grinsen nicht verkneifen. Sascha hatte einen geilen Arsch!

Wie verabredet, trafen sie sich an Saschas Golf. Während Daniel und Benjamin fast identische Outfits, dunkle Bluejeans und schwarzes, körperbetontes T-Shirt mit V-Ausschnitt, trugen, hatte sich Sascha für sein weißes Rippshirt mit Knopfleiste vorn entschieden. Er sah damit so nach Macker aus, dass es Benjamin, der ihn so zum ersten Mal sah, warm wurde. Als er erneut auf der Rückbank Platz nahm, wehte der Fahrtwind Saschas Duft zu ihm nach hinten, und Benjamin konnte nicht verhindern, dass es eng in seiner Jeans wurde. Daniel gefiel ihm total, doch Sascha wirkte noch eine Spur männlicher. Zudem war das Rätsel um Saschas sexuelle Orientierung noch nicht gelöst, denn in Vorbereitung auf den heutigen Abend hatten ihm Daniel und Sascha von dessen Eroberungen erzählt. Dabei hatte er bei der Fußmassage am See eine Latte gehabt, die fast durch den blauen Badehosenstoff gestoßen wäre. Das verwirrte Benjamin. Daniel war da viel verlässlicher. Und mit seinen fein geschwungenen Lippen bestimmt ein toller Küsser. Schon in der Nacht von Sonntag auf Montag hatte er sich bei den Gedanken an Daniel einen heruntergeholt. Und ihre Ankunft am Badesee am Montagnachmittag hatte Benjamin derartig eingeschüchtert, dass er am liebsten geflüchtet wäre! Diese zwei gutaussehenden, jungen Kerle mit ihren gebräunten Körpern in den knappen Badehosen waren fast zu viel für ihn gewesen. Das hatte ihm als Wichsvorlage für die nächste Nacht gedient.

Im Laufe der Nacht gab Sascha ihnen erneut Rätsel auf. Daniel und Benjamin verausgabten sich auf der Tanzfläche zu den neuesten Eurodance-Tracks. Sascha blieb lieber an der Bar und sah ihnen zu. Einmal, als ‚Mr. Vain' von Culture Beat lief, konnte Benjamin ihn überzeugen, zu ihnen zu stoßen und sich ebenfalls dem harten Rhythmus hinzugeben. Im Anschluss marschierte Sascha schnurstracks zurück an den Tresen. Benjamin freute sich, dass zumindest Daniel Spaß am Tanzen hatte. In seinem schwarzen Shirt und mit den kinnlangen blonden Haaren, die er sich hinter die Ohren gestrichen hatte, sah er zum Anbeißen aus. Und wie er seine Hüften bewegte! Benjamin wurde heiß. Und das nicht nur von der stickigen Luft in der Disco oder den schnellen Bewegungen zur Musik! Was ihm am besten gefiel, waren die verstohlenen Blicke, die sie sich immer wieder zuwarfen. Daniel beobachtete ihn ebenfalls mit seinen schönen Augen. Sie waren nicht stechendblau wie Saschas, aber dennoch auffallend mit den langen Wimpern. Benjamin drehte sich, um Sascha an der Bar zuzuwinken, doch der war völlig in ein Gespräch mit einer jungen Frau vertieft und flirtete nach allen Regeln der Kunst. Daniel tanzte nah an Benjamin heran und sprach laut in sein Ohr.

„Ah ja, da ist der Meister unterwegs. Sieht so aus, als würde der Golf heute wieder Action zu sehen bekommen. Da kannst du nachher aufpassen, wenn du dich auf die Rückbank setzt!" Daniel lachte, doch Benjamin verstand nicht.

„Was meinst du?"

„Der legt die Tussi gleich im Auto flach …" Er zuckte mit den Schultern und tanzte weiter. Benjamin kam allerdings aus dem Takt. Er hätte geschworen, dass Sascha am See Interesse an ihm signalisiert hatte!

Kurze Zeit später sahen sie, wie Sascha und die Tussi zum Ausgang gingen und Daniel zeigte auf seine Uhr.

„Na, nun warten wir mal ab, wie lange die beiden verschwunden bleiben."

Benjamin brachte ein schiefes Lächeln zustande.

Auf der Rückfahrt hörte er Details von Saschas Abenteuer, die er lieber nicht gehört hätte. Angewidert starrte er auf die Fläche neben sich, konnte in der Dunkelheit allerdings keine verräterischen Flecken erkennen. Sascha prahlte, wie er Maike, so hieß sein One-Night-Stand, zuerst geleckt und dann gevögelt hatte. Allein bei dem Gedanken daran, hätten Daniel und Benjamin würgen können. Insbesondere Daniel konnte es nicht fassen, dass Sascha schon mal eine Muschi geleckt hatte. Bilder ihres ersten Kusses mit Saschas Zunge in seinem Mund gingen ihm durch den Kopf. Er schüttelte sich und Benjamin lachte.

„Ekelig, oder?“

Daniel stimmte nickend zu.

„Superekelig!“

„Ach, ihr seid nur neidisch!“ Sascha ahnte nicht, dass sich Daniel und Benjamin gegenseitig voreinander geoutet hatten. Mit seinem Vetter hatte er noch nie Klartext geredet, was das zwischen ihnen war. Ihm war egal, mit wem er knutschte und rummachte, so lange er die Person sympathisch und geil fand. Er nahm an, dass es Daniel ebenso ging. Und Benjamin war auf seine Art ebenfalls echt süß. Allerdings deckte Daniel seinen Bedarf an gleichgeschlechtlichen Spielereien völlig. Maikes Körper war schön weich, zart und unbehaart gewesen. Das hatte Sascha angemacht, dass sie untenrum rasiert war.

Am Hotel angekommen, verabschiedeten die drei sich leise und gingen auf ihre Zimmer. Benjamin konnte vor lauter Gedanken nicht in den Schlaf kommen. Einerseits stellte er sich vor, wie er anstatt dieser Tussi mit Sascha im Golf verschwunden wäre. Andererseits wollte er am liebsten bei Daniel sein und seine Haare aus dem Gesicht streichen und kraulen. Seine Ohren piepten von der lauten Musik, seine Augen brannten vom Zigarettenrauch sowie dem Trockeneis-Nebel auf der Tanzfläche und seine Füße taten vom vielen Tanzen weh. Am schlimmsten waren jedoch seine Eier, die zogen, weil er zu faul war, sich selbst Erleichterung zu verschaffen und doch so geil war.

Kapitel 18 – August 1993

Am nächsten Tag lud Daniel Benjamin zu einer Wanderung durch den nahe gelegenen Wildwanderpark ein. Tante Lotte hatte ihm um 14.00 Uhr für den restlichen Tag freigegeben. Er musste nicht mal beim Abendessen helfen! Sascha dagegen hatte Besorgungen für sie zu erledigen, sodass er beschäftigt war und nicht mitkommen konnte. Benjamin freute sich, dass er Daniel mal wieder für sich hatte. Das Wetter war umgeschlagen. Es war zwar noch so warm, wie die Wochen zuvor, doch waren Wolken aufgezogen, die im Verlaufe des Tages immer mehr vom blauen Himmel verdeckten. Sie alberten herum und lachten, während sie das Damwild oder eine herumwuselnde Rotte Wildschweine in den eingezäunten Bereichen beobachteten. Der Rückweg vom Park führte über Felder und Wiesen den Abhang gegenüber vom Hotel hinunter. Langsam liefen sie den Weg entlang und unterhielten sich über Benjamins Eindrücke aus den Vortagen.

„Sascha verwirrt mich. Ich hätte geschworen, dass er am See während meiner Fußmassage einen Ständer hatte. Und dann knallt er gestern Nacht die Tussi in seinem Auto!"

Daniel, der Benjamins Gedankengänge nachvollziehen konnte, schüttelte den Kopf.

„Ich bin voll bei dir. Sascha ist in der Hinsicht ein Rätsel für mich." Daniel wollte Benjamin lieber nicht alle Details von seinen Erfahrungen mit Sascha erzählen. Benjamin sah ihn allerdings fragend an.

„Na ja, wir haben mal nach einer Wanderung, als wir zu viel Wein getrunken hatten, miteinander gewichst..." Daniel tat das Erzählte mit einer wegwerfenden Handbewegung ab.

„Echt? Wow! Und?"

„Nichts und! Das wars! Du hast doch gesehen, dass er diese Tussis vögelt!"

Benjamin nickte stumm und versuchte, das Gehörte zu verarbeiten. In den letzten zwei Stunden hatte er sich in Daniels Gesellschaft sehr wohl gefühlt. Es hatte sogar in seinem Bauch gekribbelt! Aber was war, wenn Sascha nicht so unerreichbar war, wie er angenommen hatte? Er machte ein konzentriertes Gesicht und Daniel lachte.

„Erde an Benjamin! Was grübelst du?"

Benjamin schüttelte den Kopf, um die Gedanken zu vertreiben. Er war jetzt mit Daniel an diesem wunderschönen Flecken!

Daniel hatte einen Rucksack mit verschiedenen Leckereien und einer Flasche Wein mitgenommen, sodass sie ein Picknick veranstalten konnten. An einer geeigneten Stelle breitete Daniel die ebenfalls mitgenommene dünne Decke im hohen Gras aus und bedeutete Benjamin mit einer Geste, sich zu setzen.

„Hm, mal sehen, wie lange das Wetter noch hält. Die Wolken dahinten sehen düster aus!" Daniel sah sich prüfend um.

„Hauptsache wir kommen trocken ins Hotel zurück." Benjamin folgte Daniels Blick zu den dunklen Wolken.

„Ach, das wird schon. Komm, mit dem ganzen Gras um uns herum, kann uns keiner sehen."

Benjamin kicherte.

„Das kann doch nett sein …" Daniel zog seine linke Augenbraue hoch und zog Benjamin nah an sich heran. Der schmiegte sich bereitwillig an Daniels Brust und legte seinen Kopf an dessen Schulter. Daniels Finger kraulten seinen Nacken. Es war himmlisch! Benjamin roch den köstlichen Duft, der von Daniel ausging. Es war eine Mischung aus Waschmittel, Deo und seines ureigensten Körpergeruchs. Wie sie so inmitten des Grases lagen, das durch die Sonneneinstrahlung einen würzigen Duft verströmte, konnte Benjamin sich nicht entscheiden, was ihn mehr erregte. Daniels Duft oder die Tatsache, dass sie jederzeit von anderen Wanderern erwischt werden konnten. Falls die genauer hinsahen, musste ihr Versteck auffliegen. Es war ihm jedoch egal und er schickte seine Hand auf Wanderschaft. Wie magnetisch angezogen hob Benjamin seinen Kopf und seine Lippen trafen auf Daniels leicht geöffneten Mund. Ihre Zungenspitzen berührten einander und Benjamin konnte den Wein schmecken, den Daniel aus der Flasche getrunken hatte. Der rollte sich in einer fließenden Bewegung auf Benjamin und drückte ihn mit seinem Körpergewicht auf die Decke. Daniels Haare lösten sich hinter seinen Ohren, fielen Benjamin ins Gesicht und kitzelten seine Stirn und Wangen. Daniels Zunge eroberte seinen Mund und löste Gefühle aus, die dafür sorgten, dass es in seiner kurzen Hose eng wurde.

An dieser Härte rieb Daniel mit seinem Unterleib immer wieder entlang. Es gefiel ihm, den kleineren Körper unter ihm zu spüren und ein wenig zu dominieren. Er gab den Rhythmus vor, in dem sie sich küssten. Benjamin raubte ihm den Atem, so ließ sich der Kleine auf die Zungenspiele ein. Wellenartig floss die Lust durch Daniels Körper und sein Schwanz war zur vollen Länge in den Jeansshorts ausgefahren. Vom Wein enthemmt, wollte er Benjamins Latte am liebsten sofort auspacken, doch Regentropfen, die auf seine nackten Beine fielen, holten ihn in die Realität zurück. Mit einem Seufzen löste sich Daniel von Benjamin und drehte sich auf die Seite, um in den Himmel zu blicken.

„Das kann doch nicht wahr sein! So dunkel sehen die Wolken gar nicht aus. Und nun regnet es!“ Daniel hatte es kaum ausgesprochen, da ging ein wahrer Guss auf sie herunter! Benjamin sprang quiekend auf und raffte die Decke zusammen. Daniel verstaute hastig die Flasche Wein sowie die Snacks in seinem Rucksack.

„Igitt, der Regen geht überall durch!“

Innerhalb weniger Augenblicke waren sie völlig durchnässt und Daniels Haare klebten in feuchten Strähnen an seinem Kopf. Sie sprangen durch das hohe Gras zurück auf den Feldweg und traten eilig den Heimweg zum Hotel an. Benjamin hatte Mühe, mit Daniels großen schnellen Schritten mitzuhalten und er maulte.

„Nun warte doch. Ich komme ja kaum mit.“

Daniel sah Benjamin an und grinste.

„Wenn ich dich so sehe, können wir langsam laufen. Du bist ja klitschnass!“

„Du siehst nicht besser aus!“

Daniel zuckte mit den Schultern, legte einen Arm um Benjamins Nacken und zog dessen Kopf an seine Brust. Er drückte ihm einen Kuss auf die feuchte Stirn und wuschelte ihm anschließend mit der rechten Hand durch die kurzen nassen Haare.

„Na, dann lass uns mal langsam zum Hotel zurück. Da lege ich dich erst mal trocken. Nicht, dass du dich noch erkältest!“

Benjamin genoss Daniels Worte. Sie gaben ihm ein wohliges Gefühl von Geborgenheit. Er wollte sich um ihn kümmern. Trotz des kalten Regens wurde ihm warm im Bauch.

Triefend nass erreichten sie das Hotel, sodass Daniel zum Seiteneingang ging. Tante Lotte würde einen Schreikrampf bekommen, wenn sie sie so sehen würde. Im Vorbeigehen registrierte Daniel, dass Saschas Golf nicht an seinem Stammplatz parkte. Er war wohl noch immer unterwegs. Der Ärmste, dachte Daniel. Bei dem Wetter Besorgungen zu erledigen, konnte kein großer Spaß sein. Allerdings war ihm recht, dass er so noch auf jeden Fall ungestört mit Benjamin sein konnte.

Er schob Benjamin in sein Zimmer, ging schnell ins Bad hinüber und holte zwei große Duschtücher, mit denen sie sich abtrocknen konnten. Zurück im Zimmer sah er Benjamin fröstelnd vor sich stehen.

„Was ist los? Zieh dich doch aus!"

Doch Benjamin sah ihn schüchtern an. Daniel schüttelte den Kopf, verschloss die Tür von innen, machte einen Schritt auf Benjamin zu und zog ihm ungeduldig das am Körper klebende T-Shirt über den Kopf. Er legte ihm eins von den Duschtüchern um die zitternden Schultern und rubbelte ihn fest.

„So, und jetzt die Schuhe, Socken, die Hose ..." Daniel machte eine antreibende Geste mit der Hand.

„Avanti!"

Benjamin gehorchte und zog sich die Turnschuhe aus, während er mit großen Augen beobachtete, wie Daniel sich aus seinen nassen Sachen schälte. Er spürte, wie ihm das Blut in den Unterleib schoss, als Daniel ohne großes Getue seinen Slip auszog und seine eindrucksvolle Beule entblößte. Noch schlief der Tiger, doch Daniel bemerkte Benjamins Blick und grinste.

„Vorsicht. Aufmerksamkeit lässt ihn wachsen!"

Benjamin wurde rot und versuchte, seine wachsende Erektion mit dem Handtuch zu verdecken. Das ließ Daniel nicht kalt und er stellte sich nah vor Benjamin und sah auf dessen Gesicht herunter. Er nahm das Handtuch und warf es zur Seite. Seine wachsende Latte drückte gegen Benjamins Unterbauch. Daniels Finger strichen sanft von den Ohren bis zum Kinn seines Gegenübers und er spürte, wie Benjamin erschauerte. Ihre Lippen fanden sich für einen zunächst zarten und dann leidenschaftlichen Kuss, bei dem ihre Zungen einander umkreisten und Stromstöße durch ihre nackten Körper schickte. Benjamin spürte, wie sein Puls raste und auf die zarten Berührungen von Daniels Händen reagierte. Der fuhr mit den Fingerspitzen sacht über Benjamins Rücken, streichelte bis hinab zu seinem Po und wieder hinauf bis zu den Schulterblättern. Zunächst vorsichtig, doch dann immer mutiger, schickte Benjamin seine Hände auf Wanderschaft über

Daniels straffen Körper. Es erregte ihn unglaublich zu spüren, wie sich die Muskeln unter der samtigen, gebräunten Haut von Benjamin bewegten und so auf seine Berührungen reagierten. Seine harte Erektion rieb an Daniels Oberschenkel und er hatte Angst, dass er den Höhepunkt zu schnell erreichen würde. All seine Nerven wurden zeitgleich gereizt. Daniels feuchte Zunge, die mit seiner tanzte. Das Gefühl von dessen Haut unter seinen Fingerspitzen sowie die Bahnen, die Daniels Handflächen über seinen Körper zogen, steigerten Benjamins Erregung mit jeder verstreichenden Sekunde. Vor Verlangen sog er Benjamins Unterlippe zwischen seine Zähne und biss leicht hinein. Der stöhnte auf.

„Oh, du willst es härter? Kannst du haben!" Eine Hand sauste auf Benjamins Pobacke herunter und verursachte neben einem klatschenden Geräusch einen plötzlichen Schmerz, der sich sofort in ein lustvolles Gefühl verwandelte. Ein weiteres Klatschen und erneut der Schmerz, der die Erregung noch steigerte. Benjamin stöhnte laut, doch wurde das Geräusch gedämmt, da ihm Daniel den Mund mit seinen Lippen verschloss.

Daniel nahm Benjamins Gesicht in seine Hände und hielt es fest, während er dessen Mund mit Lippen und Zunge forsch erkundete. Nur widerwillig ließ er von Benjamin ab und hielt ihn ein Stück von sich fern. Die geschwollenen Lippen und die darum liegende gerötete Haut in dem feinen Gesicht, erregten Daniel ungemein. Er wusste, dass er nicht mehr lange gefahrlos spielen konnte. Seine Eier kündigten einen gewaltigen Höhepunkt an. Dabei hatte er nicht mal von Benjamins harter Stange genascht. Daniel ging auf die Knie und sah sich einer wunderschönen, prallen und dunkelroten Spitze gegenüber, die nur darauf wartete, in seinem Mund versenkt zu werden. Seine Zungenspitze leckte von unten am Schaft entlang und neckte das Bändchen an der Unterseite der Kuppe. Da konnte sich Benjamin nicht mehr zurückhalten, er ergab sich seinen Empfindungen, krallte seine Finger in Daniels noch feuchte Haare und spürte, wie sich sein gesamter Körper verkrampfte. Schub um Schub entlud er sich auf Daniels Zunge, seine Lippen und das Kinn. Für einen winzigen Augenblick überrascht, versenkte der die zuckende Härte in seinem Mund und genoss die heißsalzige Belohnung. Von Benjamins Höhepunkt noch zusätzlich erregt, brauchte Daniel nur wenige Male in seine eigene Faust stoßen, um sich ebenfalls zu erlösen. Weiße Flüssigkeit spritzte auf Benjamins Beine, seine Füße und auf den Teppich, doch das war Daniel völlig egal. Er zog sich an

Benjamin hoch und küsste ihn auf den leicht geöffneten Mund. Ihr Atem ging stoßweise und noch immer unkontrolliert, während sie sich aneinander festhielten. Daniel fand die Sprache als Erster wieder.

„Wow! Das war geil!“ Er streichelte über Benjamins Rücken.

„Oh ja. Aber du hättest nicht …“

Daniel verschloss seine Lippen mit seinem Mund.

„Schhhh. Hätte ich wohl. Habe ich gern.“

„Aber …“

„Kein aber! Versteh doch, welche Wirkung du auf mich hast. Und da gehört das Schlucken für mich dazu.“

Daniel ahnte nicht, welchen Eindruck er bei Benjamin hinterließ. Der spürte, wie die Schmetterlinge in seinem Bauch vor Geilheit in Flammen aufgingen und einzeln an einem rosaroten Himmel verglühten.

„Na ja, und dafür habe ich dir auf die Füße gespritzt.“ Sie lachten und die vor sexueller Energie vibrierende Atmosphäre wurde leichter. Daniel nahm ein Duschtuch und wischte Benjamins Beine und Füße sauber. Der fuhr mit seiner linken Hand zärtlich durch Daniels strähnige Haare. Sie küssten sich erneut und ließen sich auf das Bett fallen. Benjamin merkte, wie ihr Zungenspiel stetig intensiver wurde und konnte nicht glauben, dass sie direkt auf Runde Zwei zusteuerten.

Daniel stand am geöffneten Fenster in seinem Zimmer und rauchte eine Zigarette. Benjamin war gegangen, nachdem sie gemeinsam noch ein zweites Mal über die Klippen der Lust gesprungen waren. Benjamin hatte sich äußerst intensiv für seinen ersten Blowjob revanchiert und Daniel war in seinem Mund explodiert. Sie hatten verschwitzt und entspannt noch eine Weile danach aneinandergeschmiegt in Daniels Bett gelegen und gedöst. Der Regen hatte irgendwann aufgehört und als der Radiowecker 17.00 Uhr angezeigt hatte, war Benjamin aufgebrochen, um sich bei seinen Eltern Blicken zu lassen. Zuvor hatten sie verabredet, dass er, sobald seine Eltern zu Bett gegangen waren, zu Daniel kommen und bei ihm übernachten würde.

Jetzt hing Daniel seinen Gedanken nach, versuchte seine Gefühle einzuordnen und konnte sich ein dümmliches Grinsen nicht verkneifen. Sie hatten nicht ausdrücklich darüber gesprochen, doch er nahm an, dass die Übernachtung ihr erstes „richtiges“ Mal beinhaltete. Allein beim Gedanken daran, sich in Benjamin zu versenken, musste Daniel seine erwachende

Erektion in der Hose richten. Um sich abzulenken, beschloss er beim Abendessen da zu unterstützen, wo man ihn gebrauchen konnte.

Bevor er die Zigarette zu Ende geraucht hatte, klopfte es an seiner Zimmertür.

„Herein!“

Sascha lugte durch die einen Spalt geöffnete Tür.

„Na, allein?“ Er grinste anzüglich.

Daniel ging nicht weiter darauf ein, drückte seine Zigarette im Aschenbecher aus und verschloss das Fenster.

„Ich helfe heute beim Abendessen mit. Hättest du gern Hilfe im Service? Sonst arbeite ich in der Küche.“

Sascha zuckte mit den Schultern.

„Meine Ma hatte vor, heute im Service mitzuarbeiten. Aber sie wird froh sein, wenn du ihr das abnimmst.“ Er lächelte.

„Streber!“

Daniel hieb ihm mit der Faust spielerisch auf den Oberarm.

„Penner!“

Sascha war von der äußerst männlichen Geste seines Vetters überrascht und rieb sich die Stelle, wo er getroffen worden war.

„He! Schön friedlich bleiben! Ich komme in Frieden. Zumindest wollte ich fragen, ob wir morgen an Benjamins letztem Abend noch mal mit ihm nach Bad Wildungen ins ‚Las Wegas‘ fahren wollen?“

Saschas gutgemeinte Worte waren wie ein Schlag in Daniels Magengrube. Er realisierte, dass er nur noch einen Tag mit Benjamin hatte! Daneben wurde ihm bewusst, dass sein Aufenthalt sich ebenfalls dramatisch dem Ende näherte.

„Erde an Daniel?“ Sascha bewegte seine Hand vor Daniels abwesend dreinschauenden Gesicht.

„Ja, sorry, bin da. Mir ist nur bewusst geworden, dass ich dann auch nur noch eine Woche hier bin.“

Sascha nickte.

„Ich weiß gar nicht, wie es hier ohne dich werden soll. Du bist echt ein guter Kumpel geworden!“

Sie standen beide voreinander und wussten nicht, was sie sagen sollten. Daniel, weil er soeben zum Kumpel degradiert worden war. Sascha, da er befürchtete, sich mit seiner Äußerung zu weit aus dem Fenster gelehnt zu haben. Der Moment verstrich und Daniel kam zurück zum eigentlichen Grund des Gesprächs.

„Die Idee mit der Disco finde ich gut. Heißt aber für uns, den Bettenwechsel mit wenig Schlaf zu bewältigen. Das ist dir klar?"

„Sicher! Allerdings kommen nicht so sehr viele neue Gäste. Wir sind auf jeden Fall nicht ausgebucht. Außerdem sollen Lisa und Marie mal zeigen, was sie können." Sascha grinste breit.

„Okay, dann frage ich Benjamin, ob er Lust hat. Und wir sollten uns umziehen, was?"

Sascha sah auf seine Armbanduhr.

„Oh ja, dann mal los."

Kapitel 19 – August 1993

Der Radiowecker startete das blecherne Gedudel und riss Daniel unsanft aus dem Schlaf. Er wollte ihn ausschalten, doch war sein Arm nicht in der Lage dazu. Benjamin hatte sich so neben ihm eingekuschelt, dass er mit seinem Nacken auf Daniels Oberarm lag. Nur mühsam öffnete Benjamin seine Augen und rührte sich langsam neben ihm. Daniel küsste ihn auf die gerötete Wange.

„Aufwachen, Schlafmütze. Ich muss mich fertigmachen. Sonst bekommst du kein Frühstück!"

Benjamin bekam den Mund ebenso schwer auf, wie seine schönen grauen Augen.

„Wie spät ist es? 4.00 Uhr? Wir haben ja gar nicht geschlafen!"

Daniel lächelte. Sie hatten nicht miteinander geschlafen, aber sie hatten geschlafen.

„Es ist 5.45 Uhr. Und wir haben geschlafen, mein Lieber. Gleich nachdem wir uns gegenseitig... du erinnerst dich?"

Benjamin war schlagartig hellwach. Und wie er sich erinnerte! Er hatte sich am Vorabend zu Daniel geschlichen und sie hatten erneut herumgemacht. Dieses Mal hatte sich Daniel allerdings so mit ihm auf das Bett gelegt, dass sie sich gegenseitig mit dem Mund befriedigen konnten. Benjamin hätte niemals für möglich gehalten, dass das so unglaublich geil war!

Danach war er so entspannt gewesen, dass er tatsächlich umgehend eingeschlafen war.

Daniel löste sich von Benjamin und stieg aus dem schmalen Bett. Der stand ebenfalls auf und sah so gerädert aus, dass Daniel Mitleid hatte.

„Was hältst du davon, wenn du noch ein Stündchen oder zwei in deinem Zimmer schläfst? Und dann kommst du ordentlich zurechtgemacht nach unten und lässt dir das Frühstück schmecken?"

Benjamin nickte aus halbgeschlossenen Augen und brummelte etwas. Daniel öffnete seine Zimmertür, lugte nach rechts und links und bugsierte anschließend Benjamin in den Flur. Er flüsterte.

„Deinen Zimmerschlüssel hast du?"

Benjamin nickte nur und wandte sich um. Daniel konnte jedoch nicht widerstehen und drückte ihm noch schnell einen Kuss auf die Wange.

„Schlaf schön!"

Anschließend verschloss er seine Zimmertür und ging ins Bad, um sich für den Frühstücksservice herzurichten.

Unten begegnete Daniel einem fleißigen Sascha, der bereits alle Tische gedeckt hatte.

„Guten Morgen! He, die Tische sind ja schon alle fertig!"

Sascha grinste selbstzufrieden.

„Guten Morgen. Du bist nicht der Einzige, der mitunter früh aus den Federn kommt. Ich habe sogar schon einige Kannen mit Kaffee befüllt. Lust auf eine kurze Rauchpause?" Sascha wackelte mit den Augenbrauen und Daniel lachte.

„Wie kann ich da widerstehen?"

Sie liefen zur Hintertür und blieben davor stehen. Der Regen hatte zwar bereits am Vortag aufgehört, aber Lotte rastete bei dreckigen Schuhen aus, daher wollten beide kein Risiko eingehen.

„Kommt Benjamin heute Abend mit?" Sascha sah Daniel fragend an.

„Ach ja, das wollte ich dir schon längst gesagt haben. Klar, er freut sich."

„Prima." Sascha zog an seiner Zigarette und Daniel runzelte die Stirn. Mehr sagte Sascha dazu nicht? Also der Kerl war tatsächlich ein lebendes Rätsel! Allerdings, überlegte Daniel, falls er eh wieder nur eine Tussi kacheln wollte, war ihm Benjamin als Begleitung für ihn ganz recht. Dann brauchte Sascha kein schlechtes Gewissen haben, dass er allein in der Disco herumstand. Als wäre das ein Problem, wo er sowieso beinahe die ganze Zeit auf der Tanzfläche zubrachte.

Der Tag war besonders schnell vergangen, da ein Reisebus mit Touristen zum Mittagessen und zur Kaffeezeit eingefallen war. Ursprünglich war ein anderes Gasthaus Ziel der Reise gewesen, doch da war spontan ein Magen-und-Darm-Virus in der Belegschaft ausgebrochen. Und da der Busunternehmer schon mal gute Erfahrungen mit Lottes Küche gemacht hatte, hatte er am Vormittag spontan angefragt, ob sie aushelfen konnte. Und wie sie konnte! Sascha und Daniel waren zum Einkauf der Zutaten für ihren berühmten Zwiebelbraten verdonnert worden, während sie Küchenchef Markus angerufen hatte, um ihm unumwunden mitzuteilen, dass er mindestens eine Stunde eher anzukommen hatte!

Anschließend hatte sie mit Unterstützung von Daniel und Sascha noch mehrere Blechkuchen gebacken, mit denen die Busgesellschaft zum Nachmittagskaffee bewirtet worden war. Zuerst hatte Daniel nicht begriffen, warum sie sich das antat, doch als er zum Schluss mitbekommen hatte, wie viel der Busfahrer für die Bewirtung der Gruppe gezahlt hatte und welches Trinkgeld für sie herausgesprungen war, hatte er seine Tante verstanden. Diese Aktion hatte sich definitiv gelohnt. Und er hatte Benjamin nicht verpasst, denn der hatte sich am letzten Tag eine Schiffstour mit seinen Eltern angetan.

Als die Tische nach dem Abendessen abgeräumt waren und die Gäste entweder in den Thekenbereich oder ihre Zimmer wechselten, jagte Lotte ihre Jungs nach oben, damit sie sich für die Disco fertigmachen konnten. Zum Dank heimste sie Wangenküsschen von beiden ein. Sie war stolz auf die beiden, ohne ihre Unterstützung hätte sie das zusätzliche Geld über Tag nicht einnehmen können. Da alle Gäste versorgt waren, verschwand sie flink in ihrem Büro und holte aus der Kasse für jeden einen 20-Mark-Schein heraus. Damit sollte zumindest der Eintritt und etwas zu trinken im ‚Las Wegas' bezahlt sein. Eine halbe Stunde später standen sie wie aus dem Ei gepellt vor der Theke und strahlten um die Wette. Das Strahlen wurde durch den überraschenden Geldsegen noch verstärkt. Johlend liefen sie durch den Haupteingang nach draußen und verschwanden in der Dämmerung.

Am Parkplatz wartete Benjamin bereits neben Saschas Golf.

„Da seid ihr ja. Dann auf nach … wie hieß dieser Ort noch mal?"

„Bad Wildungen." Daniel drehte sich auf dem Beifahrersitz zu Benjamin um und grinste.

„Halt dich gut fest. Der Sascha-Express startet gleich."

Sascha sah Daniel fragend an.

„Was willst du denn damit sagen? Fahre ich dir zu schnell?"

„Nein. Das war Ironie!"

„Pah, ich fahre lieber vorsichtig und komme heile an. Oder möchtest du uns fahren?"

Daniel sah Sascha ungläubig an. Das konnte er nicht ernsthaft meinen. Sascha grinste, womit klar war, dass er es nicht ernst gemeint hatte.

„Boah, bist du leichtgläubig!" Sascha lachte fies und zog damit Benjamins Spott auf sich.

„Und du bist rattig. Oder warum bist du sonst so überdreht? Kochen dir schon die Eier?" Benjamin lachte und Daniel stimmte mit ein. Sascha warf einen giftigen Blick in den Rückspiegel.

„Immer schön ruhig auf den billigen Plätzen!" Bei dem ernsthaften Ton lief Daniel ein Schauer über den Rücken. Auch Benjamin ließ Saschas herrischer Ton nicht kalt. Unabhängig voneinander waren sie spitz auf ihn!

Auf der Tanzfläche der Disco angekommen, gaben Daniel und Benjamin Vollgas zu den unterschiedlichen Dance-Tracks, die der DJ so spielte. Dann dröhnten die ersten Takte von „Saft" von den Fantastischen Vier aus den Boxen. Sogar Sascha gesellte sich bei dem Titel zu ihnen und bewegte seinen Körper zum Rhythmus. Die drei alberten auf der Tanzfläche herum, doch insgeheim wunderte sich Daniel, warum Sascha nicht auf der Pirsch war. Ihm war schon aufgefallen, dass die Disco voller alleinstehender Mädels war. Sascha hätte also sicherlich leichtes Spiel gehabt! Als die von Lotte spendierte Kohle für Getränke aufgebraucht war, wurde es Zeit, langsam in Richtung Heimat aufzubrechen.

Im Hotel angekommen, wollte sich Benjamin von ihnen verabschieden, als Sascha einen Alternativvorschlag vorbrachte.

„Wie wäre es denn, wenn wir noch auf Daniels Zimmer etwas trinken und ein wenig Musik hören? Ich bin noch so aufgedreht, ich kann bestimmt gar nicht schlafen."

Benjamin sah Daniel erstaunt an und wartete auf dessen Reaktion. Der sah ebenfalls überrascht aus, nickte aber zustimmend. Leise kichernd verschwand Sascha in der Küche und kam mit zwei Flaschen Wein und einem Korkenzieher wieder heraus. Daniel verstand, griff hinter die Theke und nahm drei Weingläser heraus. Leise schlichen sie die Treppe ins zweite Obergeschoss hinauf und betraten Daniels Zimmer.

„Ah, ich muss noch eben pinkeln gehen." Sascha stellte die Flaschen auf Daniels kleines Nachtschränkchen und verließ den Raum.

Daniel und Benjamin sahen ihm verwirrt hinterher. Sie hatten ausgemacht, dass sie die letzte Nacht gemeinsam verbringen wollten. Benjamin hatte gehofft, auch den letzten Schritt mit Daniel gehen zu können. Doch langsam wurde die Zeit knapp. Es war mittlerweile schon 1.30 Uhr. Daniel würde auch so zu wenig Schlaf bekommen. Und falls Sascha jetzt noch lange dablieb … Benjamin sank das Herz in die Hose. Er streifte seine Schuhe von den Füßen und setzte sich zu Daniel aufs Bett. Der hatte die erste Flasche Wein geöffnet und die Gläser bis an den Rand gefüllt. Er reichte ein Glas an Benjamin. Die Tür öffnete sich leise und Sascha schlüpfte zurück ins Zimmer, zog im Gehen seine Schuhe aus und setzte sich ebenfalls auf das Bett. Alle drei saßen mit dem Rücken an die Wand gelehnt. Benjamin hockte in der Mitte und sah von einem zum anderen. Sascha nahm sein Glas Wein von Daniel entgegen und prostete ihnen zu.

„Mensch, das ist unser letzter gemeinsamer Abend. Und wenn du morgen abreist, beginnt Daniels letzte Woche hier. Dann bin ich wieder allein."

Sascha klang bedrückt und tat Benjamin und Daniel leid. Sie nahmen alle einen großen Schluck Wein und schauten ins Leere. Benjamin griff sich als Erster ein Herz, wandte sich zu Sascha um und küsste ihn auf den Mund. Daniel hob die Augenbrauen, fand die Situation allerdings so heiß, dass er schnell noch einen Schluck Wein nahm und das Geschehen weiter beobachtete. Saschas Wangen färbten sich rot und er erwiderte den Kuss. Er stellt sein Glas auf dem Fußboden ab und zog Benjamin erneut an sich. Sie hockten nun voreinander und Saschas Hand landete auf Benjamins unterem Rücken, fuhr dort unter sein T-Shirt und streichelte über die zarte Haut. Benjamin umschloss mit seinen Händen Saschas Nacken und sorgte so dafür, dass er nicht aufhörte, ihn intensiv und leidenschaftlich zu küssen. Ihre Zungen umkreisten einander, ihre Lippen saugten sich am Gegenüber fest und Daniel saß mit großen Augen dabei. Er war voll erregt und genoss das Schauspiel wie sein Cousin und sein … ja, was war Benjamin für ihn? Daniel hatte schon am Vortag nicht genau einordnen können, was Benjamin ihm bedeutete. Er mochte das kleine Kerlchen, fand ihn enorm anziehend, doch er hätte nicht von Liebesgefühlen gesprochen. Ebenso erging es ihm mit Sascha. Er fand ihn geil, wollte auf jeden Fall noch häufiger mit ihm Sex haben, doch eine verzehrende Liebe empfand er für ihn nicht. Vielleicht bin ich noch zu jung, überlegte Daniel und versuchte, seine Erektion in der Jeans etwas bequemer zu verstauen. Das Stöhnen vor ihm, nur eine Armlänge entfernt, erregte ihn dermaßen, dass er Angst hatte, direkt zu kommen. Und das ohne eine Berührung! Wie Sascha an Benjamins Arsch herumknetete, machte ihn so scharf, dass er sich nicht mehr zurückhalten konnte. Daniel stellte sein Glas auf sein Nachtschränkchen und schob sich von hinten an Benjamin heran. Er legte seine Arme um ihn herum und strich nun an Saschas Shirt auf und ab. Der revanchierte sich, indem er an Benjamin vorbei an Daniels Hintern packte und ihn kräftig knetete. Daniel knabberte an Benjamins Nacken und raunte ihm ins Ohr.

„Zieh doch das unnötige Zeug aus."

Das ließ sich Benjamin nicht zweimal sagen, streifte sein T-Shirt über den Kopf und öffnete seine Jeans. Sascha und Daniel nutzten die Gelegenheit und befreiten sich ebenfalls von ihren Klamotten. Sascha zog direkt blank, während Daniel und Benjamin noch die Slips anließen.

„He! Das gilt nicht. Alles ausziehen!"

Bevor er weiter protestieren konnte, stürzte sich Daniel auf seinen Cousin und verschloss seinen Mund mit seiner Zunge, die wild schlängelnd in Saschas Mund dafür sorgte, dass dessen Schwanz stramm nach oben stand. Benjamin griff nach der aufragenden Stange und rieb sie vorsichtig. Er näherte sich mit seinen Lippen zielstrebig der prallen Kuppe und begann eifrig, an ihr zu lutschen. Sascha stöhnte in Daniels Mund und griff in seine langen blonden Strähnen. Nach einiger Zeit wechselten Daniel und Benjamin ihre Plätze. Mit Benjamins Knackarsch machte Sascha kurzen Prozess, zog die prallen Halbkugeln auseinander und versenkte einen mit Spucke befeuchteten Finger im zuckenden Ringmuskel. Benjamin stöhnte auf. Zunächst vor Schmerz, doch Sascha zog den Finger sofort wieder raus, befeuchtete ihn noch mal mit Spucke und schob ihn erneut ein kleines Stück in Benjamin hinein. Dieses Mal entlockte ihm das Eindringen einen wohligen Seufzer und er streckte sich dem Finger entgegen.

Daniel, der sich an Saschas knallharter Latte zu schaffen machte, beobachtete das faszinierende Fingerspiel direkt vor seinen Augen. Ihm selbst wurde heiß bei der Vorstellung, dass Sascha ihn auf diese Weise nahm. Er wollte unbedingt dabei sein, wenn er es jetzt mit Benjamin tat. Daniel ließ von seinem Cousin ab, stand auf und kramte in seinem Rucksack. Dort hatte er Kondome und Gleitgel versteckt, die er einige Tage zuvor an einem freien Nachmittag in der örtlichen Apotheke gekauft hatte. Völlig verschämt hatte er danach gefragt und anschließend gehofft, dass der Apotheker, der ihn prüfend ansah, diskret und vor allem kein regelmäßiger Gast in Tante Lottes Hotel war! Das mit der Vaseline hatte bei Sven und ihm zwar einigermaßen hingehauen, aber es gab bessere und gleitfreudigere Alternativen. Und nun schien ihm der passende Moment für ihren Einsatz gekommen. Er öffnete die Tube mit dem Gel, schmierte sich etwas davon auf den Zeigefinger und setzte ihn vorsichtig an Benjamins Loch an, sobald Sascha seinen Finger herausgezogen hatte. Das kühle Gel ließ Benjamin aufstöhnen.

„Oh, was ist das?"

Sascha schob Benjamins Oberkörper etwas zur Seite, um sehen zu können, was da hinter dessen Rücken vorging. Daniel ließ seinen Finger in dem engen warmen Kanal stecken und erklärte es.

„Das ist Gleitgel. Wir wollen dich ja nicht verletzen!"

Sascha brummte zufrieden.

„Geil. Hast du Gummis?"

Daniel grinste siegessicher.

„Ja, die habe ich."

„Na, dann los. Zieh mir eins drüber und ich ficke den Kleinen hier."

Daniel ließ sich nicht zweimal bitten, riss eine kleine quadratische Packung auf und entnahm das Kondom. Nach einem kurzen Abrolltest, setzte er den wabbeligen Ring auf Saschas Schwanzspitze und rollte das Gummi ab. Der Prügel war so groß, dass es besonders eng anlag. Ein Anblick, der Daniel das Wasser im Mund zusammenlaufen ließ. Flink griff er zur Tube mit dem Gleitgel und drückte etwas davon auf die stramme Kuppe. Mit der linken Hand verteilte er das Gel auf Saschas Freudenspender und erntete dafür erregtes Stöhnen. Benjamin, der nicht sehen konnte was hinter seinem Rücken passierte, wackelte ungeduldig mit dem Hintern auf Saschas Schoß.

„Ruhig Benjamin, komm, setz ihn an dein Loch." Sascha sprach leise und bestimmend zugleich.

Daniel beobachtete, wie Benjamin gehorchte und sich selbst mit der Stange pfählte. Er sah, wie Saschas Eier beim Eindringen in den engen Kanal auf und ab hüpften und konnte nicht widerstehen, sie zu packen und zu kneten, während der Benjamin zu rhythmischen Bewegungen mit seinem Becken animierte. Das Stöhnen der beiden Hauptakteure erfüllte den Raum. Daniel schloss vorsichtshalber das Fenster und stellte den Radiowecker an. Blechern klang Musik aus dem Gerät und er entspannte sich. So würde vielleicht nicht das ganze Hotel mitbekommen, was in seinem Zimmer geschah. Sascha schob Benjamin von sich hinunter und positionierte ihn so auf dem Bett, dass der gleichzeitig Daniels pochende Stange in seinem Mund versenken konnte. Benjamin lutschte und saugte so heftig, dass Daniel geradewegs auf einen unglaublichen Höhepunkt zusteuerte. Die visuellen und akustischen Reize zusätzlich zu der Behandlung seiner Erektion waren zu viel. Der köstliche Duft, den Sascha verströmte, das Klatschen von dessen Eiern an Benjamins Arsch. All das katapultierte Daniel über die Klippe und während er sich heftig pumpend in Benjamins Mund erleichterte, riss Sascha an dessen Hüften und bockte sich mehrfach unkontrolliert in die Enge vor ihm. Daniel erkannte an Saschas Mienenspiel, dass er gekommen war und sah, wie sein Cousin auf Benjamins schmalem Oberkörper zusammenbrach. Damit der Kleine nicht zu kurz kam, zog Daniel ihn unter Sascha hervor und machte sich eifrig an der noch harten Erektion zu schaffen. Er hatte die Spitze mit seinen Lippen umschlossen, als Benjamin die Luft scharf einsog und zuckend in Daniels Mund kam. Der genoss die salzige Belohnung auf seiner Zunge und schluckte gierig jeden Tropfen.

Ineinander verschlungen blieben die drei einige Zeit auf dem Bett liegen. Niemand mochte diesen intimen und besonderen Moment zerstören. Sie lauschten, wie sich ihr Atem nach und nach wieder beruhigte. Der Radiowecker bekam einen Hieb von Sascha, der ihn damit außer Gefecht setzte. Anschließend zog er Benjamin und Daniel zu sich heran und sie küssten sich etwas ungelenk in der Dreierkonstellation. Beide sanken an Saschas Brust und sahen sich dabei in die Augen. Benjamins Blick hatte einen schuldbewussten Ausdruck und er lächelte Daniel unsicher an. Der wiederum konnte Saschas Herz aufgeregt pochen hören und war im siebten Himmel. Er zwinkerte Benjamin zu und streichelte vorsichtig über Saschas Tiger, der sich zum Ausruhen auf das Nest von dunklen Haaren, das ihn umgab, bettete. Dafür erntete er ein Schnauben und Saschas linke Hand in seinem Nacken.

„Gönn ihm etwas Ruhe. Das war gerade zu geil."

Daniel kicherte und Benjamin stimmte mit ein. Sascha machte ein Doppelkinn, als er versuchte, nach unten in ihre Gesichter zu sehen.

„Macht ihr euch über mich lustig?"

Benjamin sah strahlend nach oben.

„Nein! Niemals." Er prustete los. In einer fließenden Bewegung schob Sascha Daniel zur Seite und stürzte sich auf Benjamin, um ihn kräftig zu kitzeln. Nur mit Mühe konnte Sascha verhindern, dass Benjamin vor Vergnügen das ganze Hotel zusammenrief. Er drückte dessen Gesicht in die Bettdecke und kitzelte weiter. Daniel kam Benjamin zu Hilfe und versuchte wiederum Sascha mit einer Kitzelattacke abzulenken. Sie balgten einige Zeit herum und verausgabten sich damit völlig. Sascha musste irgendwann pinkeln, also verließ er kurz das Zimmer. Und auch Benjamin und Daniel kamen wieder in die Realität zurück.

„Es ist gleich 3.00 Uhr!"

„Ja, Sascha und ich könnten eigentlich fast durchmachen …"

„Es tut mir leid."

„Oh, das muss es nicht! Das war die geilste Nacht meines Lebens! Ausgelassen tanzen und anschließend einen flotten Dreier – das kommt bei mir nicht so häufig vor."

Benjamin lachte über Daniels lockeren Spruch. Er war erleichtert, dass der die Sache zwischen ihm und Sascha nicht übelnahm.

„Daniel, wegen vorhin. Das war nur …"

„Ich weiß! Kein Ding. Sah geil aus, wie er dich gefickt hat."

„Ich hätte das ebenso gern mit dir gemacht, aber nun …"

„Alles in Ordnung, Benjamin. Wirklich. Es sollte halt nicht sein. Vielleicht ein anderes Mal?"

Benjamin drückte sich in Daniels Arme und kuschelte sich fest an ihn. Er war durcheinander und wusste nicht, wie er seine Gedanken und Emotionen sortieren sollte. Daniel war ihm da ein Stück voraus und spendete den benötigten Trost.

„Es war eine tolle Zeit mit dir. Und so etwas wie heute erlebt man nun nicht so häufig. Möchtest du hier schlafen? Oder lieber in deinem Zimmer. Bei mir geht um 5.45 Uhr der Wecker los."

Benjamin richtete sich auf und sah Daniel tapfer an.

„Ich glaube, ich gehe lieber in mein Zimmer. Da kann ich noch bis 8.00 Uhr schlafen. Aber wir sehen uns morgen noch zum Abschied?"

„Klar!" Daniel küsste Benjamin zart auf die Lippen. Der stand auf und suchte seine Klamotten vom Fußboden zusammen.

„Gute Nacht."

„Gute Nacht."

In dem Augenblick öffnete sich die Tür und Sascha schlüpfte ins Zimmer.

„Oh, du gehst?" Er sprach leise.

„Ja, ihr müsst ja gleich schon wieder aufstehen." Benjamin wusste nicht, ob oder was er zu dem Erlebten sagen sollte.

„Stimmt. War geil mir dir. Wir sehen uns morgen noch, okay?"

Benjamin freute sich sichtlich über das Kompliment und verließ das Zimmer. Sascha verschloss die Tür von innen und Daniel sah ihn fragend an.

„Oh, ist es okay, wenn ich heute Nacht bei dir penne? Sind keine drei Stunden mehr."

Daniel freute sich, dass Sascha seine Nähe suchte und nickte eifrig.

„Klar, kein Ding. Aber ich muss noch mal dringend ins Bad. Und wehe du schnarchst."

Am Morgen wurde Daniel durch ein fieses, durchdringendes Piepen geweckt. Er schreckte hoch und sah auf den Radiowecker. Sascha musste durch seinen unsanften Hieb die Auswahl von Radio auf Klingelton verstellt haben. Schnell drückte er den Ausschalter und merkte da, dass Sascha ihn noch in einer besitzergreifenden Umarmung hielt. Daniel spürte etwas Hartes an seinen Pobacken und bedauerte, dass sie keine Zeit hatten, um sich darum zu kümmern. Er atmete einmal tief ein und fühlte sich geradezu von dem Duft von Saschas Deo berauscht. Daniel würde es sich zu Hause auf jeden Fall kaufen müssen, damit er eine bleibende Erinnerung an ihre gemeinsame Zeit hatte.

Sascha brummelte in seinen Nacken.

„Müssen wir wirklich?"

„Ja, wir müssen. Du vor allem. Oder bin ich schuld an dieser riesigen Morgenlatte?" Daniel wackelte mit seinem Po an Saschas Vorderseite herum und wurde schnell von einer kräftigen Hand festgesetzt.

„Vorsicht. Sonst kommen wir definitiv zu spät zum Frühstücksdienst!"

Daniel horchte auf. Also hielt Sascha es definitiv für möglich, dass der ihn von hinten nahm? Ein Kribbeln breitete sich in seinem Bauch aus und Blut schoss in seinen Unterleib. Da war es allerhöchste Zeit aufzustehen. Er befreite sich aus der Umarmung und rannte nur mit Shorts bekleidet über den Flur ins Bad.

Direkt nach dem Frühstück trafen sich Benjamin, Sascha und Daniel in dessen Zimmer, um sich ungestört voneinander zu verabschieden. Sie tauschten Adressen aus, versprachen sich zu schreiben und Benjamin küsste Sascha auf die Wange, drückte ihn und legte dann seine Lippen auf Daniels Mund. Auch sie umarmten einander und murmelten sich gegenseitig in den Mund. Daniel löste sich zuerst.

„Mach's gut, mein Lieber. Wir schreiben uns. Deine Adresse habe ich."

„Ja, wir bleiben in Kontakt. Vielen Dank für die schöne Zeit hier mit euch." Benjamins Stimme zitterte und Sascha befürchtete, dass er weinen könnte. Doch Daniel ließ die Stimmung nicht völlig kippen.

„Sorry, wir müssen los. Die ersten Gäste sind abgereist. Tante Lotte wird gleich nach uns sehen, wenn wir nicht fleißig die Zimmer schrubben!"

Benjamin verstand den Wink und lief voraus. Ohne sich noch einmal umzusehen, rannte er die Treppe hinunter und verschwand durch den Vordereingang. Sascha und Daniel sahen durch die Fenster des Zimmers im ersten Stock, das sie als erstes reinigen mussten, wie Benjamin auf der Rückbank des Autos seiner Eltern Platz nahm und der Vater das Auto vom Parkplatz steuerte, die Straße hinabfuhr und aus ihrem Blickfeld verschwand.

Kapitel 20 – September 2021

Ben sah Daniel mit großen Augen an.

„Willst du etwa sagen, dass du Sex mit meinem Vater hattest?"

Von dieser präzisen Schlussfolgerung zu seinen Ausführungen war Daniel überrascht. Er hatte angenommen, den Fokus auf die Beziehung zu Benjamin gelegt zu haben.

„Na ja, also wenn du es so willst, ähm, ja. Da hatten wir wohl damals Sex."

„Und mein Vater hat mit diesem Benjamin und dir sogar einen Dreier gehabt? Das ist ja unglaublich! Veralberst du mich?"

Daniel schüttelte den Kopf und verfluchte sich innerlich für seine Redseligkeit.

„Nein. Ich war absolut ehrlich mit dir. Ich erwarte allerdings, dass du diese Informationen als junger Erwachsener mit einer gewissen Reife behandelst. Kurzum: Sag nichts deiner Mutter!"

Ben machte große Augen, was Daniel zeigte, dass er daran noch gar nicht gedacht hatte.

„Nein! Auf keinen Fall! Das bleibt unser Geheimnis."

Daniel sah es hinter Bens Stirn arbeiten.

„Aber du hast noch Fragen ..."

„Das ist jetzt bestimmt albern!"

„Immer raus mit der Sprache. Was möchtest du wissen?"

„Ach, ich weiß gar nicht, ob du das weißt." Ben machte eine wegwerfende Handbewegung.

„Frag. Sonst findest du es nie heraus." Daniel grinste. So zurückhaltend kannte er Ben nicht. Es dauerte noch einen Moment, bis der sich ein Herz fasste und die Frage stellte.

„Könnte es sein, dass ... also, nur mal angenommen ..." Ben stammelte vor sich hin und Daniel hätte ihn am liebsten gewürgt.

„Was? Hau es raus!"

„Na gut, meinst du, es könnte sein, dass ich nach diesem Benjamin benannt bin?"

Da war es raus! Daniel machte große Augen. Wie konnte es nur sein, dass dieses schlaue Bürschchen ebenfalls auf diesen Gedanken kam? Na ja, er hatte wohl zu viel erzählt. Also war es seine Schuld. Daniel hätte sich am liebsten selbst eine Ohrfeige verpasst. Ben interpretierte das ausgedehnte Schweigen für sich.

„Also, ja?"

Daniel bemühte sich um Schadensbegrenzung.

„Das weiß ich nicht. Ehrlich. Allerdings, und da bin ich ebenfalls wieder ehrlich mit dir, habe ich das ebenfalls vermutet." Mehr wollte Daniel nicht dazu preisgeben. Ben nickte, also schien ihm diese Antwort zu reichen. Kein Grund, noch mehr Öl ins Feuer zu gießen.

„Hör zu, Ben. Ich habe dir das alles erzählt, damit du weißt, du kannst dich leicht vor deinen Eltern outen. Insbesondere von deinem Vater kannst du eine Menge Verständnis erwarten."

„Meinst du, dass er bi ist?"

Daniel sah ihn entsetzt an.

„Oh, ich tu mich schwer damit, Labels zu vergeben. Ich weiß doch nur, dass wir uns vor 28 Jahren ein paar Mal gegenseitig befriedigt haben und es letztlich in einem Dreier mit Benjamin geendet ist. Dein Vater liebt deine Mutter. Da bin ich mir zu 100 Prozent sicher. Wer weiß, vielleicht erzählt er dir selbst von seinen Abenteuern. Falls nicht, behalte es bitte für dich."

Ben nickte zustimmend und lächelte.

„Danke, dass du es mir erzählt hast." Er sah auf seine Armbanduhr und hob die Augenbrauen.

„Wir haben zwei Stunden verquatscht! Irre! Darum habe ich so einen Appetit. Mal sehen, was es zum Abendessen gibt."

Daniel erhob sich ebenfalls vom Tisch.

„Und ich werde mal nachsehen, wie es Benjamin geht."

Für Ben ergab sich am Abend die Gelegenheit, mit seinem Vater im Büro unter vier Augen zu sprechen.

„Hallo, Ben. Was gibt es Gutes?"

„Hallo, Papa. Ach, ich wollte kurz mal etwas mit dir besprechen. Aber falls ich störe ..." Ben war wieder in Richtung Tür gelaufen.

„Nein! Du störst nicht. Bleib hier. Setz dich doch." Sascha zeigte auf den einzigen anderen Stuhl im Raum.

„Ich bleib lieber stehen. Aber danke."

Saschas Augenbrauen zogen sich über der randlosen Brille zusammen. Was wollte Ben denn mit ihm besprechen? Quasi im Fluchtmodus! Er ließ ihn weitersprechen, sah ihn allerdings aufmerksam an.

„Tja, weißt du, eigentlich bin ich mir schon länger sicher. Aber ich wusste nicht genau, wann und wie oder wo ich es Mama und dir sagen soll."

Sascha ahnte, worum es ging, und lächelte seinen Sohn an.

„Mama habe ich noch nichts gesagt, ich wollte es lieber dir zuerst mitteilen." Ben sah seinen Vater unsicher an. Es fiel ihm doch schwer, so offen mit ihm zu sein. Dabei hatte ihm die Geschichte, die Daniel erzählt hatte, gutgetan. Er atmete tief durch und lächelte unsicher.

„Sorry, du musst denken, dass ich spontan blöd geworden bin! Aber es ist ... nicht so einfach ... für mich."

Sascha stand von seinem Stuhl auf und ging um den Schreibtisch herum. Er blieb direkt vor Ben stehen und legte ihm die rechte Hand in den Nacken. Damit zog er ihn an sich und drückte ihn an seine Brust. Ben schmiegte sich an seinen Vater und genoss das Gefühl von Geborgenheit, das ihm die Umarmung vermittelte. Seine Wange lag auf dem Schlüsselbein seines Vaters und er spürte, wie Saschas Hände auf seinem Rücken lagen. Erst nach einigen Augenblicken löste sich Ben aus den Armen seines Vaters und sah ihm fest in die Augen. Er seufzte.

„Papa, ich bin schwul."

Sascha wollte ansetzen, etwas zu sagen, doch dann redete Ben schnell weiter.

„Und das ist heutzutage kein Thema mehr, ich meine, ich weiß das schon länger, aber ich wusste halt nicht, wie ich es euch sagen soll. Lena weiß es schon. Seit Omas Geburtstag. Und Daniel. Er hat mich ermutigt, mit dir zu sprechen. Paul und ich ..."

„Paul? Ach! Oh, entschuldige. Ich wollte dich nicht unterbrechen." Sascha drückte mit seiner rechten Hand Bens linken Oberarm und lächelte.

„Ja, seit einem Jahr machen wir manchmal so Sachen. Und irgendwann haben wir miteinander geschlafen. Ich habe gedacht, dass das vielleicht nur eine Phase ist. Aber das ist es nicht. Wenn ich an Mädchen denke, dann tut sich bei mir gar nichts. Bei Jungs ist das anders!" Ben konnte sich beim Gedanken an die vielen Erektionen, die er beim Schulsport gehabt hatte, ein Grinsen nicht verkneifen. Sascha platzte fast vor Stolz und nutzte die eingetretene Gesprächspause, um seinem Sohn genau dies zu sagen.

„Ben, ich bin sehr stolz auf dich. Vielen Dank für dein Vertrauen. Daniel hatte recht, dich zu ermutigen, mit mir zu sprechen." Sascha hielt kurz inne, er überlegte, inwieweit er seinem Sohn von seinen eigenen Gefühlen erzählen sollte. Er wollte ihn nicht verunsichern. Allerdings wollte er ehrlich mit ihm sein. Also entschied er sich für absolute Offenheit.

„Ich hatte als junger Mann tatsächlich eine Phase, in der ich auch mit Jungs Sex hatte. Und mit Mädchen … oder Frauen! Wenn man jung ist, kann einen die Gefühlswelt ganz schön verunsichern. Für mich war es allerdings undenkbar, deiner Oma davon zu erzählen! Also habe ich es heimlich getan." Ben nickte nur und sah seinen Vater stumm an. Er sah ihn plötzlich mit völlig anderen Augen. Ben wusste nicht, wie er es fand, dass sein Vater einräumte, Sex mit Männern gehabt zu haben. Aber für die Ehrlichkeit war er ihm dankbar!

„Das, was ich dir jetzt erzähle, habe ich nicht mal deiner Mutter gesagt, also lass das bitte für uns behalten. Okay?"

Ben wusste bereits, was kommen würde und nickte erneut.

„Ich will deine Mama nicht belügen, aber manchmal ist es in Ordnung, Dinge für sich zu behalten. Weil es Dinge sonst kompliziert machen kann. Verstehst du?" Sascha redete sofort weiter.

„Auf jeden Fall sind uns Daniel, also dein Großvetter und ich uns damals in 1993 nähergekommen. Vermutlich so ähnlich wie du und Paul. Bei uns war es ein heißer Sommertag und ausgelassenes Herumalbern mit dem Wasserschlauch. Die weiteren Details erspare ich dir! Und dann gab es da noch Benjamin."

Ben hakte nach.

„Der Benjamin, der gestern Vormittag angekommen ist?"

„Genau der." Sascha nickte.

„Damals war ich nicht so mutig, wie du heute. Daher habe ich nie mit deiner Oma gesprochen. Vermutlich hätte sie es verstanden. Aber dann wäre ich deiner Mama nicht begegnet, hätte mich nicht in sie verliebt und Lena und du wäret niemals auf die Welt gekommen. Daher gehe ich davon aus, dass das Schicksal es so vorgesehen hat. Und nun haben Daniel und Benjamin eine zweite Chance. Aber nun genug von den ollen Kamellen! Wie steht es denn nun zwischen dir und Paul?"

Ben grinste schief und wiegte seinen Kopf hin und her.

„Ich weiß es nicht. Als Freund mag ich ihn total. Das sieht wohl ein Blinder mit Krückstock. Und das Sexuelle passt auch ganz gut. Aber ich weiß nicht, ob das für die Ewigkeit ist."

„Aha? Woher kommen deine Zweifel?"

Ben druckste ein wenig herum. Dann fasste er sich erneut ein Herz.

„Na ja, es gibt noch einen zweiten Punkt, den ich mit dir besprechen wollte. Es geht um meine Ausbildung. Vielmehr um ein Studium." Ben verschränkte seine Finger ineinander und beobachtete Saschas Reaktion auf seine Worte.

„So? Dann schieß mal los." Sascha zwang sich zu einem Lächeln. Dass sein Sohn schwul war, hatte ihn nicht sonderlich überrascht. Doch das Thema Ausbildung machte ihn nervös.

„Ich habe letzte Woche mit Daniel darüber gesprochen, dass ihr meint, ich sollte eine Ausbildung machen. Zum Beispiel in einer Bank. Ich möchte allerdings studieren. BWL, oder so. Und er meinte, das kann man kombinieren. Ein duales Studium bei einer Bank. Und er hat vorgeschlagen, dass ich das in Ostfriesland absolvieren könnte. Dann kann ich erst mal bei ihm wohnen."

Sascha zog die Augenbrauen hoch.

„Na, da habt ihr ja schon ziemlich konkrete Pläne gemacht."

„Ich wollte Mama und dir nicht mit halbgaren Ideen kommen! Und Daniel kennt da oben in Norden jemanden aus der Personalabteilung einer Bank. Falls ich mich bewerbe, hätte ich mit meinen Zensuren wohl Chancen auf so einen Platz im Studienprogramm."

Sascha sah seinen Sohn prüfend an. Das wirkte alles nicht wie eine seiner sonstigen Flausen, die er im Kopf hatte.

„Wann möchtest du mit deiner Mutter sprechen? In beiden Punkten." Sascha lächelte aufmunternd.

„Auch wenn sie das mit dem Studium in Ostfriesland umhauen wird!"

Ben machte große Augen.

„Meinst du?"

„Ja, aber falls du das wirklich möchtest, wirst du sie überzeugen. So wie mich." Sascha klopfte seinem Sohn auf die Schulter.

„Es ist erschreckend, wie schnell ihr Kinder erwachsen werdet. Das ist wohl das Schlimmste an den Punkten, die du heute angesprochen hast. Damit wird deutlich, wie reif du geworden bist."

„Du meinst nicht, dass Mama sauer ist wegen …“ Es fiel Ben noch immer schwer, die richtigen Worte für sein Outing zu finden. Sascha half ihm bei einer möglichst harmlosen Formulierung.

„Dass du auf Jungs stehst? Ich glaube nicht. Tut sie ja auch.“ Er grinste und Ben lachte.

„Danke, Papa.“ Er drückte sich noch mal in Saschas Arme. Der genoss das Band, das ihn mit seinem Sohn verband.

„Ich geh dann mal zu Mama in die Küche. Wenn du sie schreien hörst, kommst du rüber und rettest mich?“

Sascha schnaubte belustigt.

„Sorg dafür, dass sie die Messer schon weggeräumt hat.“ Als er den Blick seines Sohnes sah, hob er beschwichtigend die Arme.

„Das war ein Witz, Ben!“

„Kein sehr Guter …“ Damit verließ Ben das Büro und lief über den Flur zur Küchentür. Er öffnete sie einen Spalt und lugte um die Tür herum. Julia war noch mit den letzten Vorbereitungen für den nächsten Tag beschäftigt. Sie nahm ihren Besucher nur zufällig war, strahlte ihren Sohn dann aber an.

„Nanu, was treibt dich zu mir in die Küche?“

Bens Herz sank ihm in die Hose. Er dachte daran, dass eigentlich Daniel mit seinen Eltern hatte sprechen wollen wegen des dualen Studiums. Doch bei der Outing-Sache konnte er schlecht seinen Großvetter für sich sprechen lassen. Und dann konnte er das mit dem Studium gleich auch klären. Doch ihm wurde bewusst, dass nach den nächsten Worten nichts mehr so war wie vorher. Das ängstigte ihn doch ein wenig!

„He, Schatz! Was ist los?“ Julia hielt ein Küchentuch in der Hand und lehnte an der metallenen Oberfläche, an der sie schon so viele Speisen zubereitet hatte. Ben dachte, dass sie sich in ihrem natürlichen Lebensraum aufhielt. Ganz im Gegensatz zu ihm, der nur mit Ach und Krach die Torte zum Geburtstag seiner Großmutter fertiggestellt hatte. Auch wenn Daniel etwas anderes behauptete. Er seufzte.

„Ach, es ist nur … also ich …“

Julia sah ihn besorgt an. Er war richtiggehend bleich im Gesicht. Bevor sie etwas sagen konnte, sprach Ben allerdings schnell weiter.

„Ich bin schwul!“

Julia schnappte nach Luft. Nicht, weil sie ein Problem damit hatte. Wenn sie ehrlich war, hatte sie schon längst mit so einem Gespräch gerechnet. Aber sie hatte nicht vermutet, es am Ende eines langen Arbeitstages zu führen. Ihr Lächeln rettete die spontane Reaktion. Ben sah sie unsicher an. Mit zwei Schritten hatte sie ihn erreicht und umarmte ihn. Sie drückte ihn so fest an sich, dass ihr Gesicht gegen seine Brust drückte. Wann war der Junge bloß so groß geworden?

„Oh, Schatz. Sorry, ich hatte nicht jetzt mit diesem Gespräch gerechnet. Aber du kannst lieben, wen du magst! Gibt es jemand Besonderen?"

Ben wurde der Hals eng. Mit einer so positiven Reaktion seiner Mutter hatte er nicht gerechnet. Er hatte keine Ahnung, warum, aber er hätte mit Vorwürfen gerechnet. Dass sie ihn nun so fest drückte, war überraschend. Ben versuchte, eine verräterische Träne wegzublinzeln und rieb sie sich letztlich ungeduldig von der Wange.

„Ben? Ist alles in Ordnung? Warum weinst du?"

„Ich weine nicht! Ich bin nur so erleichtert, dass du so reagierst, wie du reagierst!" Seine Stimme zitterte bei den letzten Worten.

„Was hast du denn gedacht, wie ich reagieren würde?"

„Na ja, Papa meinte, ich solle sehen, dass du die Messer weggelegt hast, bevor ich es dir sage."

Julia zog eine Augenbraue hoch.

„Du hast schon mit deinem Vater gesprochen?" Damit hatte sie nicht gerechnet und schwankte zwischen Erleichterung, dass sie es ihm nicht beibringen musste und Eifersucht, weil Ben nicht zuerst zu ihr gekommen war. Dann fand sie sich lächerlich. Die Hauptsache war doch, dass er es ihnen überhaupt erzählte. Das zeugte von Vertrauen! Ben nickte.

„Ja, es gibt nämlich noch etwas, was ich mit dir besprechen möchte."

Julia machte große Augen. Noch mehr Neuigkeiten? Doch sie unterbrach Ben mit einer Geste ihrer rechten Hand.

„Warte bitte, Schatz. Eins nach dem anderen. Du hast mir noch nicht verraten, ob du einen Freund hast. Also einen festen Freund." Während sie sprach, hatte sie ein Bild vor Augen. Ben und Paul, wie sie ab und an nach oben verschwanden. Und wie Ben oft nur von Paul sprach. In einem bestimmten Tonfall, der sie schon längst an einen verliebten Teenager hätte erinnern müssen.

„Paul und ich … also wir … wir sind uns näher gekommen … aber ich weiß nicht … ob das … also nur … Sex … oder Liebe … ist …“

Julia drückte das Tuch in ihren Händen unbewusst, während sie krampfhaft versuchte, die Vorstellung aus ihrem Kopf zu kriegen, wie ihr kleiner Junge, der Ben nun längst nicht mehr war, mit einem anderen jungen Mann Sex haben konnte!

„Also Paul. Er ist nett!“ Sie lächelte. Wenigstens jemand in seinem Alter. Das klang akzeptabel.

„Und ihr seid nun zusammen?“

Ben konnte nicht verhindern, mit den Augen zu rollen.

„Mama! Du brauchst noch kein Aufgebot bestellen! Ich bin gerade mal 17 Jahre alt! Wir haben ein wenig experimentiert. Und ich bin mir halt sicher, dass ich auf Jungs stehe.“

Julia nickte und drückte Ben noch mal fest an sich.

„Okay. Ich bin schon ruhig. Ich wünsche mir nur das Beste für dich, mein Schatz. Hab ein bisschen Geduld mit mir. In Ordnung?“

Nun nickte Ben und schaute seiner Mutter ins lächelnde Gesicht. Er hatte die Worte seines Vaters im Ohr, dass der zweite Punkt der größere Hammer für sie wäre. Er schluckte.

„Nun, äh, da gibt es ja noch etwas.“

Julia straffte sich und lehnte sich betont lässig an die Arbeitsplatte.

„Okay, schieß los!“

Ben holte tief Luft.

„Tu mir bitte den Gefallen und lass mich ausreden. Danach darfst du Fragen stellen. Okay?“

Julia nickte stumm und machte große Augen. Was konnte denn jetzt noch kommen?

„Ihr wolltet doch, dass ich nach dem Abi eine Ausbildung mache. Als Bankkaufmann oder so.“ Ben wartete nur so lange, bis Julia zur Bestätigung nickte und fuhr dann fort.

„Ich möchte allerdings lieber studieren. Das wisst ihr ja schon.“ Wieder ließ Ben seine Mutter nicken und sprach dann weiter.

„Als ich die Torte für Oma mit Daniel gebacken habe, konnte ich mit ihm sprechen. Er ist in der Personalabteilung angestellt. Und er hat einen Kompromiss vorgeschlagen. Ein duales Studium. Bei einer Bank.“

Julia wollte etwas sagen, doch Ben zeigte mit seiner rechten Hand an, dass er noch nicht fertig war.

„So weit, so gut. Allerdings möchte ich das nicht hier vor Ort absolvieren. Und da hat Daniel vorgeschlagen, dass ich mich bei den Banken in Norden bewerbe. Von einer kennt er jemanden aus der Personalabteilung persönlich. Und der hat schon gesagt, dass man meine Bewerbung berücksichtigen würde, auch wenn ich nicht aus dem Norden komme. Sonst achtet man dort wohl darauf."

Ben sah, dass Julia beim besten Willen nicht mehr warten konnte, etwas zu sagen. Er seufzte.

„Ja, Mama."

„In Ordnung. Also erst mal hast du mit Daniel gesprochen? Und warum muss es Ostfriesland sein? Bieten die Banken hier in der Gegend so ein Studium nicht an?"

„Doch. Aber ich möchte mal hier raus. Lena ist nach Hamburg gegangen. So ein Tapetenwechsel kann doch für meine Entwicklung nur gut sein! Außerdem könnte ich für die erste Zeit bei Daniel einziehen. Falls ich die Probezeit nicht bestehe, habe ich dann keinen fiesen Mietvertrag an der Backe!"

Julia war beeindruckt über welche Punkte ihr Sohn bereits nachgedacht hatte. Oder sein Mitverschwörer, Vetter Daniel. Erneut juckte es sie, dass ihr Sohn mit einer anderen Person zuerst gesprochen hatte. Warum nicht mit ihr? Doch hier musste sie eingestehen, dass sie ihm keine Hilfe gewesen wäre. Sie kannte sich mit solchen Dingen nicht aus.

„Was sagt dein Vater dazu?"

„Papa hat nichts dagegen. Sicherlich müssen wir noch mit Daniel sprechen. Und ich muss mich in dem Bewerbungsverfahren durchsetzen. Sonst bringen uns die schönsten Pläne nichts!"

Julia streichelte mit ihrer linken Hand sachte über Bens rechte Wange.

„Wann bist du nur so erwachsen geworden?"

Kapitel 21 – September 2021

Bei der ersten Gelegenheit am nächsten Tag sprachen Julia und Sascha mit Daniel. Zwischen dem Frühstück und den Vorbereitungen für das

Mittagessen saßen sie an dem üblichen Tisch an der vorderen Fensterfront. Zunächst war Daniel unsicher, mit welcher Detailtiefe die einzelnen Themen zwischen ihnen und Ben besprochen worden waren. Daher hielt er sich zurück und ließ das aufgeregte Elternpaar reden. Julia vibrierte vor Emotionen.

„Daniel, ich danke dir, dass du dir um Bens Zukunft Gedanken machst, aber wäre es nicht besser gewesen, uns gleich in eure Überlegungen mit einzubeziehen? Denn dann hättest du dem Jungen nicht gleich Flausen in den Kopf gesetzt, die sich vielleicht gar nicht erfüllen!"

Sascha saß neben seiner Frau und schaute gequält drein. Daniel ahnte, dass es zwischen ihnen schon eine Diskussion gegeben haben musste. Ihm war daran gelegen, die Angelegenheit zu Bens Wohl zu klären. So lächelte er tapfer und schluckte die Bemerkung, die ihm eigentlich auf der Zunge lag, herunter.

„Entschuldigt bitte, wenn es für euch so aussieht, als hätte ich Ben Flausen in den Kopf gesetzt. Das war bestimmt nicht meine Absicht."

„Ob mit Absicht oder nicht ist mir ziemlich egal, Daniel! Ben ist noch nicht mal volljährig. Wie soll er denn Entscheidungen mit solch einer Tragweite treffen? Da müssen wir als seine Eltern doch eingebunden sein!"

Daniel sah zu Sascha hinüber, der konzentriert auf die Tischplatte sah. Da konnte er wohl keine Unterstützung erwarten. Es fiel ihm immer schwerer, die Zähne zusammenzubeißen, damit er Julia nicht mal ein paar Takte erzählte. Da er nichts sagte, fuhr sie fort.

„Wie stellst du dir das überhaupt vor? Du hast doch keine Erfahrungen mit einem Teenager! Wir als Eltern sind Hunderte von Kilometern weit weg. Und du hast deinen Job, der dich in der Vergangenheit so in Anspruch genommen hat, dass wir keinen rechten Kontakt hatten ..."

Daniel riss der Geduldsfaden. Julias selbstgerechte Vorwürfe reichten ihm. Er setzte sich aufrecht hin und hieb mit der flachen Hand leicht auf den Tisch.

„Also, Julia. Bei aller Liebe, aber das ist doch Quatsch! Wirfst du mir ernsthaft vor, dass ich mich nach dem Tod meiner Eltern bei einem schrecklichen Unglück in die Arbeit vergraben habe, um das zu verarbeiten? Kontakt kann auch von zwei Seiten gehalten werden. Aber darum geht es jetzt gar nicht!" Daniel holte tief Luft. Er musste sich zügeln. Es ging um Ben, nicht um ihn. Erneut zwang er sich zu einem Lächeln, von dem er hoffte, es sah nicht zu künstlich aus. Dass Sascha sich nicht weiter einbrachte und nur stumm neben seiner Frau saß, ließ Daniels Blut kochen. Er war froh, dass Benjamin in den Ort gelaufen war, um ein paar kitschige Ansichtskarten zu besorgen. So musste er diese Diskussion nicht erleben. Ben saß vermutlich in seinem Klassenraum und bekam, Gott sei Dank, ebenfalls nichts von diesem Gespräch mit. Bevor Julia etwas erwidern konnte, sprach Daniel weiter.

„Jetzt geht es nur um Ben. Mir ist sehr wohl bewusst, dass er siebzehn Jahre alt ist. Er hat allerdings Schulnoten, mit denen er weit mehr als eine klassische kaufmännische Ausbildung absolvieren kann! Man muss nicht unbedingt studieren, um etwas im Leben zu erreichen. Bringt man allerdings die Voraussetzungen so deutlich mit, wie das bei Ben der Fall ist, dann spricht doch nichts gegen eine Kombination von Ausbildung und Studium. Und das kannst du mir glauben, Ben wird alles daransetzen, mal aus diesem Idyll herauszukommen!" Die letzten Worte hatte Daniel fast ausgespuckt. Er funkelte Julia über den Tisch hinweg an, die zum Gegenangriff überging.

„Ach! Da bist du dir so sicher? Er hat hier doch alles! Wozu sollte er den Edersee gegen Ostfriesland tauschen?"

Sascha verzog das Gesicht, als hätte er auf eine Zitrone gebissen. Er konnte solche Auseinandersetzungen nicht leiden. Allerdings wusste er nicht, was er sagen sollte, um den Konflikt zu lösen. Mit einem flehenden Blick in Daniels Richtung, wollte er eine Eskalation verhindern. Der war von der Untätigkeit seines Cousins enttäuscht. Konnte er sich nicht für seinen eigenen Sohn einsetzen? Daniel gab erneut dem Versuch nicht nach, seinen ersten Gedanken auszusprechen. Er hätte Julia am liebsten an den Kopf geknallt, dass es nur darum ging, ihrem gluckenhaften Getue zu entkommen. Doch das wäre unfair gewesen. Er durfte den Bogen nicht überspannen. Sonst würde sie sich schon nur den Plänen widersetzen, um ihm persönlich eins auszuwischen.

Da Daniel nicht sofort antwortete, setzte Julia eine triumphierende Miene auf. Daniel sah aus dem Fenster und hatte die schöne Landschaft im Blick. Er seufzte.

„Du hast recht, Julia. Er hat hier alles. Ein wunderbares Zuhause, verständnisvolle Eltern und eine Landschaft, die Tausende von Touristen anzieht." Er machte eine winzige Pause. Julia zog die Augenbrauen misstrauisch zusammen. Er hatte nur nette Dinge gesagt.

„Das ist allerdings lediglich unsere Sicht der Dinge. Ben hat doch eigene Vorstellungen von seinem Leben. Lena ist nach Hamburg gegangen. In die große Stadt. Und er soll hierbleiben? Das versteht er nicht. Und ich auch nicht."

Julia wollte ihn unterbrechen, doch er hob die Hand und sprach weiter.

„Ich wollte nur helfen! Und er muss das Auswahlverfahren doch erst mal für sich entscheiden. Selbst wenn es nicht klappt, hat er es aber wenigstens probiert! Er kann sich doch zusätzlich noch informieren, wo man an anderen Orten ein duales Studium absolvieren kann. Es muss nicht zwangsläufig das Bankenwesen sein. In Ostfriesland hätte es lediglich den Charme gehabt, dass er in der Probezeit bei mir wohnen könnte. Das spart nicht nur Geld, es wäre auch einfacher alles rückabzuwickeln, falls Ben feststellt, dass ihm das alles doch nicht liegt."

Bevor Julia etwas sagen konnte, mischte sich Sascha doch noch in das Gespräch ein.

„Für mich klingt das nach einem guten Plan. Ein annehmbarer Kompromiss."

Daniel zog die linke Augenbraue hoch. Annehmbar? Julia sah ihren Mann an, als hätte er ihr ein Messer in den Rücken gerammt. Sascha hielt das für einen guten Plan? Sie setzten beide gleichzeitig an, um Sascha anzugehen.

„Also ..." Daniel und Julia sahen sich an und begannen zu lachen. Die Spannung löste sich zusehends. Sascha lächelte und zuckte verwirrt mit den Schultern.

„Okay, was immer gerade passiert ist, lasst uns die gute Stimmung beibehalten."

Julia nickte und Daniel hielt das ebenfalls für einen sinnvollen Plan.

„Weißt du, Julia, Ben hätte sich nicht vor euch outen müssen. Er hätte alles daransetzen können, von hier fortzukommen, irgendwo zu studieren und sich ein Leben aufzubauen, von dem ihr im Zweifel nie etwas erfahren hättet. Das hat er aber nicht! Er hat sich in meinen Augen sehr erwachsen benommen und euch reinen Wein eingeschenkt. Sollte das nicht mit Vertrauen eurerseits belohnt werden?"

Überrascht stellte Julia fest, dass Daniel sie entwaffnet hatte. Fast.

„Ja, da kann ich nichts entgegensetzen. Allerdings bleibt die Frage, inwiefern du für Ben da sein kannst, selbst wenn er bei dir wohnt."

Daniel lächelte.

„Anscheinend habe ich hier den Eindruck erweckt, ich hätte kein Leben außerhalb meines Büros. Das ist so nicht richtig. Es ist nur so, dass im Moment niemand auf mich wartet. Also kann ich mich zu hundert Prozent auf den Job konzentrieren und mich da verwirklichen. Aber ich verspreche euch, dass ich für Ben da bin, sofern er mich überhaupt braucht. Mit Ausbildung und Studium dürfte er ausgelastet genug sein. Aber ich sorge dafür, dass er genug isst, schläft und auf sich achtet. Versprochen!"

Nach einem kurzen Seitenblick zu Sascha, der breit lächelte, nickte Julia langsam.

„Na gut. Lassen wir das Schicksal entscheiden. Ben soll sich bei der Bank bewerben. Und wir sehen dann, wie es ausgeht. Sascha sah auf seine Armbanduhr, sprang von seinem Stuhl auf und lief hinter den Tresen. Er kam mit drei kleinen Gläsern mit klarer Flüssigkeit zurück und stellte zwei davon vor Daniel und Julia ab.

„Es ist nach 11.00 Uhr. Lasst uns auf Bens Zukunft anstoßen!" Sascha hob sein Glas an den Mund und kippte es in einem Zug hinunter. Julia und Daniel taten es ihm gleich. Alle drei verzogen das Gesicht, als der brennende Obstler ihre Kehlen hinabrann.

„Ich muss jetzt in die Küche. Daniel, es tut mir leid, wenn ich vorhin übers Ziel hinausgeschossen bin. Bei meinen Kindern werde ich zur Löwenmutter." Sie zuckte mit den Schultern. Daniel stand auf und drückte Julia kurz an sich.

„Alles gut, Löwenmama. Ich befürchte, mir wird es ähnlich gehen, sobald ich Ben unter meiner Fuchtel habe."

Sie lachten herzlich und sogar noch mehr, als Benjamin durch die Eingangstür kam und die drei fragend ansah.

„Hier geht es ja lustig zu. Habe ich etwas verpasst?"

Daniel ging auf Benjamin zu, küsste ihn auf die Wange und nahm seine Hand, um ihn nach draußen vor die Tür zu ziehen. Der ließ sich bereitwillig führen und folgte Daniel lachend.

„Was ist denn los?"

Daniel sah ihn grinsend an und zog ihn weiter über die Straße bis zu dem Feldweg, der sich den Hügel hinaufzog und bis zu dem Feld führte, wo sie sich 28 Jahre zuvor im hohen Gras geküsst hatten. Benjamin konnte sich gut an ihre Küsse erinnern. Und wie nass sie anschließend geworden waren. Dieser Tag war völlig anders. Die Sonne stand mittlerweile hoch am blauen Himmel und bescherte ihnen einen wunderschönen Spätsommertag. Die Felder, an denen sie vorbeiliefen, waren zum großen Teil bereits abgeerntet, sodass abgeschnittene Maisstängel oder Weizenhalme aus der trockenen Erde ragten. Dazwischen lagen immer wieder Wiesen, die mit ihrem saftigen Grün für kräftige Farbtupfer sorgten. Als sie ein Stück gegangen waren, ließ Daniel Benjamins Hand los und legte seinen linken Arm um dessen Schultern. Sie strahlten sich an. Daniel drückte erneut einen Kuss auf Benjamins Wange.

„Ich kann gar nicht fassen, dass ich dich wieder im Arm halte."

Benjamin schaute erstaunt zu Daniel auf.

„Wie kommst du jetzt darauf?"

„Ach, vorhin hatten Julia, Sascha und ich eine Diskussion über Ben."

„Aha? Kommt sie nicht damit klar, dass er auf Jungs steht?"

Daniel überlegte sich die passenden Worte. Bislang hatte er Benjamin nichts von Bens Plänen erzählt.

„Nein. Das ist nicht das Problem. Ben möchte unbedingt studieren und hat auch die notwendigen Schulnoten dafür. Er ist ein richtiggehender Nerd! Allerdings möchte insbesondere Julia, dass er eine Ausbildung in der Nähe macht. Ben reizt das süße Studentenleben und die Möglichkeit, von zu Hause wegzukommen. Und ich habe ihm einen Kompromiss vorgeschlagen. Er könnte ein duales Studium machen. Ich weiß, dass eine Bank in Norden so ein Studienprogramm anbietet. Ben könnte einem Eskimo einen Kühlschrank verkaufen, also sollte er den Job in der Bank mit links erledigen. Und nach ein paar Jahren wäre er Bankkaufmann und Bachelor zugleich."

Benjamin blieb stehen.

„Das ist ja klasse. Aber warum soll er dafür ganz nach Norden gehen? Die Banken hier werden das doch auch anbieten, oder?"

Daniel nahm Benjamins Hand in seine und drückte sie ungeduldig. Sie standen voreinander und sahen sich konzentriert an.

„Ben geht es darum, von zu Hause wegzukommen. Und in Norden könnte er erst mal bei mir wohnen. Mein Haus ist groß …"

Benjamin zog seine Hand zurück.

„Ach so. Er soll bei dir wohnen. Okay …"

„Na ja, zunächst. Bis er die Probezeit bestanden hat. Und dann müssen wir mal weitersehen."

Daniel sah, wie sich Benjamins Augenbrauen konzentriert zusammenzogen. Die verhaltene Reaktion überraschte ihn.

„Benjamin, ist was? Habe ich etwas Falsches gesagt?"

„Nein. Ich bin nur überrascht. Saschas Sohn soll bei dir wohnen …"

Sie merkten beide, dass eine Menge unausgesprochene Worte zwischen ihnen standen. Selbst die Aussprache am Dienstag und die unbeschwerten Stunden, die sie seither miteinander verbracht hatten, konnten nicht ungeschehen machen, dass 28 Jahre vergangen waren, bis sie durch Saschas Manipulation doch noch mal zueinandergefunden hatten. Benjamin hatte Angst, dass Daniel ernsthafte Gefühle für Sascha hegte und aus diesem Grund eine Verbindung über dessen Sohn schaffen wollte. Daniel wiederum konnte nicht überwinden, dass Sascha und Benjamin eine Zeit lang zusammen waren und sein Cousin vermutlich sogar seinen Sohn nach ihm benannt hatte. Zudem traute er seinen eigenen Gefühlen für Benjamin nicht, denn Daniel fand ihn nach all den Jahren noch immer sehr anziehend. Doch hatten sie dieses Mal eine Chance für ein Zusammensein?

Sie erreichten die Stelle, wo sie vor so langer Zeit zum ersten Mal intim geworden waren und blieben stehen. Da sie keine Decke oder Ähnliches dabeihatten, konnten sie sich schlecht ins Gras legen. Dabei wäre Daniel gern über Benjamin hergefallen. Allein schon, um ihm zu zeigen, wie sehr er ihn mochte und dass die Sache mit Ben nicht zwischen ihnen stehen würde. Sie standen unschlüssig herum und sahen sich linkisch um. Benjamins Blick fiel auf eine Bank, die ein Stück weiter am Wegesrand stand.

„Sieh mal, wollen wir uns da setzen?"

Daniel atmete erleichtert auf.

„Ja, das ist eine gute Idee."

Er nahm zuerst auf der Bank Platz und zog Benjamin so an sich, dass dessen Rücken an seiner Brust lag. Daniel legte seine Arme um Benjamins Oberkörper und hielt ihn fest. Er atmete den Duft von Benjamins Haaren ein und drückte ihm einen sanften Kuss auf die Schläfe. Leise sprach Daniel in Benjamins Ohr.

„Würdest du mich bald mal in Norden besuchen kommen?"

Benjamin setzte sich ruckartig auf und drehte sich zu Daniel um. Sein Blick war eine Mischung aus Überraschung und Vorwurf.

„Ist das dein Ernst?"

Daniels Herz sank. Begeisterung sah anders aus.

„Ja. Warum nicht?"

Benjamins wortloser Blick sprach Bände. Daniel verstand. Also fuhr er fort.

„Okay. Bestimmte Fehler mache ich nur einmal. Daher frage ich dich ernsthaft, ob du mich demnächst in Norden besuchen kommst!"

Benjamins Mundwinkel hoben sich in Zeitlupe. Daniel beobachtete ihn so genau, dass ihm auffiel, wie ein Windhauch durch Benjamins Haare strich und sie etwas zauste. Nach einer gefühlten Ewigkeit konnte er Benjamins Zähne zwischen seinen verlockenden Lippen sehen. Er lächelte. Wie in Trance streckte Daniel seine rechte Hand aus und legte sie um Benjamins Nacken, zog ihn zu sich und legte seine Lippen auf die seines Gegenübers. Sie öffneten sich und ihre Zungen berührten sich für einen sanften Kuss. Als sie sich voneinander lösten, grinste Benjamin.

„Ein deutlicheres ‚Ja' konnte ich dir nicht geben!"

Daniel lachte erleichtert auf.

„Ja, das habe ich verstanden."

Benjamin überlegte kurz und entschied sich dann, reinen Tisch zu machen.

„Hör mal, wir wohnen noch immer hunderte Kilometer auseinander. Klar, als Teenies war die Entfernung im Grunde unüberwindbar. Aber heute ist das ebenso kein Pappenstiel."

Daniel nickte, sah Benjamin aufmerksam an und merkte, wie es eng in seiner Brust wurde. Wollte Benjamin ihm schonend beibringen, dass das nicht mehr als ein kurzes Abenteuer zwischen ihnen werden konnte? Freundschaft mit gewissen Vorzügen, falls sie Lust hatten, sich regelmäßig alle paar Wochen zu besuchen? Der Schatten, der über Daniels Gesicht zog, fiel Benjamin auf und er hielt inne. War es zu früh für dieses Gespräch? Er drehte den Kopf zur Seite. Seit Dienstag hatten sich tausende Schmetterlinge in seinem Bauch eingenistet! Selbstverständlich hatte sich der

Mann, den er vor drei Tagen nach 28 Jahren wiedergesehen hatte, verändert. Aber der junge Daniel lugte immer wieder hervor. Sei es durch die Art, wie er etwas sagte. Eine Geste, die er beim Erzählen machte. Oder sein gewinnendes Lächeln, bei dem er seine schönen Zähne zeigte. Sie hatten beide ihr Leben gelebt. Aus welchem Grund der junge Daniel damals beschlossen hatte, den Kontakt nicht zu halten, nicht auf die Briefe zu reagieren, wusste er nicht. Das Schicksal hatte es vielleicht so für sie vorgesehen. Benjamin befand, er hatte lange genug gewartet. Er wollte nicht durch unnötiges Zögern eine erneute Chance verpassen. Er wandte sein Gesicht wieder Daniel zu und sah ihn ernst an. Er würde alles auf eine Karte setzen!

„Daher wäre ich bereit, meine Zelte in Göttingen abzubrechen und zu dir nach Norden zu ziehen. Falls es zwischen uns funktioniert, meine ich. Und falls du überhaupt magst ..."

Daniels Augen wurden groß. Damit ergab Benjamins verhaltene Reaktion auf die Eröffnung von Bens eventuellem Umzug absolut Sinn! Er hatte sich ihre Zukunft schon ausgemalt. Darin war Ben sicherlich nicht enthalten! Ein Kribbeln breitete sich in seinem Bauch aus und verteilte sich in jeder Faser seines Körpers. Benjamin wollte zu ihm ziehen! Sollte er wirklich alles haben? Einen tollen Job, einen begehrenswerten Partner und einen süßen Untermieter, der Leben in die gesetzte Behausung bringen würde?

Benjamin hing an Daniels Lippen, als der sprach.

„Aber was ist mit deinem Job? Was willst du in Ostfriesland machen?"

„Oh, du alter Personaler. Nichts geht über den Job, hm? Da mach dir mal keine Gedanken. Ich arbeite jetzt schon zu 80 Prozent im Homeoffice. Das ist der Vorteil, ein IT-Spezialist zu sein, der deutschlandweit gebucht wird. Einzige Voraussetzung ist ein stabiler Internet-Zugang. Sag mir bitte, dass du hammermäßiges Breitbandinternet hast!"

Daniel lachte laut.

„Reichen dir 500 Mbit pro Sekunde?"

Benjamin riss die Augen auf.

„500 Mbit?!"

„Ja, ich streame oft und habe etwas gegen Pufferzeiten."

„Unfassbar. Das ist der Hammer!"

Daniel freute sich über die freudige Reaktion und lächelte.

„Okay, also ist das eine Option. Du solltest dich allerdings mit dem Hausbesitzer gutstellen. Dann bekommst du vielleicht ein schönes Zimmer."

Benjamin runzelte die Stirn.

„Ich dachte, dass Haus gehört dir?"

Daniel grinste und zog eine Augenbraue hoch. Benjamin schlug sich mit der flachen Hand an die Stirn.

„Oh, ich Idiot. Natürlich stelle ich mich mit dem Hausbesitzer gut!" Damit stürzte er sich auf Daniel und küsste ihn.

Kapitel 22 – September 2021

Freitagabend saß die Familie beisammen. Tante Lotte hatte sich für Daniels und Benjamins letzten Abend in Schale geworfen und war zum Abendessen um 19.00 Uhr erschienen. Ben hatte Paul eingeladen. Er wollte die Gelegenheit nutzen, um seine Oma einzuweihen. Mit Daniel an seiner Seite fühlte er sich stark genug, um mit einer ablehnenden Reaktion klarzukommen. Julia hatte über Tag so viel wie möglich für das Abendessen der Hotelgäste vorbereitet, sodass die Crew für die Dauer des Essens mit der Familie auch mal ohne sie klarkam. Für den Barbetrieb hatte Sascha eine Aushilfe eingeteilt. Ausnahmsweise war ein großer Tisch im Saal für sieben Personen eingedeckt.

Lotte nahm am Kopf des Tisches Platz und besah sich die Runde. Sascha und Julia saßen nebeneinander und strahlten sich an. Ihnen gegenüber saßen Daniel und dieser Benjamin, von dem man ihr bei der Vorstellung erzählt hatte, dass er in dem Sommer 1993 als Gast im Hotel gewesen war. Sie hatte einige eindrucksvolle Erinnerung an diese Zeit, doch an den gutaussehenden Mann konnte sie sich beim besten Willen nicht erinnern. Sie spürte aber genau, dass da etwas Besonderes zwischen ihm und ihrem Neffen war. Die zwei konnten die Augen kaum voneinander lassen und berührten sich immer wieder verstohlen mit den Händen am Tisch. Machten sie das so unauffällig, um ihr nicht vor den Kopf zu stoßen? Das musste sie unbedingt richtigstellen. Doch zuerst wollte sie ergründen, warum ihr Enkel seinen Kumpel zu diesem Familienessen eingeladen hatte. Paul war ihr bislang eher selten begegnet, hatte jedoch stets einen guten Eindruck bei ihr hinterlassen. Er und Ben waren schon seit einer Ewigkeit befreundet. An diesem Abend saßen sie sich am Tisch gegenüber und … Lotte sah zu ihrem Sohn und ihrer Schwiegertochter hinüber, die einen Blick wechselten. Sie drehte den Kopf nach rechts und sah Daniel und seinen Benjamin prüfend an. Sie lächelten einander verliebt an und zwinkerten sich zu. Lotte sah zum anderen Tischende und erkannte alles. Sie lachte. Laut. Aus vollem Hals. Ihr schmaler Körper bebte unter dem dröhnenden Lachen, das man bei einer Frau ihres Altes nicht vermutete. Die Runde sah sie erstaunt an. Tränen liefen ihr aus den Augenwinkeln und sie wischte sie ganz undamenhaft weg, als sie sich erklärte.

„Na, hier ist heute Abend aber eine Menge Liebe am Tisch versammelt, was?"

Ben klappte der Mund auf und er sah seine Großmutter erstaunt an. Paul wurde knallrot und bekam die linke Hand von Benjamin getätschelt. Julia starrte ihre Schwiegermutter sprachlos an. Daniel grinste, denn er liebte seine Tante für deren immer noch ungeheuerliches Gespür für ihre Mitmenschen und ihre ausgesprochen direkte Art, die Dinge zu benennen, wie sie waren. Er legte seine linke Hand auf ihre Rechte und drückte sie vorsichtig. Lotte sah ihn an und grinste verschmitzt.

„Ich habe doch recht, oder?"

Daniel nickte und zwinkerte ihr zu.

„Du hast doch immer recht." Er sah anschließend zu Ben und nickte ihm aufmunternd zu.

„Ja, äh, also … Oma, richtig. Paul und ich wir sind … ganz neu … mehr … als nur Freunde."

Daniel tat Ben leid. Er sprang ihm zur Seite.

„Tante Lotte, Benjamin und ich haben uns hier ja nach knapp 28 Jahren wiedergesehen und uns erneut verknallt." Er sah in die Runde.

„Und er wird so schnell wie möglich zu mir nach Norden ziehen."

Mit dieser Ankündigung sorgte er bei Julia, Sascha und Ben für Stirnrunzeln. Sie sahen ihn alle fragend an. Stand damit das Angebot für Bens Ausbildung nicht mehr? Als Daniel das begriff, erklärte er sich kryptisch.

„Also alle vorher besprochenen Pläne bleiben trotzdem bestehen!"

Nun runzelte Tante Lotte ihre eh schon faltige Stirn.

„Welche Pläne denn? Was ist hier heute eigentlich los? Ben, habe ich das richtig verstanden? Du und Paul, ihr seid ein Paar?"

Ben nickte zögernd.

„Das ist doch prima. Da brauchst du doch nicht so zu stammeln." Lotte wandte sich an Julia und Sascha.

„Wann habt ihr es erfahren?"

Von ihrer direkten Art mal wieder überrumpelt, drückte Sascha Julias Arm. Ihr Zeichen, dass sie antworten sollte. Sie warf ihrem Mann einen bösen Blick zu, wandte sich dann jedoch ihrer Schwiegermutter zu.

„Er hat es uns vor ein paar Tagen erzählt. Ebenso von seinen Plänen, im nächsten August nach Ostfriesland zu gehen. Falls seine Bewerbung bei einer Bank angenommen wird."

Seit langer Zeit sahen sie ihr weibliches Familienoberhaupt überrascht und sprachlos. Sascha nutzte die Gelegenheit, um seine Mutter auf den neuesten Stand zu bringen.

„Er würde dann bei Daniel und Benjamin wohnen. Also fürs Erste. So kommt er mal hier heraus und lernt, auf eigenen Beinen zu stehen."

Lotte merkte, wie ihr unnütze Tränen der Rührung in die Augen traten. Ihr Enkel wurde erwachsen. Sie sah angestrengt nach oben und blinzelte die verräterische Feuchtigkeit weg.

„So, also ist heute Abend nicht nur ein Abschied angesagt. Es wird auch ein Wiedersehen geplant. Das ist wunderbar!"

Solch versöhnliche Töne hörte man von ihr selten. Damit überraschte sie erneut die am Tisch versammelten.

Als Julia nach dem Essen in die Küche verschwand, um nach dem Rechten zu sehen, gesellte sich Lotte zu ihrem Enkel und dessen Freund. Bens Erleichterung war mit Händen zu greifen. Er liebte seine Großmutter, auch wenn sie mitunter streng und etwas furchterregend sein konnte. Dem überforderten Paul bot sie sogar das ‚Du' an.

„Sag einfach Lotte zu mir."

Sascha, Daniel und Benjamin stahlen sich nach oben ins zweite Obergeschoss. Sie standen in Daniels Zimmer etwas unbeholfen voreinander, bevor Sascha den Anfang machte und zuerst Benjamin und anschließend Daniel an sich zog und sie fest drückte. Wie ferngesteuert wurde Daniels Mund an Saschas Lippen geführt und sie küssten sich zart. Sascha ließ von ihm ab und küsste Benjamin ebenso sacht auf dessen Lippen.

„Die Verabschiedung morgen wird deutlich zurückhaltender ausfallen müssen." Sascha grinste. Daniel zog eine belustigte Grimasse und Benjamin kicherte.

„Oh ja, sonst wird es ungemütlich für dich."

„Ich freue mich sehr für euch. Nutzt diese zweite Chance und werdet so glücklich, wie das Schicksal es schon vor 28 Jahren für euch vorgesehen hatte!"

Benjamin hatte feuchte Augen und stellte eine Frage, die ihm seit vielen Jahren auf der Seele brannte.

„Was ist mit dir, Sascha? Bist du glücklich?"

Sascha nickte eifrig.

„Ja, ich bin glücklich. Schaut euch nur meine wundervolle Familie an! Ich möchte nicht einen Moment mit euch beiden missen, aber ich bin fest davon überzeugt, dass letztlich ihr diejenigen seid, die zusammengehören. Ich drücke uns allen fest die Daumen, dass Ben bei der Bank angenommen wird. Dann sehen wir uns schon wegen des Umzugs auf jeden Fall wieder."

Daniel seufzte deutlich.

„Auch für den Fall, dass Ben sich den Ausbildungsplatz in Norden nicht sichern kann, werden wir uns nicht erst in 28 Jahren wiedersehen! Bei euch kann man sehr schön Urlaub machen. Und dieses Zimmer langt zur Not für uns zwei." Sie lachten und Sascha machte sich für den Rückzug bereit.

„Ich lass euch zwei Turteltauben mal allein und bringe meine Mutter nach Hause."

Sie drückten sich ein letztes Mal inniger, als es am nächsten Tag bei der offiziellen Verabschiedung schicklich wäre. Dann zog Sascha die Tür hinter sich zu.

Am nächsten Vormittag verstauten Daniel und Benjamin ihr Gepäck jeweils in ihren Autos und standen umringt von der Familie auf dem Schotterparkplatz. Der Tag war viel zu schön für solch eine Abschiedsszene, doch Daniel war dankbar für das trockene Wetter. Die Sonne hatte eine erstaunliche Kraft und immer wieder versetzte ihn das Gefühl der Wärme auf seiner Haut in den Sommer 1993. Er ahnte, er würde auf der Rückfahrt nach Norden eine Menge Erinnerungen verarbeiten. Tante Lotte drückte Daniel und sogar Benjamin fest an sich und nahm ihnen das Versprechen ab, bald mal wieder vorbeizuschauen. Sie hatte zwar vor, 100 Jahre alt zu werden, aber wer wusste schon, ob es ihr vergönnt war. Also sollten sie nicht zu lange warten. Julia hatte ihnen liebevoll verpackte Sandwiches gemacht, drückte sie nacheinander und küsste Daniel auf die Wange.

„Nochmals Entschuldigung, dass ich meine Krallen so deutlich ausgefahren habe. Dabei wolltest du nur helfen. Hoffentlich sehen wir uns bald wieder!"

Daniel drückte sie fest und gab ihr einen Kuss auf die Wange.

„Das werden wir. Ben ist so talentiert, der wird die Bänker schon von sich überzeugen."

Ben schmiss sich fast in Daniels Arme.

„Drück mir die Daumen, rosa Schaf. Ich melde mich, sobald ich etwas gehört habe."

Mit Tränen in den Augen sah Ben Daniel an.

„So machen wir das. Du schaffst das schon. Falls du für ein Vorstellungsgespräch persönlich vorab erscheinen musst, gib mir Bescheid. Du bleibst dann natürlich bei mir." Nach einer Sekunde korrigierte sich Daniel lachend.

„Also bei uns." Er sah Benjamin an und grinste.

„Sorry, ist noch ungewohnt."

Zum guten Schluss war Sascha noch mal an der Reihe, drückte erst Benjamin und anschließend Daniel züchtig. Daniel raunte er ins Ohr.

„Ich hab dich lieb!"

Sie lösten sich voneinander und Daniel zwinkerte ihm nickend zu. Er sah in die Runde.

„So, und jetzt gönnt uns noch einen Moment Privatsphäre. Wir müssen uns voneinander verabschieden."

Es erklang Gelächter und die Familie ging über die Straße auf den Hoteleingang zu. Daniel drückte Benjamin an sich und küsste ihn ungeniert auf den Mund.

„Fahr schön vorsichtig. Und wir telefonieren nachher!"

„Das machen wir. Fahr du bitte vorsichtig. Deine Fahrt ist wesentlich länger. Ich bin in einer guten Stunde zu Hause angekommen."

„Tja, dann pack doch schon mal was zusammen." Daniel lachte und war in dem Augenblick so glücklich, dass er hätte platzen können. Er musste an die Anreise denken, wo ihn auf den letzten Kilometern der

Gedanke an den Aufenthalt gequält hatte. Und nun fuhr er als glücklicher Mann nach Hause. Nur unter Aufbietung all seiner Kräfte löste sich Daniel von Benjamin, lächelte ihm noch mal zu und ging um sein Auto herum. Er stieg in den Wagen, startete den Motor, setzte zurück und brauste aus dem Fenster winkend die Straße hinunter. Im Rückspiegel wurden sie zügig kleiner. Sascha, Julia im Arm. Die hatte eine Hand auf Bens Schulter gelegt. Und daneben stand Tante Lotte und wedelte mit einem Stofftaschentuch.

Kapitel 23 – August 1993

Daniels letzte Woche war wie im Flug vergangen und Sascha hatte sich viel Mühe gegeben, die durch Benjamins Abreise entstandene Lücke zu füllen.

Für jede freie Minute, die Tante Lotte ihnen zugestand, hatte Sascha sofort einen Plan gehabt. Sie waren entweder zum Baden an ihre übliche Stelle gefahren, hatten im kühlen Wasser getobt und sich gegenseitig mit der schützenden Sonnenmilch an allen möglichen und unmöglichen Stellen eingerieben. Dabei hatte Daniel Sascha sogar den Gefallen getan und ihm eine Fußmassage nach Benjamins Vorbild gegeben. Die gewünschte Wirkung hatte nicht auf sich warten lassen und so war es sogar noch zu einem prickelnden Abenteuer im Schutz des hohen Grases am Seeufer gekommen.

Das ‚Las Wegas' hatten sie in der Mittwochnacht unsicher gemacht. Sascha war so rücksichtsvoll gewesen, dieses Mal mit keiner Tussi herumzumachen. Dafür hatte Daniel, bevor sie in der Nacht zurück zum Hotel fuhren, Sascha noch auf dem Parkplatz im Schutz der getönten Scheiben auf dem Rücksitz einen geblasen. Es hatte Daniel gereizt, dass Sascha bislang noch keinen Sex mit ihm im Golf gehabt hatte. So war er, statt auf dem Beifahrersitz Platz zu nehmen, hinten eingestiegen und hatte den fragend dreinschauenden Sascha aufgefordert, seinen geilen Arsch doch ebenfalls auf die Rückbank zu bewegen. Das hatte der sich nicht zweimal sagen lassen und war eiligst ebenfalls hinten eingestiegen. Nach einer kurzen und leidenschaftlichen Knutscherei war Daniel mit seinen Lippen über Saschas freigelegten Oberkörper hinabgewandert, hatte die Jeans geöffnet und den hervorschnellenden, harten Prügel so lange gelutscht, bis ihm die heiße salzige Soße gegen den Gaumen gespritzt war.

Am Donnerstag war der letzte vollständige Tag angebrochen. Schon beim Aufwachen merkte Daniel, dass er am liebsten für immer bleiben würde. Dabei wusste er, dass das keine Option war. Er genoss die Spielereien mit Sascha, er mochte seine Aufgaben im Hotel, doch war klar, dass es dafür ein Ablaufdatum gab. Und das war am morgigen Freitag. Ausgerechnet ein Freitag der Dreizehnte! Daniel beschloss mit einem schiefen Grinsen, dass er nicht abergläubisch werden würde und schwang die Beine aus dem Bett. An seinem letzten Tag wollte er sämtliche Aufgaben noch mal bewusst erledigen und genießen. Während er sich im Badezimmer die Haare föhnte, dachte er an die anstehende Nacht und fragte sich, wie Sascha und er sie verbringen würden. Würde es zwischen ihnen noch zu „richtigem" Sex kommen? Würde Sascha ihn so nehmen, wie er Benjamin genommen hatte? Kondome und Gleitgel waren noch in seinem Rucksack vorhanden. Daniel hatte nur keine Ahnung, ob Sascha ihn so wollte. Als sie die Nacht vor Benjamins Abreise in seinem Bett verbracht hatten, gab Sascha nach dem Aufwachen so einen Kommentar von sich. Allerdings hatte er in den vergangenen Tagen, auch nach dem Disco-Besuch im Auto, keine Anstalten gemacht. Daniel hielt in seinen Bewegungen inne, schaute sich im Spiegel an und grinste. Es juckte ihn, gevögelt zu werden! Er schüttelte den Kopf, als konnte er damit die schmutzige Fantasie loswerden und konzentrierte sich darauf, seine Haare zu stylen.

Unten im Restaurant begegnete ihm Sascha, der bereits einen Großteil der Tische fertig eingedeckt hatte und sofort flatterten einige Schmetterlinge in Daniels Bauch herum. Dieses Gefühl wurde noch verstärkt, als Sascha lächelnd an ihm vorbeiging, einen guten Morgen wünschte und ein Hauch seines AXE Alaska Bodysprays in seine Nase zog. Dieser Duft hatte es Daniel angetan und sorgte sofort dafür, dass es eng in seiner Hose wurde. Toll, dachte er, wie soll ich den Tag überstehen, ohne noch einen Skandal zu provozieren, weil ich mich auf Sascha stürze, um von ihm gefickt zu werden?

Tante Lotte erschien im Restaurant und lächelte Daniel an.

„Guten Morgen, mein Lieber. Da bist du ja. Wie immer fleißig am frühen Morgen. Sogar am letzten Tag."

„Guten Morgen, Tante Lotte. Ja, es ist unglaublich, dass meine Zeit bei euch schon fast rum ist. Morgen geht es nach Hause …"

Tante Lotte tätschelte ihm die linke Schulter und sah sich im Restaurant um.

„Sascha scheint das hier alles im Griff zu haben. Komm doch mal bitte mit in mein Büro. Wir haben noch etwas zu besprechen."

Daniels Gedanken rasten. Was hatte er angestellt? War sie hinter die intimen Momente mit Sascha gekommen? Hatte Benjamin etwas verraten? Wie ein Lamm, das zur Schlachtbank geführt wird, trotte er mit gesenktem Kopf hinter ihr her und setzte sich, nach ihrer Aufforderung auf den Besucherstuhl. Tante Lotte nahm hinter ihrem Schreibtisch Platz und lächelte ihn an. Das verwirrte Daniel noch mehr.

„Ach, nun schau doch nicht drein, als wollte ich dir eine Standpauke halten. Du hast in den letzten Wochen einen so guten Job gemacht. Du warst viel fleißiger und hilfsbereiter, als ich es erwartet hatte. Wenn ich daran denke, wie wir sogar diese spontane Reisegesellschaft annehmen konnten und ihr im Service geflitzt seid. Das war sehr gut für unsere Finanzen. Das kann ich dir sagen." Sie machte eine kurze Pause und Daniel grinste sie mit roten Wangen an. Ihr Lob bedeutete ihm viel.

„Und daher möchte ich dir zu der Summe, die wir für die sechs Wochen vereinbart hatten, noch mal 50,00 Mark für jede Woche drauflegen. Ich weiß, das ist nicht viel, aber mehr kann ich nicht erübrigen."

Daniel hatte nicht damit gerechnet, dass er noch mehr als das vereinbarte Gehalt bekommen würde, daher winkte er schnell ab.

„Danke, Tante Lotte. Das ist sehr großzügig. Ich freue mich riesig. Ich hatte hier eine tolle Zeit. Es hat mir Spaß gemacht! Und wenn ich tatsächlich eine Hilfe war, freut es mich noch mehr."

„Oh ja, mein Lieber. Und ich habe gemerkt, dass Sascha dauerhaft Unterstützung braucht. Daher habe ich ab dem 01. September einen Auszubildenden eingestellt. Das war zwar ein ordentlicher Papierkrieg mit der Industrie- und Handelskammer, aber dank deiner Unterstützung konnte ich die Zeit investieren. Sascha weiß noch nichts davon. Das habe ich mir als Trostpflaster überlegt, wenn er wieder zurückkommt, nachdem er dich zum Bahnhof gebracht hat."

Daniel konnte es kaum glauben. Er freute sich für Sascha, spürte aber bereits jetzt einen Stich der Eifersucht. Zugleich fragte er sich, wie ihre letzten Worte gemeint waren. Wieso brauchte Sascha in ihren Augen Trost, wenn er weg war? Ahnte sie doch etwas?

„Keine Sorge, Tante Lotte. Ich verrate ihm nichts. Ich finde es gut, wenn ihr Unterstützung bekommt. Als Gast hat man keine Ahnung, was so hinter den Kulissen eines Hotelbetriebs alles zu erledigen ist. Selbst ich habe nur einen Teil erlebt."

Tante Lotte setzte sich in ihrem Bürostuhl kerzengerade auf und setzte ihre geschäftsmäßige Miene auf.

„Nun gut. Dann hätten wir das geklärt. Möchtest du deine Bezahlung in bar? Oder soll ich es dir lieber überweisen? Das ist eine ordentliche Summe."

Daniel überlegte nur kurz.

„Können wir es so machen, dass du mir die eine Hälfte bar gibst. Und den Rest überweist?"

„Daran hätte ich nicht gedacht, aber das geht natürlich auch." Lächelnd griff sie in ihre Schreibtischschublade, zog einen Schlüssel hervor und öffnete damit eine Geldkassette, die in einem Schränkchen stand. Sie nahm einige Geldscheine heraus und zählte sie vor Daniel auf den Schreibtisch. Der bekam große Augen. So viel Geld hatte er in bar noch nie besessen.

„Danke, Tante Lotte." Er steckte die Scheine schnell zu einem Bündel gerollt in seine Hosentasche.

„Du hast dir jede Mark redlich verdient. Verstau das Geld erst mal gut, bevor du jetzt im Service hilfst. Wenn du das verlierst, Gnade dir Gott!"

„Natürlich. Danke nochmals."

Daniel begriff, dass ihre Unterhaltung beendet war und sprang vom Stuhl auf.

„Und, Daniel?"

Er drehte sich gehorsam um und sah sie lächeln.

„Schreib mir bitte noch deine Kontonummer und die Bankleitzahl auf, damit ich dir den Rest überweisen kann."

Das hatte er schon wieder vergessen. Zu blöd. Er grinste verlegen.

„Klar. Danke!" Er sauste davon.

Nach einem sehr ruhigen Mittagessen, wo Daniel und Sascha sich um ziemlich wenige Gäste zu kümmern hatten, passte Lotte sie ab, als sie an der großen Theke vorbeiliefen.

„He, ihr zwei! Ich nehme an, dass heute Abend ebenfalls recht wenig los sein wird. Und ich habe eine Aushilfe organisiert. Also habt ihr beiden ab jetzt für den Rest des Tages frei.“ Sie wandte sich Sascha zu.

„Unternimm doch noch mal etwas mit Daniel ohne Zeitdruck. Den Service bekomme ich heute Abend hin. Das Wetter ist so schön. Macht was draus.“

Sascha konnte es kaum glauben und sah von seiner Mutter zu Daniel. Der grinste und schien sich über diese Möglichkeit zu freuen. Sascha drehte sich wieder zu seiner Mutter.

„Danke, Mama. Okay, dann düsen wir mal los.“

Wie auf Kommando liefen sie die Treppe ins zweite Obergeschoss hoch und steuerten auf ihre Zimmer zu. Sascha schlüpfte mit in Daniels Zimmer hinein und jubelte erst da.

„Mensch, das ist ja klasse. Heute ist ein schöner Tag! Wollen wir noch mal zum Schwimmen gehen? Oder hast du eine andere Idee?“

Daniel sah Sascha mit durchdringendem Blick an und sagte zunächst kein Wort.

„Was ist los? Was hast du?“

Bevor Daniel sprach, verknotete er seine Finger ineinander und verzog das Gesicht zu einer gequälten Miene.

„Es ist mir egal, was wir machen. Bis auf eine Sache.“ Daniel verstummte und wünschte sich, sein Cousin konnte Gedanken lesen. Er wusste nicht, wie er es aussprechen sollte, ohne vor Scham umzufallen. Sascha sah ihn ungeduldig an.

„Ja, was denn? Schieß los!“

„Ich … also ich weiß nicht …“

„Daniel! Sag schon. Raus mit der Sprache!“ Sascha packte seinen Vetter an den Oberarmen und schüttelte ihn leicht. Der holte tief Luft und atmete schwer aus. Erst dann traute er sich, seinen Wunsch auszusprechen.

„Ich möchte, dass du mich fickst.“

Sascha erstarrte zur Salzsäule und sah Daniel überrascht an.

„Echt?“

Daniel sah in Saschas blaue Augen und schmolz dahin. Er roch den typischen Sascha-Duft und fühlte es überall an seinem Körper kribbeln. Sie konnten es jetzt tun, er war bereit. Aber Sascha schien so überrascht. Und wie eingefroren. Hatte er das mit Benjamin nur gemacht, weil er für ihn besondere Gefühle hegte? Er konnte Sascha nicht in die Augen sehen und schaute zur Seite.

Da spürte er Saschas Finger über seine Wange streichen. Der zog ihn fest an sich und presste seine Lippen voller Verlangen auf seinen Mund. Bereitwillig öffnete Daniel seinen Mund und ließ Saschas Zunge hineingleiten. Es schien ihm, als hätte Sascha mindestens vier Hände, denn seine warmen Berührungen spürte er überall an seinem Körper zu gleich. Sein Hintern wurde gepackt, sein Nacken wurde gestreichelt und die Knöpfe seines Hemdes wurden flink geöffnet, sodass eine warme Hand hineingleiten und seine Brustwarzen reizen konnte. Völlig eingehüllt in Saschas männlichen Duft ließ sich Daniel führen und reagierte lediglich auf Saschas Impulse. Der lenkte ihn geschickt zum Bett, zog ihm die Schuhe und Socken aus, fummelte am Reißverschluss der schwarzen Stoffhose herum und zog sie ihm ungeduldig über die Beine nach unten. Es dauerte nur wenige Momente, bis sie beide splitternackt auf Daniels Bett landeten und sich mit Händen und Lippen überall berührten. Wie in einem Knäuel drehten und wendeten sie sich so lange, bis Daniel Saschas Erektion tief in den Rachen aufnahm und zugleich dessen warme Lippen an der Kuppe seines Freudenspenders spürte. Es kochte und zog in seinen Eiern, die Sascha packte und knetete. Verzweifelt versuchte Daniel, sich dieser Behandlung zu entziehen, da er Angst hatte, sich viel zu früh in den Mund seines Cousins zu entladen. Daniel stöhnte und röchelte. Mit der großen fleischigen Latte in seinem Mund bekam er kein vernünftiges Wort heraus. Er klopfte Sascha auf die rechte Pobacke und hoffte, er konnte so auf sich aufmerksam machen. Tatsächlich begriff Sascha und zog sich aus Daniels Mund zurück.

„Oje, war das zu heftig? Entschuldige."

Daniel schöpfte tief Luft und antwortete gepresst.

„Nein, alles okay. Wenn du so weitermachst, spritze ich nur gleich ab."

Sascha kicherte.

„Na, das wollen wir unter allen Umständen vermeiden."

Daniel verdrehte die Augen und hieb ihm erneut auf den noch immer über seinem Gesicht schwebenden Arsch.

„Blödmann!"

Sascha drehte sich und legte sich so neben Daniel, dass er ihm in die Augen schauen konnte.

„Und du bist dir sicher, dass du es tun möchtest?"

Daniel verlor sich in den blauen Seen, die in Saschas schönen Augen schwammen und nickte.

„Ja, bitte."

Daniel setzte sich auf und griff in seinen Rucksack, der neben dem Bett lag. Er zog die Tube mit dem Gleitgel und ein Kondom hervor und reichte es an Sascha weiter, der sich ebenfalls aufgesetzt hatte. Dabei fiel sein Blick auf dessen aufragenden Prügel. Das zuvor kribbelnde Gefühl in seinem Magen war plötzlich verschwunden. Zweifel schossen ihm durch den Kopf. War es nicht völlig verrückt, sich von so einer riesigen Stange pfählen zu lassen? Wie sollte er diesen großen Schwanz jemals in sich aufnehmen.

Sascha musste die Zweifel in Daniels Gesicht gelesen haben, denn er legte die Utensilien zur Seite und nahm ihn fest in den Arm.

„Ich mache das nur, wenn du es wirklich möchtest. Wir können jederzeit aufhören. Du musst nur einen Ton sagen und ich stoppe sofort."

Beruhigt von den verständnisvollen Worten ging Daniel durch den Kopf, dass Benjamin das auch geschafft hatte. Also würde er das ebenso durchstehen. Dem Kleinen hatte das sogar merklich gefallen. Und er wollte es ja eigentlich auch. Also atmete er tief durch und legte seine Lippen auf Saschas Mund. Der fasste das als Zustimmung auf und dirigierte Daniel in eine auf dem Bauch liegende Position. Sascha kniete sich zwischen die leicht gespreizten Beine und genoss zunächst den Ausblick auf die zwei kleinen, zuckenden Halbkugeln, die sich ihm verlockend präsentierten. Bei dieser Aussicht pochte sein steinharter Schwanz wie verrückt und eine kleine Perle Vorsaft wurde an der Spitze sichtbar. Mit noch trockenen Händen riss Sascha die Kondomverpackung auf und entnahm ihr den glitschigen Ring, machte die Abrollprobe, legte den Ring an der Kuppe auf und rollte es sich bis an die Wurzel seiner Erektion ab. Erst danach gab er etwas Gleitgel auf den Zeigefinger seiner linken Hand und fuhr damit zwischen Daniels Pobacken. Der spürte das kühle Gel und zog scharf Luft durch die Nase ein. Mit belegter Stimme gab Sascha Kommandos.

„Zieh mal bitte deine Pobacken auseinander, damit ich dein Loch sehen kann."

Daniel gehorchte und entblößte seinen zuckenden Ringmuskel. Sascha gab weiteres Gel auf seinen Finger und massierte es mit kreisenden Bewegungen ein. In einem hypnotischen Rhythmus fuhr er immer wieder um den Muskel herum und erhöhte langsam den Druck. Er spürte, wie das

Fleisch immer weicher und entspannter wurde und ließ die Fingerkuppe sanft eindringen. Der Muskel krampfte und Sascha zog sich zurück, um das Spiel mit weiterem Gel von Neuem zu beginnen. Er wusste, sie hatten alle Zeit der Welt. Und er wollte, dass Daniels erstes Mal etwas Besonderes wurde.

Beim zweiten Eindringen rutschte der Finger gleich ein gutes Stück weiter hinein und Daniel atmete relativ ruhig weiter. Dennoch zog sich Sascha wieder zurück, gab erneut Gel auf den Finger und kreiste zunächst außen herum, bevor er hineinglitt. Das Stöhnen, das sich Daniels Kehle entrang, klang erregt und nicht schmerzverzerrt. Das machte Sascha so an, dass sein im Kondom steckender Schwanz zuckte. Er erkannte, dass sie nicht alle Zeit der Welt hatten, wenn ihn die Behandlung von Daniels Loch schon so geil machte. Sascha versuchte, seine eigene Atmung zu beruhigen und versenkte mit einer weiteren Ladung Gleitmittel einen zweiten Finger in Daniels engem Muskelkanal. Die ihn umschließende Wärme war so verlockend, dass er sich nicht weiter zurückhalten konnte. Sascha schmierte sich etwas Gel auf seine Latte, stützte sich auf den linken Ellbogen ab und setzte mit der rechten Hand seinen Prügel an Daniels vorbereitetes Loch an. Die im Gummi steckende Eichel glitt ohne Widerstand hinein und entlockte Daniel einen überraschten Laut, den er sofort dämpfte, in dem er sein Gesicht in das Kopfkissen drückte.

Sascha zog sich etwas zurück und versenkte sich darauf nur noch tiefer in die ihn empfangende Wärme. Daniel fühlte sich so ausgefüllt, dass es unangenehm wurde. Er versuchte, weiter nach vorne zu rutschen, um Sascha zu entkommen. Doch der hielt ihn an der Schulter fest und drückte sich noch weiter hinein. Daniel biss in das Kissen, um sein Stöhnen zu kanalisieren. Er hatte keine Schmerzen, aber Saschas enormer Schwanz pflügte an Stellen vorbei, die elektrische Wellen durch seinen Körper schickten, die er noch nie zuvor gespürt hatte. Daniel hatte Angst, völlig irre zu werden, denn sobald Sascha sich etwas zurückzog, wollte er ihn nur noch tiefer spüren. Drückte der sich jedoch in ihn hinein, war ihm das auch nicht recht. Es war zu tief, zu schnell und doch genau richtig. Daniel registrierte gar nicht, welche Laute er von sich gab. Vor allem nicht, dass er sich mittlerweile Saschas Lanze entgegenstreckte und anfing, auffordernde Kommandos zu geben.

„Oh, tiefer, komm und fick mich. Ja …“

Sascha wurde davon so erregt, dass er sich äußerste Mühe gab, nicht nach wenigen Minuten zu kommen. Er wollte den Moment auskosten. Den Körper, der ihn so sehr wollte, noch ein wenig mehr spüren und ihm Freude schenken. Sascha biss zärtlich in Daniels Nacken, seine Schultern und drückte ihn mit seinem gesamten Gewicht in die Matratze. Unablässig hämmerte er sich in die Enge vor ihm, fand einen Rhythmus, der ihn nicht zu sehr reizte, sodass er das Spiel noch eine Weile genießen konnte.

Als Daniels Laute im Kopfkissen allerdings immer unkontrollierter wurden und er sein Becken etwas anhob, wurde Sascha klar, dass Daniel für das Finale bereit war. Er zog ihn an den Hüften mit sich nach hinten, sodass er hinter ihm kniete. Diese Position bot ihm eine unglaubliche Aussicht auf seinen eigenen Schwanz, der in das Loch vor ihm hinein und hinaus stieß. Daniel rieb sich mit der rechten Hand selbst und keuchte dabei. Sascha spürte, wie sich in seinem Unterbauch ein drehendes Rad aus silbrigem Licht aufbaute und seine Hüften nur noch unkontrolliert in die Enge vor sich stoßen konnten. Dann wurde er über die Klippe der Lust geschleudert, hielt inne und spürte, wie in heftigen Kontraktionen seiner Eier die unvermeidliche Flüssigkeit aus ihm herausschoss. Daniel entlud sich in genau dem Augenblick auf das Bettlaken, als er merkte, wie Sascha innehielt. Er hätte es nicht für möglich gehalten, aber konnte spüren, wie Saschas Schwanz in ihm noch härter und größer wurde. Es wurde warm und er dachte schon, dass das Kondom geplätzt wäre. Doch Sascha zog sich flink aus ihm heraus und nahm das Gummi von seinem schrumpfenden Glied ab. Daniel drehte sich auf die linke Seite und versuchte nicht in seinem eigenen Saft auf dem Laken zu landen. Das war der einzige klare Gedanke, den er fassen konnte. Er war viel zu überwältigt von den Gefühlen, die ihn nach und nach überrollten. Sascha kramte in Daniels Sachen und fand eine Packung Papiertaschentücher, riss sie auf und verpackte das gut gefüllte Gummi in einem davon. Ein anderes Tuch reichte er Daniel, der mit geröteten Wangen zu ihm aufsah.

„Hier, damit du dich saubermachen kannst."

Daniel nahm das Tuch und wischte sich über seine schrumpfende Erektion. Sascha setzte sich auf die Bettkante und säuberte sich ebenfalls mit einem Taschentuch.

„Boah, das war geil." Er sah zu Daniel rüber, doch der vermied jeden Blickkontakt.

„Alles in Ordnung?“ Saschas Miene wurde sorgenvoll. Daniel konnte noch immer keinen Ton von sich geben. Er war wie gefangen in einem Käfig aus Erregung, Scham, Geilheit und Verwirrung über die Empfindungen seines Körpers. Zudem empfand er eine Befriedigung, wie er sie noch nie erlebt hatte. Dass Sascha in der Lage gewesen war, ihm dieses Gefühl zu schenken, brachte ihn ihm noch näher. Daniel hatte Angst, er könnte sich ernsthaft in seinen Cousin vergucken. Sascha, der sich aufgrund von Daniels Schweigen Sorgen machte, legte seine große Hand auf Daniels nackten Oberschenkel.

„Daniel! Habe ich dir wehgetan?“

Da begriff er, dass sein Schweigen falsche Signale aussendete.

„Sorry, Sascha. Nein, hast du nicht! Ich kann im Moment nicht geradeaus denken.“

Sascha fühlte sich geschmeichelt.

„So gut, was?“ Er grinste. Daniel schnaubte belustigt.

„Du bist so ein typischer Macker!“

„Tja …“

Sascha streichelte mit der Handfläche langsam über Daniels Oberschenkel und sah seinem Vetter in das gerötete Gesicht. Der setzte sich auf und schmiegte sich an Saschas Brust. Sie lauschten dem Klang ihrer noch immer heftig pochenden Herzen und hielten sich dabei fest im Arm. Nach einer Weile fand Sascha seine Sprache wieder. Er streichelte Daniel über den Rücken.

„Möchtest du noch mal an den See fahren?“

Daniels Hals wurde eng. In der Frage schwang für ihn bereits so viel Abschied mit, dass es ihn überraschend berührte. Er drückte Sascha noch fester an sich. Bei dem sonnigem Wetter ein letztes Mal an den See zum Schwimmen zu fahren, war eine gute Idee. Aber er wollte sichergehen, dass sie danach noch mal zusammen in Daniels Zimmer gingen. Da er keine Antwort bekam, löste sich Sascha aus der Umarmung und sah Daniel fragend ins Gesicht. Der zögerte.

„Machen wir es danach noch mal?“ Er fragte das so unsicher, dass Sascha das Herz überlief. Er konnte sich jedoch ein Lachen nicht verkneifen.

„Von mir aus immer wieder bis morgen früh!“ Er fuhr mit seiner rechten Hand durch Daniels zerzauste Haare und wuschelte sie erst recht durcheinander.

„Aber nun zieh dir fix eine Badehose über deinen entzückenden Hintern! Sonst kommen wir nicht mehr an den See.“

Kapitel 24 – August 1993

Daniel reckte und streckte sich. Der Radiowecker dudelte vor sich hin und zum ersten Mal trieb ihn dieses Geräusch nicht zur Eile an. Es war 7.30 Uhr. Tante Lotte hatte ihm am Vorabend noch mitgeteilt, dass er an seinem Abreisetag natürlich nicht mehr arbeiten musste. Er solle zu seiner vernünftigen Zeit aufstehen, in Ruhe packen und dann zum Frühstück herunterkommen. Der Plan war, dass Sascha ihn um 10.00 Uhr zum Bahnhof nach Bad Wildungen fuhr. So konnte er zum Mittagessen wieder im Service arbeiten.

Sie hatten die letzte Nacht nicht gemeinsam verbracht. Allerdings hatte Sascha sich noch zweimal in Daniel verausgabt. Das erste Mal nachdem sie vom Schwimmen zurückgekommen waren. Aufgeheizt von der Sonne und ausgelassenem Toben im kühlen Wasser waren sie regelrecht übereinander hergefallen, als sie Daniels Zimmer betreten hatten.

Das zweite Mal war vor dem Schlafengehen geschehen. Sie hatten noch einen kurzen Spaziergang über die Felder am gegenüberliegenden Hügel unternommen. Dabei hatten sie lange Strecken einvernehmlich geschwiegen, hatten geraucht und sich dem anderen nah gefühlt. Nachdem sie im zweiten Obergeschoss vor ihren Zimmern gestanden hatten, war anhand ihrer Blicke klar, dass Sascha noch mal mit zu Daniel ins Zimmer ging.

Wenn er an die drei Male zurückdachte, war es jedes Mal noch besser gewesen als davor. Er hatte keine Ahnung, wie er ohne Sascha und seinen Freudenspender leben sollte. Es kam ihm vor, als sei er süchtig nach Sex. Vor allem, wenn er mit Sascha stattfand. Während er lustlos seinen Koffer packte, ging ihm immer wieder durch den Kopf, wie er unter Saschas kraftvollen Stößen erzittert war, wie es ihm gelungen war, den empfindsamen Punkt in seinem Inneren so zu reizen, dass es ihn mit einer erstaunlichen Leichtigkeit über die Klippe der Lust gerissen hatte.

Im Badezimmer fiel ihm Saschas T-Shirt vom Vortag ins Auge. Er hielt es sich an die Nase und schnupperte daran. Es roch herrlich nach seinem Cousin, dieser besondere Duft nach dem Deo, ein wenig kalter Rauch und einfach Sascha. Engelchen und Teufelchen erschienen auf seinen Schultern. Das Teufelchen forderte ihn auf, das Shirt „versehentlich" einzustecken. Das Engelchen erklärte lang und breit, dass das mindestens zu einem peinlichen Telefon führen würde. Und ob es das wert war? Daniel legte das Shirt wieder zurück und stieg zum letzten Mal in dem kleinen Bad in die Dusche.

Wie aus dem Ei gepellt lief Daniel die Treppe nach unten. Sein Koffer und der Rucksack lagen bereits auf dem Bett. Nach dem Frühstück wollte er sich nur noch mal die Zähne putzen und dann stand die Fahrt nach Bad Wildungen an. Tante Lotte lief ihm zuerst über den Weg.

„Guten Morgen, Daniel. Na, mein Lieber, wie war die letzte Nacht?"

Das Blut schoss ihm bei ihrer Frage in die Wangen, doch er lächelte tapfer und nickte eifrig.

„Gut. Ich habe geschlafen wie ein Stein."

Kunststück, dachte Daniel. Wenn sie bloß wüsste.

„Sascha und ich haben es mit dem Schwimmen gestern Nachmittag wohl übertrieben. Aber es war so schön, dass das noch mal geklappt hat. Danke, Tante Lotte."

„Ach, gern. So, jetzt frühstücke noch mal ordentlich. Die Bahnfahrt wird bei den Temperaturen sicherlich anstrengend. Wir haben dieses Jahr aber auch Glück mit dem Wetter!"

Daniel ließ sich von ihr zu einem Tisch im Restaurant führen. Da lief Sascha um die Ecke und hielt auf Daniels Tisch zu.

„Guten Morgen. Na, gut geschlafen?" Er zwinkerte Daniel zu und stellte eine kleine Kanne Kaffee vor ihm ab. Tante Lotte ging in Richtung Küche davon.

„Ja, wie ein Stein. Und du?"

„Bei der körperlichen Betätigung gestern? Wie ein Murmeltier. Fast hätte ich den Wecker heute früh überhört. Möchtest du ein gekochtes Ei?"

Daniel nickte und Sascha schickte sich an, davonzulaufen. Doch er hielt inne und griff sich hinten in die Hosentasche.

„Ach, fast hätte ich es vergessen. Wir haben beide Post bekommen!" Er legte einen Briefumschlag vor Daniel auf den Tisch. Er war an das Hotel am See zu Händen von Daniel Simon adressiert. Daniel griff nach dem

Umschlag, drehte ihn um und sah, dass als Absender Benjamin Weber mit einer Adresse in Göttingen angegeben war.

„Oh. Hast du ihn schon gelesen?"

Sascha schüttelte schief lächelnd den Kopf.

„Ich dachte, dass ich ihn lese, wenn du weg bist. Hoffentlich tröstet mich der Brief ein wenig. Ohne euch beide wird es hier verdammt langweilig werden." Sascha hob vielsagend seine Augenbrauen.

Daniel schüttelte in gespielter Empörung den Kopf.

„Du Schwerenöter wirst dich sicherlich mit diversen Mädels aus dem ‚Las Wegas' trösten!"

Saschas weiße Zähne blitzten bei dem Lächeln, das er Daniel zuwarf. Doch so schnell wie es erstrahlt war, verschwand es wieder. Ein Schatten zog über sein Gesicht und Daniel erkannte, dass Sascha die Wahrheit gesagt hatte. Er steckte den Umschlag in die Gesäßtasche seiner Jeansshorts und schenkte sich Kaffee ein.

„Ein gekochtes Ei kommt sofort, der Herr." Nun grinste Sascha wieder professionell und lief in die Küche. Benjamins Brief brannte an Daniels Po, doch auch er wollte den Brief erst lesen, wenn er unterwegs war. So sehr er sich auf seine Eltern und sein Zuhause freute, Daniel wusste, dass ihm das Hotel und der darin herrschende Betrieb fehlen würde.

Nach dem Frühstück machte er einen kurzen Abstecher und verabschiedete sich von Berta, mit der er an so vielen Morgen gescherzt hatte. Vom Küchenchef Markus hatte sich Daniel bereits am Vorabend verabschiedet. Der Abschied von Lisa und Marie am Samstag zuvor war recht oberflächlich abgelaufen. Mit ihnen verband ihn allerdings nichts weiter als die gleichen Aufgaben beim Bettenwechsel.

Sascha war so nett gewesen und hatte Daniels Gepäck nach unten getragen und es im Kofferraum seines Golfs verstaut. Da er keine Erledigungen für Lotte zu erledigen hatte, fuhr er lieber mit seinem Auto nach Bad Wildungen. Pünktlich um 10.00 Uhr standen Lotte und Daniel draußen vor dem Haupteingang des Hotels. Sascha saß bereits am Steuer und beobachtete die Verabschiedung. Seine Mutter drückte ihren Neffen fest an ihre Brust.

„Ich kann gar nicht sagen, wie sehr du mir fehlen wirst, mein Lieber. Auch wenn der Start ein klein wenig holprig war, hast du hier einen prima Job gemacht. Und ich habe dich gern um mich gehabt."

Daniel hielt seine Tante fest und blinzelte verstohlen ein paar unnütze Tränen weg. Er hatte sie trotz oder wegen ihrer strengen Art liebgewonnen.

„Danke, Tante Lotte. Es war eine wunderschöne Zeit. Und ich habe viel gelernt!"

Sie lächelten einander an. Da fiel Tante Lotte etwas ein.

„Oh, warte bitte noch einen Moment." Sie verschwand durch die Tür. Als sie wieder in den hellen Sonnenschein des Sommermorgens trat, trug sie eine braune Papiertüte.

„Das hat Berta für dich gezaubert. Ein bisschen Wegzehrung für die lange Fahrt."

„Ach, sag ihr bitte Danke von mir."

Sascha drückte auf die Hupe und sah aus dem heruntergekurbelten Fenster.

„Wir sollten langsam los. Sonst verpasst Daniel noch den Zug …"

Lotte drückte ihn nochmals kurz an sich und drückte ihm einen Kuss auf die Wange.

„Gute Fahrt! Und gib bitte Bescheid, sobald du zu Hause angekommen bist!"

„Das mache ich. Auf Wiedersehen!" Daniel lief auf wackeligen Knien zur Beifahrerseite des Golfs, öffnete die Tür und stieg schnell ein. Die Tüte mit den duftenden Leckereien von Berta stellte er in den Fußraum. So konnte er sie nicht vergessen. Sascha startete den Motor, winkte seiner Mutter kurz zu und sauste die Straße den Hügel hinab. Daniel winkte aus dem geöffneten Beifahrerfenster und sah im Seitenspiegel, dass Tante Lotte mit einem Stofftaschentuch aus ihrer Kittelschürze winkte. Er schluckte und kurbelte das Fenster ein wenig höher, damit der Fahrtwind nicht so an seinen Haaren zerrte. Sascha schaltete das Autoradio an und Roxette erklangen aus den Boxen.

„Hello, you fool. I love you. Come on join the joyride …"

Daniel schloss die Augen. Wie passend. Ob das wohl Absicht gewesen war. Er schaute möglichst unauffällig zu Sascha hinüber und erkannte, dass sich dessen Wangen rötlich verfärbt hatten. Das konnte bedeuten, dass es ein Zufall war. Oder eben nicht?

Daniel versuchte, die Fahrt nach Bad Wildungen bewusst in sich aufzunehmen. Die vorbeifliegenden Bäume, die Felder und Häuser, an denen sie vorbeifuhren. All das wollte er sich genau einprägen, um sich später immer wieder daran erinnern zu können.

Viel zu schnell erreichten sie ihr Ziel und Sascha parkte gekonnt in einer kleinen Parklücke ein. Er sah zu Daniel hinüber, der nachdenklich auf dem Beifahrersitz saß und durch die Windschutzscheibe nach vorne starrte.

„He, wir sind da."

Daniel drehte den Kopf zu Sascha.

„Ja."

Sascha erkannte, dass er tapfer für sie beide sein musste. Aufmunternd legte er seine rechte Hand auf Daniels Schulter.

„Na komm, ich begleite dich bis zum Bahnsteig. Okay?"

Daniels Miene hellte sich erleichtert auf.

„Danke!"

Sie schlüpften aus den Türen und versuchten keine Spuren an den Autos, die neben dem Golf standen, zu hinterlassen. Sascha hob den Koffer und den Rucksack aus dem Kofferraum. Daniel griff sich noch die Proviantüte, schulterte seinen Rucksack und lief neben Sascha auf den Eingang zum Bahnhof zu. Er erinnerte sich an die gemischten Gefühle, mit denen er Sascha vor sechs Wochen aus dem Gebäude heraus gefolgt war. Und daran, dass ihm der knackige Arsch schon damals gefallen hatte. Ein warmer Schauer durchlief seinen Körper. Er hatte Sascha so intensiv kennengelernt, wie es mehr nicht möglich war. Das freute ihn sehr, doch machte es ihn traurig, da die gemeinsame Zeit viel zu schnell vergangen war.

Sascha war so zügig wie möglich nach Bad Wildungen gefahren, dass sie überpünktlich am Bahnhof angekommen waren. Umso erstaunter war Daniel, dass der Zug in Richtung Kassel bereits wartete. An den Anzeigetafeln vergewisserten sie sich, dass das tatsächlich der Zug war, den Daniel nehmen musste. Es war zwar noch etwas Zeit bis zur Abfahrt, aber Sascha trug Daniel den Koffer bis in ein Abteil, das noch leer war und verstaute ihn in der Ablage über den Sitzen. Anschließend zuckte er mit den Schultern und zog Daniel an sich.

„Nun ist es soweit, wir müssen uns verabschieden."

„Ja ..."

„Komm gut nach Hause. Und lass bald mal wieder etwas von dir hören!“

„Das mache ich ... Danke.“

Sascha hielt Daniel an den Schultern etwas von sich entfernt fest. Er beugte sich vor und küsste ihn sanft auf die Lippen. Ein kurzer Kuss, der Stromschläge durch Daniels gesamten Körper schoss. Sascha legte seine Stirn an Daniels.

„Ich hab dich lieb.“

Anschließend küsste Sascha erneut kurz Daniels Mund und verließ den Waggon, ohne sich noch einmal umzusehen. Daniel stand verdattert da und wusste nicht, was er denken sollte. Er setzte sich in Fahrtrichtung und sah aus dem Fenster. Der Bahnsteig lag auf der anderen Seite, sodass Daniel nicht sehen konnte, ob Sascha vielleicht noch auf die Abfahrt des Zuges wartete. Immer wieder zog das Bild vor seinem inneren Auge vorbei, wie Sascha ihn zum letzten Mal geküsst und dann fluchtartig den Zug verlassen hatte. Daniel ärgerte sich. Er hätte so viel sagen können. Aber in dem Augenblick war er wie gelähmt gewesen.

Der Zug setzte sich in Bewegung und mit jedem Kilometer, den sich Daniel von Sascha entfernte, tauchten mehr Erinnerungen auf. Daniel erinnerte sich, dass er Benjamins Brief noch in der Hosentasche hatte und zog ihn hervor. Er öffnete den Umschlag vorsichtig, damit er den Absender nicht unleserlich machte. Benjamin hatte zwei Blätter mit einer schönen Handschrift und blauer Tinte gefüllt. Daniel las den Brief und ließ ihn anschließend auf seinen Schoß sinken. Er war dankbar, dass in dem Augenblick der Schaffner nach seiner Fahrkarte fragte. Die Ablenkung tat gut. So zückte er sie aus einem Fach in seinem Rucksack und hielt sie zum Abstempeln hin. Der Schaffner nickte ihm zu und ging weiter. Daniel nahm den Brief erneut hoch und las ihn noch mal. Benjamin bedankte sich für die gemeinsame Zeit sowie dafür, dass sie ihm die Kraft für sein Outing gegeben hatten. Er hatte scheinbar den sexuellen Kontakt mit Jungs gebraucht, um zu wissen, wofür sich das Outing lohnte. Und er schrieb, dass er sich auf ein Wiederhören und eventuell ein Wiedersehen freute.

Daniel faltete die Seiten und steckte sie zurück in den Briefumschlag. Er verstaute ihn vorsichtig in seinem Rucksack, nahm seinen Walkman hervor und schaltete ihn ein. Es war das Madonna-Mixtape und sie sang gerade noch „Justify my love“. Das katapultierte Daniel an den Nachmittag zurück, als Benjamin ihn im Garten des Hotels unter den hohen Bäumen angesprochen hatte. Er sah die schönen Augen vor sich und das feine Gesicht, das ihn angelächelt hatte. Schmetterlinge flogen in seinem Bauch auf und ab. Dann sah er Saschas blaue Augen vor sich und wie er ihn bei ihrer ersten Begegnung am Bahnhof gedrückt hatte.

Das gleichmäßige Rattern des Zuges und die schönen Bilder, die vor Daniels geistigem Auge auftauchten und vorüberzogen, lullten ihn ein. Er schlief ein und wurde erst wach, als es Zeit wurde umzusteigen. Kurz musste er sich orientieren, doch dann raffte er seinen Koffer von der Ablage, schulterte den Rucksack und griff sich zu guter Letzt noch die Tüte mit dem Proviant. Im nächsten Zug angekommen, genehmigte er sich eins von Bertas leckeren Schinkenbroten und trank einen Schluck Zitronenlimo, von der sie ihm eine kleine Flasche eingepackt hatte.

Mittlerweile war es Freitagnachmittag und der Zug war voller Menschen. Daniel, überfrachtet mit Erinnerungen, die ihm durch den Kopf gingen, suchte in seinem Rucksack eine andere Kassette und steckte sich die kleinen Kopfhörer seines Walkmans in die Ohren. Dieses Mal lief Celine Dion mit „(If there was) Any other way“ und rückte ihm den Kopf gerade.

Er legte stundenlang viele Kilometern zurück. Was nutzte ihm die Schwärmerei für seinen Cousin, dem es egal war, mit wem er Sex hatte, solange er auf seine Kosten kam. Ebenso unnütz war ein Freund, der rund 400 Kilometer mit dem Auto oder fünf Stunden mit der Bahn entfernt wohnte. Daniel lauschte der Kassette mit langsamen und zumeist traurigen Liedern und führte sich nach und nach jeden schönen Augenblick mit Sascha und Benjamin vor Augen. Er nahm das schönste Bild dieser Momente und rahmte es in Gedanken. Wie bei einem Polaroid-Foto beschriftete er den unteren breiten Rand.

„Erstes Treffen mit Sascha“, „Wasserschlacht“, „Baden am See“, „Wanderung“, und so weiter. Er hing dabei seinen Gedanken nach und konnte sich zumeist gut zurück in die Situationen fühlen. Seine anfängliche Verwirrung, was die heißen Spielereien mit Sascha angingen, seine Panik, dass Tante Lotte etwas davon erfuhr, und seine Erregung, als er Benjamin näher kennengelernt hatte. Auch die unterschiedlichen Empfindungen, wie er beispielsweise unbedingt von Sascha genommen werden wollte, bei Benjamin allerdings am liebsten der aktive Part gewesen wäre. Zu guter

Letzt erinnerte er sich noch an das Abenteuer mit Sven auf dem Hochsitz und seine Wangen färbten sich rot vor Scham. Der hatte es ihm ordentlich besorgt. Daniel kicherte, sodass ihn die Mitreisenden irritiert ansahen. Er sah aus dem Fenster und grinste vor sich hin. Ein Sommer, sechs Wochen und Sex mit drei verschiedenen Kerlen. Das sollte ihm erst mal jemand nachmachen. Er schloss die Augen, lauschte der Musik und kramte seine Lieblingserinnerung hervor:

„Träge ließ Daniel seinen Arm über den Rand des Bootes hinaushängen. Seine Fingerspitzen tauchten in das kühle Nass des Edersees ein und teilten die Wellen, die von der Spitze des Ruderbootes in das Wasser hinauswogten. Sascha hatte die Paddel ein Stück weit in den Rumpf hineingezogen und ließ ihr Boot unweit vom Ufer ein wenig treiben. Die Sonne stand hoch am strahlendblauen und wolkenlosen Himmel…“

Sanft führte ihn die Erinnerung in den Schlaf und Daniel träumte intensiv von seinen Abenteuern in dem Sommer im Haus am See.

Ende

Anmerkung des Autors & Danksagung

Deutschland bietet so viele schöne Ecken, dass ich sicherlich nicht allen Traumzielen in meinen Geschichten gerecht werden kann. Der Edersee hat mich bereits mehrfach mit seiner abwechslungsreichen Landschaft (See, Talsperre, Berge, Wälder, Felder und Wiesen) begeistert. Und tatsächlich gab es das familiäre Hotel, in dem die Handlung dieses Romans spielt, wirklich.

Für mich geht nichts über ein paar schöne Erinnerungen, die ich in einer Story in einem anderen Kontext zum Leben erwecken kann.

Mit der Geschichte möchte ich eine Lanze für all die Saschas da draußen brechen, die ihre Liebe nicht nur auf ein Geschlecht konzentrieren können. Von vielen belächelt, sind Bisexuelle nicht „nur unentschlossen“ oder „gierig“.

Sie machen unseren Regenbogen bunter. Und das ist gut so.

Wie immer danke ich meinen Eltern, meinem Mann, meiner guten Freundin Nina, meinem geduldigen Verleger und zu guter Letzt all meinen Lesern.

Schreibt mir Euer Feedback und Eure Wunschthemen über www.robincruiser.rocks!

Ich freue mich darauf, von Euch zu lesen!

Lily Novak **Bis zum Sommerende**
ISBN print 978-3-86361-957-2 Auch als Ebook

Es beginnt mit einer Wette, doch niemals hätte Ben sich träumen lassen, dass sich dadurch sein ganzes Leben auf den Kopf stellen würde. Denn als er Nikolai in einer Bar anspricht, hat er zunächst nichts anderes vor, als sich und seinen Freunden zu beweisen, dass er nicht länger der arme, todkranke Teenager ist, für den sie ihn immer noch alle halten.

Doch etwas an dem zurückhaltenden Mann, der allein an der Bar sitzt und in sein Rotweinglas starrt, fasziniert ihn mehr, als er sich zunächst eingestehen möchte. Schnell beginnt er, sich zu fragen, welche Geschichte hinter der Traurigkeit steckt, die er in den braunen Augen seines Gegenübers sieht. Aber obwohl sie ihre Nummern austauschen, glaubt Nikolai nicht ernsthaft daran, dass sie sich noch einmal wiedersehen werden. Ein Versprechen, dass er seiner besten Freundin vor vielen Jahren gab, droht, seine Zukunft zu zerstören.

Allerdings hat er nicht mit Bens Hartnäckigkeit oder seinem schier grenzenlosen Optimismus gerechnet. Je häufiger sie sich treffen, umso tiefer werden ihre Gefühle zueinander. Doch Nikolais Probleme lösen sich nicht in Luft auf und auch hinter Bens Lächeln verbirgt sich eine Dunkelheit, die droht, ihre aufkeimende Beziehung zu zerstören …

Alexandra Sommerwind **Perseidennächte**
ISBN print 978-3-86361-972-5 Auch als Ebook

Tino ist nervös und aufgeregt. Nach drei Jahren kehrt er endlich in seine alte Heimat zurück, um seine große Liebe zurückzuerobern. Doch wird Robin ihn wieder zurücknehmen, nachdem Tino damals einfach abgehauen ist? Dessen neuer Partner könnte zu einem Problem werden, dem ist er sich bewusst.

Robin ist schockiert, als sein Ex, Tino, plötzlich vor seiner Tür steht. Es hat lange gedauert, bis er über ihn hinweg war. Nie darf er erfahren, wie es ihm gelungen ist diesen alten Schatten hinter sich zu lassen. Was würde passieren, wenn er ihnen wieder verfallen würde? Sein aktuellen Freund, der offenbar vollkommen anders ist, als er es bisher immer vermutet hat, versucht mit allen Tricks und krimineller Energie ihn festzuhalten. Spannend bis zur letzten Seite!

FSC
www.fsc.org
MIX
Papier | Fördert
gute Waldnutzung
FSC® C083411

Zeitfracht Medien GmbH
Ferdinand-Jühlke-Straße 7
99095 Erfurt, Deutschland
produktsicherheit@kolibri360.de